法国哲学研究丛书

学术译丛

Présence et
Immortalité
Gabriel
Marcel

临在与不死

形上日记（第三卷）

［法］加布里埃尔·马赛尔————著

陆达诚————译

上海人民出版社

总序
哲学经典翻译是一项艰巨的学术事业

  法国哲学是世界文化遗产的重要组成部分，法国哲学经典是令人叹为观止的思想宝藏，法国哲学家是一座座高高耸立的思想丰碑。笛卡尔的我思哲学、卢梭的社会契约论、孟德斯鸠的三权分立学说、托克维尔的民主学说、孔德的实证主义、柏格森的生命哲学、巴什拉的科学认识论、萨特的存在主义、梅洛-庞蒂的知觉现象学、列维-斯特劳斯的结构主义、拉康的精神分析、阿尔都塞的马克思主义、福柯的知识—权力分析、德里达的解构主义、德勒兹的欲望机器理论、利奥塔的后现代主义、鲍德里亚的符号政治经济学、利科的自身解释学、亨利的生命现象学、马里翁的给予现象学、巴迪欧的事件存在论……充满变革创新和勃勃生机的法国哲学影响了一代又一代人，为人类贡献了丰富多彩、灵动雅致的精神食粮，以其思想影响的广泛和深远而成为世界哲学文化的重要组成部分。

西方哲学经典，对哲学家而言，是要加以批判超越的对象；对哲学工作者而言，是要像信徒捧读《圣经》那样加以信奉的宝典；对普通读者来说，则多少是难解之谜。而如果没有了翻译转换，那所有这一切就无从谈起。

自从明朝末年至今，西方思想在中国的传播已走过了大约四个世纪的历程，中西思想文化的交融渗透推动一个多元、开放和进取的精神世界不断向前发展。显而易见，传播者无论是外国传教士还是国人知识分子，都不同程度地遇到了不同语言文化思想如何转换的棘手难题。要在有着不同概念系统和概念化路径的两种哲学语言之间进行翻译转换并非易事。法国哲学经典的汉语翻译和传播当然也不例外。太多的实例已充分证明了这一点。

绝大多数哲学文本的重要概念和术语的含义往往并不单一、并不一目了然。西文概念往往是一词多义（多种含义兼而有之），而任何翻译转换（尤其是中文翻译）往往都只能表达出其中一义，而隐去甚至丢失了其他含义，我们所能做的就是尽可能选取一种较为接近原意、最能表达原意的译法。

如果学术界现在还一味热衷于纠缠某个西文语词该翻译成何词而争论不休，则只会导致人们各执一端，只见树木不见森林，浪费各种资源（版面、时间、精力、口舌、笔墨）。多年前，哲学界关于"to be"究竟该翻译成"存在"还是"是"、"Dasein"究竟应该翻译成"亲在"还是"定在"甚或"此在"而众说纷纭，着实热闹过一阵子，至今也无定论。我想只要是圈内专业人士，当看到古希腊哲学的"to be"、康德的"diskursiv"、海德格尔的"Dasein"、萨特的"facticité"、福柯的"discipline"、德里达的"supplément"、利科的"soi-même"等西文语词时，无论谁选择了哪种译法，都不难想到这个语词的完整意义，都不难心领神会地理解该词的"多义性"。若圈内人士都有此境界，则纠结于某个西文语词究竟该怎样翻译，也就没有多大必要了。当然，由于译者的学术素养、学术态度而导致的望文生义、断章取义、天马行空般的译法肯定是不可取的。

哲学经典的翻译不仅需要娴熟的外语翻译技能和高超的语言表达能力，还必须具备扎实的专业知识、宽广的知识视野和深厚的文化底蕴。翻译的重要前提之一，就是译者对文本的理解，这种理解不仅涉及语句的字面意义，还关系到上下文的语境，更是离不开哲学史和相关政治经济社会和宗教文化等的知识和实践。译者对文本的理解其实包含一个诠释过程。诠释不足和诠释过度都是翻译的大忌。可是，翻译转换过程中却又难以避免信息的丢失和信息的添加。值得提醒的是：可读性并不等于准确性。哲学经典翻译应追求"信、达、雅"的境界，但这应该只是一个遥远的梦想。我们完全可以说哲学经典翻译是一项艰苦的学术活动。

不过，从译者个体来讲，总会存在程度不一的学识盲点、语言瓶颈、理解不准，因而难免在翻译转换时会词不达意甚至事与愿违，会出错，会有纰漏。虽说错误难免，但负责任的译者应该尽量做到少出错、不出大错。而从读者个体来讲，在保有批判态度的同时，最好也能有一个宽容的态度，不仅是对译者，也是对自己。因为难以理解的句子和文本，有可能是原作者的本意（难解），有可能是译者的错意（误解），有可能是读者的无意（不解）。第一种情况暗藏原作者的幽幽深意，第二种情况体现出译者的怅然无奈，第三种情况见证了读者的有限功底。学术经典传承应该是学术共同体的集体事业：写、译、读这三者构成了此项事业成败的三个关键环节。

"差异""生成""创新""活力"和"灵动"铸就了几个世纪法国哲学的辉煌！我们欣慰地看到愈来愈多的青年才俊壮大了我国法国哲学研究和翻译的学术队伍。他们正用经典吹响思想的号角，热烈追求自己的学术梦想。我们有理由确信我国的法国哲学和西方哲学研究会更上一层楼。

拥抱经典！我们希望本译丛能为法国哲学文化的传承和研究尽到绵薄之力。

莫伟民

2018 年 5 月 29 日写于光华楼

目录

序　言[①]

齐奥朗[②]

马赛尔说:"我曾多次聚焦在两个词:'我的系统'或'我的哲学',而在它们可笑的性格前感到无比的恐慌。"[③] 马赛尔的告白立即把他归入克尔凯郭尔习称的"私人沉思者"(penseur privé)范畴之中。克尔凯郭尔用此词来对比约伯和黑格尔。[④] 前者对他来说是一位存在性的哲士,后者是重视客观的大师。对"体系"的

---

①　此序为本书旧版所无(Flammarion, 1959),首次出现在新版中(Association Présence de Gabriel Marcel, 2001)。——译注

②　齐奥朗(Emil Cioran, 1911—1995),罗马尼亚文学家与哲学家,1945年定居法国巴黎,使用罗马尼亚语及法语写作。中文译名另有"萧沆""西欧宏""西欧洪"。——译注

③　此句出处见本书《我的基本进言》(1937)一文,第5页。——译注

④　《旧约·约伯记》中约伯体验了孤独,追问善人为何遭受苦难,而苦难在马赛尔哲学中是奥秘而非问题。马赛尔对存在性孤独的强烈敏感与深刻思考,可参看陆达诚:《马赛尔》,台北:东大图书股份有限公司1992年版,第5—8页、第209—230页。——译注

憎厌是真正的哲学的起点。马赛尔又说："我想，没有任何堪称'哲人'的人可以把他的理论视为其私人财产，除非在他看到自己被挑战，为此他必须像保卫自己生命那样保卫自己的情形中。但我们可问：如此这般把自己的作品看成是自己所'拥有'的人，他的哲学的价值是否会直线掉落，是否要变成一具尸体。"[1]我们都看到马赛尔排斥僵化的思想、反对封闭问题并满足于一成不变的答案的做法。他热衷于问题，锲而不舍地要澄清理论的纠葛。这不是为了好奇，而是为获知实质所有的焦急。他告诉我们：从一个固定的中心，一个要从只掌握模糊表象的物体需求中脱身而出的好奇心，常常移向边界，在对中心的不确定和不安的情况下，竭尽心力地去寻觅、去鉴定事物的实质。这种好奇心被一个要素催促着，在不断增多的步履中常忠于自己，忠于自己永不停止的寻觅。马赛尔理会到他亲近一种神学。此神学的特色和使命是要把在素朴的信友及"私人沉思者"身上而有的不安加以怀疑及揭穿。从气质而言，他更像是一个异端者，而不像一个追查的法官。如果有一天，"真理"向他显露出与这条或那条信理公式不兼容的话，他毫无疑问会选择"真理"。他的开阔的心智，使他适宜于做"重回苏格拉底主义"的倡导者，那是说，为攻击体系的僵硬——哲学的坟墓，要重启"询问的机动性"和"永不枯竭的惊讶"的习惯。他偏爱用日记来记录与自己的对话（本书是继《形上日记》和《是与有》后的第三本日记）[2]，就是要把所

---

① 此段出处见本书《我的基本进言》（1937）一文，第5页。——译注

② 《形上日记》第一卷上册从1914年1月1日至5月8日，下册从1915年9月15日至1923年3月16日，正在进行中文翻译。第二卷《是与有》从1928年11月10日至1933年10月30日，可参考陆达诚译本（上海人民出版社2024年版）。——译注

体会到的，为传译其探索经验所得、初创的片刻及一个只借其无限地超越自己时才能表达的思想潜质，加以诠释而落笔。更确切地说，马赛尔的思想是要超越自己，转向远比"自我"更深邃的"他者"和"我们"。

我们难以想象一个哲学家在他研究生涯中不曾经历过独我主义的诱惑：譬如向一个客体，或向一些人抛掷一个挑战，或固步自封，或把造物主弃之如遗。这种巨大且不健康的诱惑，马赛尔也经验过，就像他作品中见证过的拒绝和对独我主义的惧怕。就为了逃离"自我"，他像他屡次肯定过的，投入反省之径；我要加一句说：他反省，是为了使自己摆脱把孤独绝对化的危险。

他愈来愈坚持一个或许得自某种克胜自我而有的确定性：这是"他者"的存在。他说："对我而言，重要的是'我们'的不能摧毁性"[①] "如果他者不存在，我自己也不再存在。"[②] 在一段超有启示性的文字中，他甚至把失望与孤独同化起来：

"如果我们愈以自我为中心——就像聚焦在一个器官的剧痛，譬如牙痛得难以忍受——价值就愈消失无踪。那是因为追究到底，失望与孤独混为一谈了。没有共融之处，就没有价值。"[③] 用一个似乎是滥用的诠释方式，我们或许可以主张说：对马赛尔而言，分析到底，"存有"是可以被还原为"存有者"（êtres）的。就在此处，我们应该寻找他那么热衷于戏剧的原因。[④] 当我们为

---

① 此段出处见 1943 年 8 月 6 日的日记，见本书第 233 页。——译注

② 此段出处见本书《我的基本进言》（1937）一文，第 12 页。——译注

③ 此段出处见 1943 年 5 月 4 日的日记，本书第 174 页。——译注

④ 戏剧与音乐是马赛尔偏爱的存有媒体，可参看陆达诚：《马赛尔》，第 50—61 页。——译注

"具体"而战 ①，当我们把实际经验放在概念之上，还有，当我们视"他者"为最高实在之时，我们不能不把"体现"（incarnation）安置在优先于"抽象"、把"人物"安置在优先于"观念"的次第上。尽管如此，假如剧作哲士是一个异类，我该说他还是个美丽的异类，一个戏剧哲学家只在人们假定能从他身上找到爱德及屈顺（resignation）的意义上来自我思考，一般说来，表演（spectacle）提供的只是真理的遗骸及最终破损的问题，是幻影及兼为艰辛和失信（demonetisees）的焦虑。②

---

① 马赛尔哲学探讨奥秘的具体性，可参看陆达诚：《马赛尔》，第35—49页。——译注

② 齐奥朗说剧作哲士是美丽的异类，而马赛尔在《临在与不死》的前言中说自己在日记中收录了1919年所写而从未付梓过的未完成剧本《无底洞》（*L'Insondable*）可能引起读者更大的惊奇。此剧展示了马赛尔剧本中的人物对话在舞台上再现的"存有之具体真实"，其中的灵魂因无法与自己及别人沟通而痛苦和孤独，人物之间的矛盾、紧张、对立、冲突还在等待化解，甚至等待关系破裂后的复合。——译注

2025 年版译序

　　马赛尔在他的剧本《明日之亡者》的对话中有这样的一句话："爱一个人，就是向他说：你啊，你不会死。"这个剧本写于1931 年。廿八年后（1959）马赛尔出版了他的《临在与不死》。很明显的，他要继续强调被爱的人不会消亡。

　　在我们的生活中、书写的文字中，特别在剧本中，"你"这个字绝对不会缺席。戏剧对话中每一句都有"你"。此处马赛尔要讲的是一个被深爱的"你"。这样一个"你"，何以不会死呢？

　　马赛尔早期从美国作家的作品中看到了"你"这个字。后来他从战争、通灵经验、婚姻、信仰中更深入地体认"你"的真谛，使他终能从抽象转到具体。他强调的"第二反省"和"具体共相"都要我们重视与我们同在的"你"及"绝对你"。后人把他归类于"有神存在主义者"。但他认为"主义"是种会捆绑人的标签，他拒绝接受。后因他关切生命实存的种种问题，他接受了"存在哲学家"的称呼，这是指他要不间断地询问存在的真谛。

1

本书书名有"临在"与"不死"两个词，表示他主张"不死"的依据是"临在"，人因临在而成为他人的"你"，因信仰而成为"绝对你"的"你"。如此之"你"分享了"绝对你"的本质，故能超越死亡。

马赛尔的"不死哲学"是有预设的（信仰），但深度的"临在经验"却是人人可及的。因此对无信仰或有不同信仰的读者都能因临在的经验而引发共鸣，不失为"具体共相"之一例。并且可能是该概念之最重要的例子。笔者相信与马赛尔有共鸣的朋友都能了解他的说法，而体认"临在"具有的超越性格。

笔者能与爱哲学、爱生命的朋友一起研读马赛尔的观念实是大幸运。谢谢与哲人同频的诸"你"愿意同笔者一起在马赛尔的哲学中寻求不死之道。

2021 年版译序

1974 年我在法国撰写哲学论文时，看了这本名为《临在与不死》的书。记得有好多个黄昏，我在图书馆阅读该书时，夕阳余辉洒在墙面上，包覆我身，使我沐浴在光中，身心内外透亮。啊！这光是我的"东风"。许多马赛尔哲学的概念从平面跃为立体，使我的思想参与了"临在"，而能对正在撰写中的论文《意识与奥秘》[①] 充满信心。从此，我决定有一天一定要把《临在与不死》译成中文，这是四十五年前暗暗许下的承诺了。这本名为《临在与不死》的书是马赛尔的第三本《形上日记》。第一本出版于 1927 年，没有副书名；第二本出版于 1935 年，名为《是与有》；第三本《形上日记》即本书，名为《临在与不死》（1959年出版）。马赛尔自称是"新苏格拉底主义"者，那是说，他不停地在寻觅、在吸收、在探索一些尚未发现或尚未明晰与厘清的

[①] 附笔者论文信息供同好参考：*Mystère et conscience, Essai sur la phénoménologie de l'immédiat existentiel chez GABRIEL MARCEL*, Par Bosco LU TA-CHENG, S.J.。

现象及概念。这些蕴含于日记片段中的概念像深埋地底的丰富矿藏，要探索者持之以恒、苦心孤诣地挖掘细察，才会稍显其光芒。

大部分的哲学书是"探索成果"的记录，日记不是。日记是"探索过程"的记录。探索者尚未抵达终点站，故谈不上成果，称之为"成果之前导"还可以。它是得到成果前的"一锄一铲"。一锄一铲得到的不是"道"，而是靠近"道"之一步，它不能养育及满足求真之饥渴。因此追求速战速决之读者必会一无所得，或会半途而废。

读马赛尔的演讲或论文比较轻而易举，因为它们多少是研究的成果，不是研究过程的记录。它们是包装好的水果，立刻可以取食，且食之有味；但对摸索过程不得不产生的辛劳全无了解。它们确是马赛尔的思想，但只是他努力思考的成果。他"如何"努力，读者懵然无知。大部分的读者既然坐收前人劳苦的果实，自己就不再拼斗，拾人牙慧就行了。这些人只能算是马赛尔的读者，不算是马赛尔的研究者。

马赛尔的研究者是分享过马赛尔的"一锄一铲"的追随者。他们进入的是马赛尔思想定型前的思想，他们得到的果实也有自己培植及采撷的辛劳。定型后的马赛尔可以"轻松易懂"，但其日记迥然不同；只有下定决心要彻底认识马赛尔的人会去尝试一下。

如果研究者把马赛尔三本《形上日记》都仔细读过，读其演讲集和论文就会一目了然，知其来龙去脉，而能前后一贯地通叙他所有的作品，不然只能说是认识了半个马赛尔。

笔者遇过很多哲学同好，一听说我的论文题目写马赛尔，都无特殊反应，似乎不"屑"多谈（他们不知道我研究的题目是指导老师给我指定的）；相反，一听说我的指导老师是列维纳斯时，全都肃然起敬。一方面因为列维纳斯已成世界级大师，也因这些同好只喝过"调了味的"马赛尔，没有品尝过他的"原汁"。加工后的马赛尔对他们来说简单易懂，最多只是几个生活和生命的概念而已。笔者可以肯定这些同好从来没有念过第一和第三册《形上日记》，最多念过《是与有》而已。笔者翻译此书花费了不少岁月，现在终于告成，觉得宽慰，但心中并无哲学界"人手一册"的绮想，因为往日和今日都少有愿意研究"日记式哲学"的学者，他们乐意追逐的是已有成书的哲学作品。那么让这本书暂时束之高阁吧。等有缘人跬足碰触到它时，大家再来切磋一番吧。

本书附录是林静宜为《临在与不死》收录的剧本《无底洞》所撰写的导读。林静宜是笔者的助理，就读辅仁大学中文系博士班。六年来她修润过我所有文章。她阅读本书后，对《无底洞》一剧很感兴趣，主动要求让她试写导读。我读毕她写的两篇文字，大为振奋：第一篇对剧本逐"场"诠释，是很好的导读（编按：本书附录即此篇导读）；第二篇内容是有关本书《临在与不死》的释义，也讲了剧本。她以东方女性的心思，领略了许多西方人或男性读者不易捉摸的细节，读出剧中许多对话背后之意义。如果马赛尔还在世，我会译成法文呈他分享，相信如果他本人能读到这两篇文字，必会大为欣慰。①

敬献此译本予好友沈清松教授（1949—2018），他于1978年

---

① 考虑篇幅及整体内容结构，本书收录第一篇剧本导读全文。第二篇导读见网址：www.psygarden.com.tw/MA079appendix/02.pdf。——编注

自鲁汶返台时曾邀笔者同译马赛尔的第一册《形上日记》，可惜未成。2018 年 3 月我俩在香港机场偶遇，他知道第三册《形上日记》的中文译本可望出版，其心甚喜。料想他今日必会含笑于九泉，同马赛尔一起"临在与不死"。

前言（1959）[①]

奥菲斯（Orphée）和欧律狄刻（Eurydice）的神话确实存在于我生命的中心。

或许在本书的开端先给读者一些有关本书主旨的说明并不算是一件多余的事。我曾想清楚而更好地阐释出一个把不同的题材紧密联系在一起的作品，它几乎常可被认为是按着一个预定的目标而不是以其一致性写成的。我们还须体认这个一致性不是轻易可以获得的。

本书大部分篇幅来自我的日记，那是在第二次世界大战期间，我在科雷兹（Corrèze）乡居时断断续续笔录的。这本日记承

---

① 本书旧版（Flammarion, 1959）收录马赛尔未完成剧本《无底洞》，马赛尔特于前言中解释在书中收该剧本于书中的用意。新版（Association Présence de Gabriel Marcel, 2001）出于某些考虑未收录剧本，故而将马赛尔前言中这段解释删去。现中译仍将这出剧的剧本收录于本书，此处的前言也是 1959 年的未删节完整版。——编注

接着前面两本，即 1927 年出版的《形上日记》和 1934 年出版的《是与有》上卷。

认真地读过我的作品的朋友就知道，从 1925 年起我明快地决定不再书写系统性的哲学文章。我的思想愈来愈像在寻找一条通道，有时颇为险峻，需要摸索，会走走停停，也会因怀疑此路不通绕道而行。出版《形上日记》时，我完全没有把握有人会去读它。经验显示了我的过虑是没有根据的，因为在很多国家有人表示愿意陪我走这条颇似去发现"新大陆"的探险之旅。

第二次世界大战结束后，我曾被邀请到许多国家去演讲，不但是在欧洲，我也去过黎巴嫩、北非、加拿大、南美和日本。每一个演讲都可看作我的一个尝试，聚焦在以前我写日记时出现过的思想。读者在本书中会看到两篇未曾出版过的演讲稿：一篇是 1937 年原为给根特（Gand）大学演讲用的，它未曾发表过；第二篇写于 1951 年，我曾在摩洛哥的拉巴特（Rabat）、巴西的圣保罗和另一些南美都市中演讲过。第一篇的笔法是完全一般性的，对那些对我的思想不熟悉的听众来说具有热身作用。第二篇直截了当地碰触本书的核心问题：这是我在某些地方称之为"不死的存在性前提"（Les Prémices Existentielles de l'Immortalité），它与传统哲学的主流派截然不同，是以"他者之死"及"亲爱者之死"的角度书写的。此外，不言而喻的是：这个问题无法与我的"日记"内的形上思维分开而被理解。

然而可能会引起读者更大惊奇的是：我在本书中收录了一个尚未完成的剧本《无底洞》（L'Insondable）。那是我在 1919 年所写而从未付梓过的。

首先我要说的是，在我的哲学和剧本之间所特有的那种紧密关系从未被人充分地强调过。此外，该剧的第一幕，虽然它一直没有写完，对我来说却极其重要：在 1958 年末我重读该剧时，清楚看到它对我即将付梓的"日记"有实质的增益作用。第一幕内的情节是针对在第一次世界大战结束时发生的事。它提供了一个见证，一面反映那时候法国人的心境，一面也极深刻地刻画出这场战争对我的灵性及思想所带来的冲击。这种无法描述的冲击无疑渗透我灵魂的深处，直到今日。

但还有别的。爱蒂特和塞卫雅克神父对话的一场戏，按我的想法，是我写过的最有意义的篇幅。我是在此后约十年才皈依天主教的，但我必须说：那位年轻女子焦急地询问而神父尚无法了解的那些问题，它到今天对我还具有完全的价值。很出奇的是，有关这个主题的问题，于 1919 年一些令我哀恸的丧事发生前已可见端倪，而三十年后我必须与若干教会的神学家——关于我为之写序，德·朱瓦内（Marcelle de Jouvenel）的书《天国的测音器》（Le Diapason du Ciel）——持相反的立场。说实话，在《无底洞》一剧中，并没有借助"自动书写"而取得信息的问题。但在关于此岸与彼岸的生命间的交流问题上，从其本质上有提到过这类交流；就像稍后在我写的《打破偶像者》（L'Iconoclaste）一剧时提及的，如果我没有记错，那该是在 1917 年战况正烈期间的作品。有些读者或许会给我建议——在重构爱蒂特和塞卫雅克神父对话的一场戏时，删除前面几场。我觉得如此做会使读者无法亲临其境，而使该剧的意义变得模糊。

我们是否应对该剧之未完成感到遗憾呢？略加反思之后，我并不如此想。就像一个朋友在念完了这一幕后，觉得他被牵引到一个悬崖的边缘，真如剧名"无底洞"一词所表达的那样。我在

1919 年采用的剧名已不再让我满意。如果我以原定的想法继续写下去的话，我就会冒着减弱那种濒临悬崖感受的危险。那个感觉将会在这场及最后两场戏中丧失殆尽。

"深渊"两字必须在此处加以强调。我想读者如果一点都不懂他是在一个深渊的边缘行走的话，会完全曲解我思想的特色，尤其是曲解我于科雷兹写的这本"日记"中所要表达的思想。即使在我皈依之后，这也是千真万确的。因为有人把信仰想成一个护身符或吉祥物，把它变成一个十分贫乏及有讽刺含义的概念。但信仰实在是一个生命，在那里喜乐和痛苦不断地此起彼落，联袂而生，这个生命一直到最后都脱不开唯一的一个诱惑的威胁，分析到底，这是我们应当小心翼翼防护自己陷入的诱惑，它名叫"失望"。

我的基本进言

（1937）

数个月后，我将要去根特大学演讲，这几天我一直在思考的是：有关我的哲学的若干中心思想，希望能找到可以发挥的主题。但我突然体认到：这是一件令我非常困惑的事。因为我有许多不能不坚持的理由——为了坚持我的选择。我想，任何愿意把我的作品作一个总览的人，包括我自己，都难免要碰到这类困难。

　　第一个困难虽然看起来比较浅显，但它有一个颇深的根在，我现在要说明一下，这个困难在于：我的哲学不可能与我的剧作分开。因为后者绝非只是我根据自己脑中原先就有的某些抽象的概念所作的素描或翻译。说真的，就像一些最擅长诠释我思想的学者都了解的那样：我的剧作在我的作品中具有毫无争议的优位。有多少次了，我在我的剧作中提前释放出我直到以后在哲学作品中才会出现的观点。最明显的例子是《打破偶像者》一剧的末场，在那里，"奥秘"的积极价值显而易见。

但有人会向我说："没有什么大不了的；没有什么东西可以阻挡你——那些源出于剧本脉络稍后加以萃取、抽离而呈现的观念，将它们镶嵌入你的哲学中，以纯抽象的形式加以表达。"此处应当小心，在我写过的最重要和最有意义的剧本中，包括《四重奏》（*Le Quatuor*）、《打破偶像者》《克利特之路》（*Le Chemin de Crête*），尤其是《贪婪的心》（*Les Cœurs Avides*），它们都结束在一种不单纯的协调中、在一个观众或读者都被邀请投入的和谐气氛中，但它不允许人将它改头换面地化约成为一条一条的公式。就像《四重奏》中一个人物说的那样："'我们只是孤零零的'这个思想，会与这些文字同归于尽吗？"戏剧和音乐都有一个特色，即摆脱由狭义的推理而得的知识层面，转而抵达一个更高的觉悟，借此我们发现：自己的存有被引入一种完整的境域，并且超越纯理性所作的抽象告白——超越那必须与"纯理性"相伴随方始满足的"抽象告白"。

我的哲学思维是往和音（consonances）的方向运作的。它基本上是多声部的，它截然反对那些或多或少从 18 世纪法国哲学那流衍出来的一切意识形态。

但我还要说明一点：当我尝试用我自己的方式进行，就像我在汇报别人的哲学那样时，我觉得它不单是合法的，并且是值得推荐的时候，我面临了极大的阻难。

当我回顾早期作品时，我可以清楚地看到十年来我想表达的思维线索。然而我用的话语完全不同了。我无法不问自己：是否我太任性地低估、抛掷了一些我在写那些文字时它们起初并不具有的意义？这些想法使我对许多哲学史的价值抱怀疑的态度，因为无法确定它们在经过多重诠释后是否仍对原文忠实。

老实说，我原可把我早期的作品一扫而光地清空，但我应当承认：我的麻烦会因此而变得更大。我想我无法提供一个展览品或一群可与邻近的理论灵巧搭配的傀儡。真的，我不认为哲学研究和科学研究一样，后者若有所获，研究者便不再对它多予理会，反而是从此处出发，扩张其所欲攻克的新领土。

我比较相信：一个活泼泼的哲学思想，其本质是对其逐步获得的结论一再地加以反思。我必须说，这种调调倏然听到不但使人沮丧不已，还似乎给人浇了一桶冷水。但我必须如此坚持。

我曾多次聚焦在两个词："我的系统"或"我的哲学"，而在它们可笑的性格前感到无比的恐慌。这种感觉会转化成一种难以忍受的折磨。譬如说，有人请我用一段文字来说明"我的哲学"包含些什么，这类要求足以把我对它本有的意识夷为平地。我觉得，我常如此认为，虽然没有用明确的文字把它写出来："哲学本质上不是，也不能是某种我们可以扣留或拥有的东西。"我想，没有任何堪称"哲人"的人可以把他的理论视为其私人财产，除非在他看到自己被挑战，为此他必须像保卫自己生命那样保卫自己作品的情形中。但我们可问：如此这般把自己的作品看成是自己所"拥有"的人，他的哲学的价值是否会直线掉落，是否要变成一具尸体。这是一个不易回答的问题。

但是可能有人要以假设来诘难："难道哲学研究的本质不是要把许多相关的、紧密联系的命题结合在一起，构成一个整体吗？不这样做，不是要把研究还原到只是一种形式游戏，贫瘠的练习吗？"哲学如果不是一个研究，就什么也不是。但探究它是什么，就是希望找到它，是趋向一个确定的东西。

为了避免误会，我们更应该继续深入其中的含义。

真的，哲学本质上是一个研究，而研究的目的是寻获真理。但真理这个词的意义暧昧不明，我们有责任将它说明清楚。从哲学角度来看，真理本身无法与一项一项的特殊真理等量齐观，它只在长期探索后向苦学者呈现出来。了解个中道理实在非常重要。

"特殊真理"（vérité particulière）不论它属于哪一类，其特色是严格的、可以公式化的。这样一个真理甚至可以危及它借之表达之"名言"（énoncé），更确切地说，它对这个混淆不再抗拒，而那个混淆可能是一个修正。关键就在于对它本身而言，即把它与其所从出的问题分开，它就趋向变成主体外面的东西。这里潜存着科学主义的根源，要把它理解成"真正科学的崩塌（dégradation）"。哲学反省的角色就是要揭发一切特殊真理内含的谬误，如果它被化约成一个与"认知"（savoir）可分离的成分的话。

我们还可以更深刻地指出，如果把"认知"看成一个可以被自己占有的东西时，它会趋向"不知"（non-savoir），这是一种无法加以思索的降级，它不在"认知"的层次，却在"了解"（comprendre）的层次上观看。

我们再能看到———一切意见在此汇合起来———一个特殊真理是一个不具个性的真理。它在真理层次的价值与它的不具个性是不能分割的。如果我肯定我寻获的结论是真的，我要说的是，任何一人在我的位置进行正确的探究的话，即按照一种不涉及个性的逻辑运作，他也会得到与我相同的结果。我什么也不算，我的个人特性完全不予思考。可能我在过程中受益于一个特恩式的直觉，但这个直觉之为我所见且有路可循，任何人都可以跟着我而上路的。分析到底，我寻获此路的意外条件不重要，它们只会引起心理学家或历史学家的兴趣而已。这是我曾说过的：特殊真理导自康德义的**"一般性的思维"**（*la pensée en général*）。

有人或许会说：把此处谈及的真理称之为"一般真理"，更为贴切。但我们对此必须小心。

相当确定的是：如果所谓的"一般真理"是指某些从引导各种不同的科学纪律的"特殊真理"中加以抽象化而得以摆脱其关系的话，一般说来，如同笛卡尔的样式，它们是可以被称为原则的。我可确定地说这些原则也是从一般性思想中引申出来的。但问题是要知道是否这类原则是哲学本位主张建立的原则。这里出现的是一个定义的问题。但我与当代许多学者了解的是：这样一个哲学，是迈向一些非常不同的目标的。

我首先要指出，哲学研究向往的**真理**是绝对无法成为一个被占有的东西的，它不能被视为一个"有"。

这是我在 1910 年至 1914 年间愿意说的话，那时我支持的是：形上学的要旨是一个"参与"（participation）的哲学。在1953 年巴黎的哲学大会上，路易·拉维尔 [1] 与我在几乎同样意义下用了"参与"这个词，结果是很不同于柏拉图的意义。这是我们现在的问题，即"思想参与存有"的问题。是的，"参与"这个词一出现，我就趋向于用"存有"取代"真理"。这里我们仍要小心避免误会。以前我曾太快地肯定存有超越真理。这是一个危险及不能接受的说法。今天我会说，存有与真理是等同的。但

---

[1] 路易·拉维尔（Louis Lavelle, 1883—1951），法国哲学家，公认为精神物理学运动的先驱，认为自我实现和终极自由是从寻求一个人的"内在"存在出发的，并将之和绝对联系起来的。——编注

有一个条件，即如我上面所说过的，要分清"真理"及科学提供的有限的真理是不能通约的，这是说，清楚地体认对某一个真理借以界定的求证方法，在这里是无用的。存有的超越性，即真理的超越性，是针对着这些方法及这些特殊真理而言的。

现在我愿意钻研一些有关这个断言的一些问题。这个断言脱离了实际的脉络，有可能被认为几乎是无法理解的。

如果我们对这个非常浮泛和多义的观念用**"阅读"**（lecture）一词来代替，我们就会很快地了解一个对众人而言具有客观数据的文本（texte），竟然可以隐藏着许多等级意义，它依次启示读者，只要后者具有足够读懂此文本的智力。这样说还不够，这里牵涉的是一个解读的意志，它不满足于一个肤浅的解释，渴望找到更高的含义。意义的本色是：它只向一个向它开放而愿欢迎它的良知启示自己。它可以说是对某一个积极和坚持的期待（attente）的响应。这个期待更确切地可以说是一个"深沉的需求"（exigence）。意义的等级是这些需求的等级的功能。但是这是无误的：对阅读一个文本所讲的几乎完全可以适用到我所理解的哲学研究上。它实质上是像一个弹琴者的"读谱"（déchiffrage musical）。我们要记住这个词，因为它给我们提供一个很适当的比喻。这里有一个琴谱（partition），上面的符号的价值，对那些了解音乐记号的弹奏者而言，是事先严格地被规定好的。这样一种阅读符合我所谓的一般性的思想。但是对音乐家来说，不论是否在弹奏，解读这些符号，从原来只是密码的东西中发现其音乐的意义，即是说：他被乐谱邀请去进行一个真正的创造。有人会提醒我说，这不是创造，只是再造（récreation）而已。这话亦真亦假。对于一个对此邀请不只愿意接受且了解其意义的具有清楚意识的人来说，这里的问题是"再造"或"复制"。但原则上对文本或乐谱并无预先知识的读者或演奏者只能靠自己，靠自己既有的同情地直觉的能力。他应该对此奥秘投入、张开，尽管在他自己面前只有感觉和客观性的微弱记号（la maigre trace sensible et objective）。但是他追逐的创造性的解读，确实是一个要真实参与作者原本灵感的意愿。

这个比喻被我赋予极大的重要性。因为它使人直接体认一个新世界，它不单超越只属于有效（valable）事物之世界，也超越只属于主观层面——指心理学及具否定性含义——的世界。很明显地我们可以举例来说，舒曼和肖邦的音乐中有某种质素（réalité），弹奏他们作品的人必须与作者的心灵相结合，主动地委身其中才能弹奏出他们作品的精华，后者绝不会像可以翻译的特殊真理那样，能被以某种公式加以处理的。然而这种质素有可以被人低估或抛弃的性格。我还要说，它的本质使它不会以一种无法抗拒的文本压力或物理定律那样强迫人就范。如果有人企图把此质素化约为一个纯主观的状态，或一个路过的心态，他将错失一个伟大作品之分量和魅力（son poids, sa valeur, sa vertu）。

为知道某个"了解"（compréhension）能容许不同层次的深度，就要在了解中隐含地建立一种不以"合格"（valid）而以"存有"为准的体系。无疑地，为使大家更易听懂我的想法，我对"合格"一概念的分析还可增加一些。它与"利用"的概念是二位一体的。我们可以轻易地指出实用主义只在混淆"真理"和"合格"的情形下才能取得功效。我相信为更好地澄清"合格"这概念的具体面相，我们可用下面的例子来说明：如合格的火车票或戏票。条件合格时，火车票或戏票给人搭火车或进入戏院看戏的权利。此种说法对科学的公式也能适用，虽然它的合格条件更为严密。合格性常预设验证。我们要一些秘方，按秘方提示的方式，一按其钮就得到了想要得到的效果。从前我已讲过，现在再说一次，这种知识只是等而下之的知识。但在此类状况中，这种降级几乎会无法避免地发生，只有运用反省，只有主体善用其自由时，才能有效地平衡、缓解那个——我们可称之为"精神的硬化症"（sclérose spirituelle pure et simple）。

让我们聚焦"自由"及"反省"两个词吧！

先说自由。一个配被称为哲学的学问，不能不是一个自由的哲学。我们从两个意义来申谈之。

首先，哲学是思想集中在自由之谓，思想把自由给予自己作为内容。

其次，自由只能被自由思考。自由在思考自己时才创造自己和构成自己。这里我们有一种借反省而体认出来的循环，但这不是恶性循环。一个会显示自己及我们能使它从辩证的决定论中解脱的自由概念，是一个假的概念，我们能借反省将它的矛盾显示出来。

我还要说，我认为有人愿把存有的哲学与自由的哲学对立，这是行不通的。这种对立只在下面的情况中可以证成：如果当我们想象自己在体现存有时将它与实体等同，我们就会像赞同中世纪的次等哲学家（épigones de la philosophie médiévale），或其有偏见的对手所推动的看法一样。一个真实的存有哲学不是一种东西的哲学，就像雷诺维耶（Renouvier）想的那样，它也不是如柏格森所想的那种静态的哲学。存有对我来说，就像许多伟大的形上学家思考的那样，是超越静止与能动的对立的。

反省这个字眼更清楚地显示其在何处：我的思想和柏格森主义——或至少从一些普通归于他的诠释来说——分道扬镳。我认为哲学方法首重反省。但我这里讲的反省是第二层次的反省（réflexion du second degré），它极少在当下意识（la conscience immédiate）上操作，它在原初的媒介上操作，而经验是由这些媒介构成的。

那么如此思考的研究会有怎样的出发点呢？这将是考虑我以人的方式身处其中的基本处境——还不曾说以受造物的方式——只按我为人的条件。这里立刻出现存在哲学与笛卡尔式哲学的对立——这种对立可能只在笛卡尔，而非在其追随者身上，其中有些论点可以在笛卡尔的领域以外加以研讨的。但是在笛卡尔的"我思"及稍后康德的"一般性思想"中都剥去了人类学的指标。按照这种不具人格的思考，人的处境或条件只是一个思想的对象，就像一个他者：这个条件被思想看作不影响自己的东西，但这样一来，这个思想跟着被消灭掉，不再有处境或条件的作用。这个"消灭"（suppression）是虚构的，它是一个抽象，借之，思想被拒绝进入存有。这里我无法不过分地强调我与海德格尔和雅斯贝尔斯的共识，特别是雅斯贝尔斯，他一而再地肯定"界限处境"（situations limites）的重要。如果我们把它们解释成"不是自己的他物"而演绎的话，界限处境只能被澄清，不能被证成或解释。

我相信我现在要引用一个由来已久的"不安"（inquiétude）概念来澄清我思考的深意。

形而上的不安。我觉得如果一个形上学不能界定何谓"不安"，它就不值什么，它会部分地或奇怪地遭到消灭，至少被搁置一边。不安：但哪一种不安？我对这词的理解不是好奇。好奇也哉，指从一个不动的中心出发，伸展出去，为捉获一个对它只有模糊及简略印象的客体。我会说一切好奇都趋向表面。不安现象与此相反，它不清楚自己的中心在哪里，它在寻找一个中心，为得到平衡。不论从哪一个角度看不安，这种说法都通得过。如果我为一个亲人的健康感到不安，这是说我为之而起的疑惑和害怕会摧毁我内心的安宁。好奇的现象在我身上一下子变成一种不安，如果这个我关切的人愈来愈成为我自己的一部分，愈来愈和我道德良知的宽慰（confort moral）紧密联系的话。（再者，今天我觉得"宽慰"这个词不足以表达我的意思。它牵涉一个"缺了它我会失去自己"的层次。）另一方面，有一种"直接地关联我，无法与之切割"及更深一层地说"使我失之，便会异化"的对象，若从来无此对象，我会消灭我自己的不安，而此对象则愈有形上特性。我们真可断言：形上学的唯一的问题是"我是什么？"其他一切问题都可以还原到这个问题，甚至包括他者的存在问题。有一种强有力及隐秘的观念叫我确信**"如果他者不存在，我自己也不再存在"**。我不能把一个他者没有的存在归存于我。此处之**"我不能把"**不指我没有权利，而指**"这是我做不到的事"**。如果他者从我中脱落，我也从我自己中脱落，因为我的实体是由他们塑造的。

对于这个形而上的不安，我能否说：我感受到的是一种真实的常态吗？我只想如此回答：一个令我意识不安的情况会出现，随着反省，它表现得甚至无限地逸出这个情况；它给我们"它会恒持，不会消失"的印象，它不与这个或那个"现在"相联。更有甚者，一旦它被表达了，它伸展到一切我能看作与我遭受同样情境的经验者处。我不能不把他们看成原则上在忍受与我忍受的同样的不安。

但是有人要反驳我说：不安不是在传统上被称为是一种相反哲学的心灵状况吗？它不是与"宁静"（sérénité）及"不动心"（ataraxie）极端相反的吗？虽然后者被不同的哲学学派界定得极为不同。

我要如此回答：哲学的确以建立普遍的内心的平安和人间的和谐为己任，但这些善象不会在一开始就可获得。一开始就有的是"渴望"（aspiration），这个渴望不能不被体验成"怀乡之情"（nostalgie），而这就是不安。现在唯一的问题是：知道人们是否认为应该强调这原初的怀乡情绪。只要哲学愈有概念化的倾向，它的当务之急就只是从这些主观事件中抽取有用的知性内容而已，视"不安"为不值一顾。但是反省之后，这个貌似不屑注意的事却变成了不小的大问题，因为它危及的是价值，不论是正或负的价值，它将和个人的福祉相关。以黑格尔的哲学而论，它把有关概念的内在辩证推至极点，会原则上视"个别的人"（la personne）只是偶尔出现在一个舞台上，而台上正在演出的是纯辩证的大戏，这大戏中的个别的人所拥有之回响，只被视为来自某个个别经验主体之遭遇而加以抽象。这对那类哲学而言是一个原则，但我在前面略为描绘过的那种哲学则要对此加以否定。有不安感，是因为在寻找自己的中心。这些话已够刻画我思索的哲学是一种"进步"了。它不只运作在一个被视为精神器官之主体内，而更在实际世界中。这个主体在那里就像是一个目的，我甚至敢说是有关的，进步是一个赌注，因为我觉得它类似一场比赛或一出戏剧。

说了这些，我觉得还不够。主体这个词的意义很不清楚。如果在之后的一些年代，位格（person）这个词没有被人不恰当地妄用的话，倒是较好的选择。"位格"这个词在与"个体"（individu）一词对立的情况下看，是更可取的。按我看来，最真实的哲学思想位于"自我"与"他者"的接头处。我重复一次，有一些隐秘的力量使我相信：如果他者不存在，我也不存在。诚然，这里提出的明显的见地，不但没有被普遍地承认，并且还被某种唯心论排斥是事实。但我们还要考察一下：唯心论引用的假设有什么依据。我在《是与有》（Être et Avoir）一书上曾询问过："把自我界定为自我之行动，把它看成原则上比为他者之存在更具优位之假设，可以成立吗？"我想这个优位只能在一个康德已觉察的混淆中被肯定。

趁此机会，我要指出：没有一本哲学书能像美国哲学家霍金（W. E. Hocking）的《上帝在人类经验中的意义》（The Meaning of God in Human Experience）[1] 那么强烈地震撼过我，他在该书中认为：我们实际上无法对他者有所了解，除非我们参照了我们对自己的了解，而正是这个了解把人性的分量赋与我们的经验。

当我提到自我与他者接头的问题时，我们必须防止任何不适当的"空间"联想，我们一分钟也不可花在"假定在自我及他者的领域间有界线或缝隙之存在"上。哲学史和文学作品单就它会对人的知识有所贡献的角度上来看，他者之世界被一道愈来愈强烈的光所照明，就在于自我愈来愈多英雄式地驱除自己的黑暗

---

[1]　Flammarion 1959 年的初版将此书名误作 The Meaning of Good in Human Experience（人之经验中善的意义），英文版又沿用错误书名。2001 年 Association Présence de Gabriel Marcel 的新版已经更正。——编注

时。一个强势的哲学传统，今日可说由列昂·布朗希维克①为代表，倾向在那些我们中每人所有及属于大家共有的事物间建立一个基本的区别。他们这样做呈现了一个理性的特性。我不想说这类区别并非不能做，但我担心这样做会导致贫瘠的结果，我喜欢用"肤浅的心理学"称之，这种心理学擅长忽略精神生命的维度：深度（La profondeur）。

这里我们再次找到我以前讲过的意义和需求。我们或他者具有的独一无二性，能被随意地贴上"怪物"(bizarrerie）的标签，而被丢弃到垃圾桶内；但它也能向我们恳诉要对它有更亲密的了解和交流；它也隐约地邀请我们更新及重组我们的范畴。另一方面，就因为共同的和一般性的性质是如此这般易于让人辨认、分类、归类，而使最习惯的操作发动；结果是给我们的知性最少的进补。我略作观察就看到我这种谈吐非常切合纪德（André Gide）的深刻批判，它也在我所有的剧本的核心思想之中。

从以上一连串的反省，我们整理出以下的结论：我们愈努力与自己沟通，——我指与某些在我们内起初显得对一个要深入理解它的头脑非常顽抗的东西——我们愈能以一种因判断僵化而生的自动的反应性中获得自救；此外，随着我们放弃这种自动反应的程度，他者停止被我领会成一个他者，它不再只是一堆我们无法与之有活泼交流的抽象物的拼凑。但这种无法交流的现象给我们留下一个非常沉重的赎价；它屡次以一种难以觉察的失落来表达自己，它载负着某种辐射性格，使它的临在与否立即被直觉

_____

① 列昂·布朗希维克（Léon Brunschvicg, 1869—1944），法国观念论哲学家，巴黎（索邦）大学教授，新康德主义代表人物。他亦是帕斯卡尔《思想录》（*Pensées*）的编者。——编注

获知。

或许有人会向我挑战，指出一个事实：有些非常质朴的人无法透悟自己内心的黑暗——假定有这样的人却是最能与他者沟通的人。我同意。但他们不在我讨论的范畴中，因为他们完全免除了我们习惯称呼的"优越感"，即英语称之为"自我意识"（self-conscious）的贬义。无法与人沟通是与自我意识相联的，或更确切地说，那是一种紧绷而蜷缩的病态。如此我们可以看到两种有真实交流的层次，其一是质朴心灵的层次，那是在有自我意识前的幼儿的特征；其二远高于前者，指已达克胜自我意识的层次。

哲学从其本质而言，已把乐园抛得老远。（儿童的天真自然使他们毫无困难地一蹴可及他者的边岸。）他们不会梦想回到自我意识的此岸，只能用高空飞越的方式希望重建已多少堵塞的交流大道。他们应该随着渴望而采用一种探索之途，另外更坚定迈向"具体思想"（pensée concrète）的世界，放下身段，与近人相处，那时他们将在净化的光辉中看到在日常生活的微光中难以使人辨认的出路。

我认为我们尚未细谈的"哲学投身"（engagement philsophique），其方位正在此处。当代不少思想家无法避免，而诗人中颇为兴盛的隐居爱好恰恰相反，我会说，我希望见到的哲学家是竭尽全力推动交流的志士。但要有效地实施交流需要有一种迂回。从哲学角度看，把我导向他者之途径是经过我自己的深度。但这不是说，这些深度可只借内视（introspection）自己的资源达到。我们甚至可以说：在这个范围内，内视能有的贡献相当微小。而大有攸关的是广义的经验；那是说，自我接触到的生命体验；这种体验会激发出极为殊异、有时极为令人困惑的模式。对我而言，这类的体验是以戏剧创作的形式迸现的。虽然我的剧中人像由某种超意识的想象力咒召而来的主要试剂，为让我最深邃的思想能结晶成为文字，这种成果若靠自我一己的资源绝无可能获得的。这样说来，我在此文前面所建立的在我的剧作和我狭义的哲学探索间的联系，就愈显明晰了。

形上日记
（1938—1943）

敬献给深深怀念的雅各·杜隆（Jacques Duron）

巴黎，1938 年 1 月

我在此处要反思的是：当我们说一个深邃的观念（idée profonde）或一个深厚的情感（sentiment profond）时，我们自然的反应是什么。

说到"一个深邃的观念"，我们能否立即联想到此词的内容？"一个深邃的观念"针对的该是一个隐藏的事物，不只是一个表象而已。但这种解释并不能使我们深入领会很多。首先，因为表象和实物（réalité）的区分对物品或对已清楚划分过的领域来说，不一定适用。我们可以询问那个我们称之为"实物"者，如果处在另一情境，加上另一些条件，是否显得像似只是一个表象而已呢？

下面我要采取现象学的立场来讨论下去，我要说：一个观念或一个思想以深邃的身份向我呈显——那是说，它具有当下流行、通用的观念所缺乏的特色，而后者却是我每天习用的观念。我们必须陈述："深邃的观念"并非像少见（insolite）的观念那

21

样向我呈显，如果"少见"意味古怪（bizarre）的话。更精确地，我们或许可以说："古怪"不足以规范"深邃"这个观念。在精神的世界里倒可说有一种古怪的东西，它能与一种心情的古怪作比较，像一簇暂时聚在一起的浮云那样。这种古怪感往往在许多偶然及不安定的因素组合中发生。有一些思想就是这样产生的：我想到某些吊诡的事，它们在我们接触王尔德（Oscar Wilde）时就会浮现出来。我们还须注意，这种古怪特色具有欺骗性。这是怎么一回事呢？很明显的，这是出于一种透视的效果；关键就在于这个古怪的思想像在一片平原上隆起的一座小丘那样出现，似乎要把我们领到别处去，或迫使我们走另一条路。这样，经验常如同一个在运作的试验。不单不以业余的方式去观察此思想，反而主动地把它当作跳板重新出发，为了解它是否真的具有推动的能力。我也要细察它：在我接触它时，它是否还会扩展与进步？或相反的，它只是昙花一现、贫乏、无创意的一个装饰品而已？从现在起，我们可以看到一个观念以"深邃"的样式呈现给我，可以看到它是否有疏通、导向"彼界"（un au-delà）的功能。严格地说，"彼界"本质上是无法给与我们的，也无法加以推理，而只能被暗示，它不由逻辑推算出来，而是由预期认定的。我思想中出现的一个适合比喻是"航道"（chenal）：航道不乏转弯抹角、曲曲折折之处，但最后通往一个只能借臆测而肯定其"有之"的康庄大道。这样一想，沿路的风景叫我大为亢奋。我在想的是：当我们航近科尔丘拉岛（Corçula）海时，我们知道拉古萨（Raguse）已近在眼前了。[①] 由此，我会询问："深度"的经验

①　科尔丘拉岛与拉古萨都是克罗地亚的地名。拉古萨是古称，今名杜布罗夫尼克（Dubrovnik）。——编注

是否与一个蒙眬地窥见什么而有的承诺（promesse）相关。这个分析我们应该继续做下去。只说一个让我们体认有深度的思想会给我们指明一个远方（un lointain）的前景，是不够的。我们还该询问：这个"远方"是什么？这里我们不应被纯空间的图像束缚住。我们还须加以强调和说明。归根结底，"此界"与"彼界"之区分在此消失了。更确切地说，它们颠倒过来了。这怎么可能呢？这个"远方"向我们显出的是内在某个范围的东西，我把它称为**"我们的怀乡之情的核心"**（nostalgiquement nôtre）。我相信我们真的应当求援于"流放"（l'exil）的神话来思考这个处境。如果仅用空间的逻辑来看这个处境，它是一个讲不通的矛盾。因此我们应当聚焦于一个感到无法与自己的"此地"（son lieu）配合之人的情境，或他经验自己的场所的非必然性（contingent）——相对于一个真是他的位置的某个中心，但那个中心，在他现在堪能忍受的实际条件下来看，只能被想成一个"彼界"，如同一个被怀念的家乡。

参考童年的经验对我们有用，它们提供许多有情趣的想象。它们会把我拉入潜意识的暗域、神秘的园林等处。我曾用形上学的言语称之为"绝对的**此地**"（un *ici* absolu），它同时是"**彼处**"（*là-bas*）。这类经验自然可以让精神分析学的诠释来加以考核。然而，姑且把这个诠释暂置一旁吧！因为我对它能有效协助我们了解"深度"的情绪极为怀疑。

或许有人要反诘说：我们的讨论一直停留在"空间"的层次，这是说在"比喻"的层次。如果我们无法完全达到"去空间化"（déspatialiser），就无法澄清"深度"的情绪。但我注意到：就在我们颠倒、翻转"此处"与"彼处"标准关系的多寡之时，我们在"这里"已完成了同等比例的去空间化。我们会说：一个与"我的相对此处"（mon ici contingent）不重叠之"绝对此地"，确实存在于空间之中，虽然看起来不像在其中。[此外，我非常怀疑我们能把去空间化的过程推到极点。或许我们应当回到柏格森从前建立的对立。我确切相信闵可夫斯基①引入及加工的"**生命空间**"（*espace vécu*）这一观念，在这里有了重要的进步，这是柏格森原来的思想中所没有的，我觉得这是一个大飞跃。或许有人在柏格森的思想中发现一些可往这个方向发展的蛛丝马迹，但我觉得柏格森没有充分地推演下去。]②

另一个可以说是很有趣的研究，是探索为了解"深度"在"时间的记录"（le registre temporel）中是否有类同的吊诡特征。深邃的观念走得很远：这是说它指出一条只能在时间中行进的路。它像一个只能靠"持续"（la durée）才能作直观式的潜入和加以研究的东西。然而我们无法分析一个迹象——这是我一再强调的事——一个深刻的思想就像我们对未来所作的投资。更有甚者，在这里有一个提前出现的"将来"，它绝不会像一个对我们实际所有过的经验完全不同的那样被呼唤回来。我觉得"将来"好像与最遥远的"过去"奇妙地衔接在一起；我要说它是同最**深邃**的过去互相衔接。在"过去"与"深度"之间确实有某种亲和性

---

① 尤金·闵可夫斯基（Eugène Minkowski, 1885—1972），法国公认最具原创性的现象学家和精神病学家，以探索"生命时间"（le temps vécu）的概念闻名。他和雅斯贝尔斯（Karl Jaspers）、宾斯旺格（Ludwig Binswanger）共同奠定精神病学中的现象学进路，主张精神疾病是人类存在的变异模式，而精神科医生应当运用现象学直观方法去认识患者的异常经验结构。——编注

② 上述引号中的话，是马赛尔在1945年重读此段文字后为补充及澄清而附加的。——译注

（affinité）。我们真的可以说，虽然这样一个概念模糊不清，"过去"与"将来"在"深度"的怀抱内融合在一个我称之为"现在"的地区，就像"绝对现在"和"相对现在"的关系一样。而在此地区，**"现在"**与**"那时"**（le *alors*）混同起来，就像不久前我们讲的"近"与"远"之混同一样，无疑，这就是我们称之为"永恒"者。从这个角度来看，虽然像虚构的，并且难以用理性加以证成，但我会尝试说，尼采的"永恒回归"（retour éternel）不单含有意义，并且多多少少给我们指出有关"深度"的音域（diapason）。现在我们应当询问的是：上述见解能被有关深度情绪的分析支持及补充吗？一般人都会想：一个情绪的深度就在于它的抵抗能力。

这个能力是以表现在能够抵抗逻辑上似乎使它必然消散之状况的抵抗力来判断的（如有关爱情的分离，或一个基督徒活在全无此信仰的地区）。但以上这两个例子，对于我们有关"深度"的理解方面，只能提供间接的及不很有力的说明。

首先，我们看到在一个可称为"有深度"的过程中，并不给当下的意识（conscience immédiate）一个深度的感觉，只是在事后加以反省时，才意识到其"实在有深度"，并把它看成好像不是自己的那样（en tant qu'autre）。原则上，我感受到一个有深度的情绪，是因为我不拒绝它，或者我投入其中，我并不把它想成是一个有深度的东西，我并不予以评价，我甚至视它不足为奇。然而可能发生这样的状况：我应当自省**"此处与此时"**（*hic et nunc*）有关我所体认的情绪的深度（如果只因为：我为了作一个决定，先要有因深度情绪而得到"这决定做得对"的保证）。上述的反省在这里与一个对我切身的未来有预测的能力联系在一

25

起。其先决条件是我多多少少与我的"现在"保持距离。这样我们立即可以看到"深度"与"时间"有密切的关系。我们可用债务人的**面额**（*surface*）来作比较，即靠该人之信用（credit）额度来贷款。但问题并未因之而解决：至多我们能够核算数据。但什么是我们借之而可考核信用的判准——假定此判准是有路可循，足以指认的——我非常怀疑。这个判准是一清二楚的吗？一定不是。那么我们要放弃讨论判准的题旨吗？我们不是要探讨这个情绪的命名，而是要确定一个关系，更好地说，一个在这个情绪和自我之间的私密的亲和感（affinité secrète）吗？但这种做法是否会叫我们陷入抽象的险境呢？正因为这个情绪是如此深邃，它就不让自己与我们内在的自我解体，自我与此情绪已合而为一，不必用相同于"和谐"或"自然而然"（facilité）的意识来谈它：我们只能在绝望及悲剧中找到自我。我们走到这里，多少窥见了所谓深邃的情绪的本质，是指完全的投入（engagement）。然而这个说法仍很模糊，暧昧不清。大概而论，我们可以承认：如果一个深邃的情绪能突然冒现，它能浮出至少已具有过去阶段的种种准备。但这基本上是一个先入之见；它至少告诉我们：这样一个断言有其"内心的深沉需求"（exigence）。许多人基本上假定：如果我们的情绪是深邃的，它必定是从一个遥远的根子里蹦跳出来的，即使我们承认有一个新陈代谢的作用，它还是使这个根深蒂固的情绪以不同的样态逐步展现出来。这个深邃的情绪在这里被解释成按照其原始倾向而运作，而它的真正特性不易决定。我觉得一切自然主义对"深度"的解释都是如此这般的，他们要把"深度"泡沫化，说它根本不是一个价值，除非因由一个也很任性的规定；有人一反前说，认为原始的自我呈显一个内在的价值，它与一切偶发因素和随着演化而有之重叠的限定（déterminations）相反。这样的界定，我们可以称之为有关初性的**"托名神秘学"**[或译："伪神秘学"，pseudo-mystique de *l'Ursprünglichkeit*]。但它似乎连一秒都没有在反省前站稳。事实上，没有理由设想人之本质在其伊始已被给予。而很可能在起初，人的本质，狭义地说，是无法识别的，而原初的限定是最不主要的一些，虽然或可把它们想成具有"种子价值"（valeur séminale）。[如果种子不等同于深度，这或许因为它在自己面前有一个"未来"，它属于"机会"的范畴，或是一个纯粹的可能性。但这样一个如此这般的可能性不能被分判为深的或浅的。深度属于另一范畴。但我不是指它"一定存在"。更好地说，它是在不存在的"彼界"，而可能性是在"此界"内。既然它处在存在之彼界，它就难以避免给人**激发**一种不真实的感觉。从深度的角度看，那些"只是存在而已"的东西，几乎是不存在的。]①

有人可能会问：如果你这套言论指向一种任何描述都无济于事的东西，是否还能刻画一个本质的形上学呢？他又问道：就算你讲得对，但明显的是，这个隐藏的本质（essence cachée）似乎散发出断断续续的微光，一点都不像传统哲学背书的那种本质。我们只靠"抽象"之功（托"抽象"之福）才能接触到它。此外，"接触"一词在此处用得并不适当，我会（并非毫无迟疑地）说：本质的照亮能力，远高过于它能被照亮，更非被人描述。隐藏的本质是光源（foyer），正因为它是光源，所以它自现于意识，后者才能把自己看成是一个光源，并且从这个角度来看，我们

---

① 括号中的一段话是马赛尔在 1945 年重读时加上去的。——译注

才能明显地看到本质和价值是可以调和，甚至等同的。但我们必须彻底地、刻意地拒绝把二者转换成"可理解性的事物"（objets intelligibles），即所谓的"所知"（noèta）。一切此类的作为，都会否定及破坏它原本企图建立的东西。然而从这个观点看，或许它能澄清一个在"深度"核心肯定"远""近"同一的吊诡。"近"之本质在于：它流出一种能见度（clarté），不然，它对我而言什么也不是。它又是无限的遥"远"，我无法走近它，这是说若你要趋近它，它就会泡沫化。欧律狄刻（Eurydice）的神话①在此大有启发性。

---

① 欧律狄刻是希腊神话中诗人奥菲斯（法文 Orphée，英文 Orpheus）之妻，她意外身故，奥菲斯哀痛逾恒，亲赴阴间向冥王求情；冥王哈得斯（Hades）为其痴情感动，同意让欧律狄刻返回人间，唯要求奥菲斯抵达人间之前不能回头看亡妻。就在抵达地面之时，奥菲斯忍不住回头看欧律狄刻是否跟上，转瞬间欧律狄刻消失在无尽的黑暗里。——编注

巴黎，1939 年 4 月 24 日

今天早晨我清楚地看到我称之为**"我的生命"**（*ma vie*）者，意义非常模糊，我或把它看成片刻或事件的后续（suite），或某样能被授与、放弃、丢失的东西。或许只在第二个意义下我们可以给不死的观念一个含义。

我的生命，首先呈现的好像是局限在两个日期中的东西，好像它只提供了一个年表。有时候它对我来说，显得非常外在，如果我真的从外面看我的生命的话，譬如说，一想到我生命中有的事件太少而感到伤心。我把我生命中的事件看成一个个彼此连不起来的岛屿。如果我用同一看法去看我的未来的话，在未来的岁月中，我要遭遇的事件一定比我在过去岁月中所经历过的少。就在我退出我自己而从我之外看我自己时，我要说：我就变成了一个没有生气的尸体。"我的生命"好像从这个"我所退出的"生命中退出去了。

如果现在我像收回自己的住宅那样，收回"我的生命"的

话，我发现：我又投"入"（engagé *dans*）并且有一个展"向"（tendu *vers*）了。投"入"什么？又展"向"什么呢？要回答这样的问题，必须有一个先决条件，即我正在从事一个有创造性的工作，而这个工作对我来说，是具有不可或缺的责任的。这个工作可以呈现为很多不同的形式。

但我们必须看到的是，这个工作最后可能以两种方式向下沉沦：

第一，日复一日机械化地干活。

第二，对事件的兴趣就像看连环图画或章回小说那样：把世界看成一场电影。

这里也好，那里也好，当我们体认自己的生命一无用处、不真实或"不在"（absente）时，我们与失望之间只有一层"薄膜"之隔（par une cloison pelliculaire）。除非我们在感觉失望时还能深刻地扪心自问，才能使它转化成一个重振（récupération）的方法。只有当我们体认到这个"不在"时，才多少能够将它转变成"在"。

然而重新整合（réintégrer）我的生命，就是说再次体会"充实饱满"的感觉（plénitude）：消极地说，这是指我不再把它看成一连串我多少可以忽略的插曲。如果我现在要回忆这个或那个插曲的话，按它所能配合前述的"充实饱满"的经验程度，可以成为一个有"深邃及厚实"度（épaisseur）的价值。那是说，我不再把我的生命与另一个看来更幸运及更充实的生命作比较了。

"充实饱满"是无可比拟的。然而这个充实饱满感与献身

（consécration）的联结不是显而易见吗？一个生命之所以有创造力，不正是因为它是有奉献的精神吗？另一方面，正因为有了献身，我的生命才可能成为一个礼物。因为这个礼物——从另一个角度看可能显得是矛盾和愚蠢的——只是在献身的道路上向前迈进了一步。在某些极端的情景中，拒绝付出我的生命不是维护它，而是毁损它。这就像牺牲是它的完成，"失去它"在此处反而是救援它的方法。

然而，我们在这里应该预料到一个纯粹批判性反省的反击：我们固然看到充实饱和感在它完全投入它所事奉者的利益时，抵达了自己的高峰，但是否能说（不以言语游戏的方式讲），它正好救得了它以为自己已失去的东西？那个充实饱和的高峰经验（surélévation）会不会只是一个最终将与死亡同归于尽的主观感受？

"我为……牺牲我的生命"，对这样一个断言，我们应该予以严格的反省。这样一种表达实在很不够。它试图建立或似乎要假定在我及我的生命间有一个几乎无法理解的关系，因为我的生命似乎与一个我要丢弃的"所有"(un avoir) 同一。这里我们有的是第二手的、偶发性的和走样的（déformant）表象模式。在这个行动（acte）中，我的生命的确是主体：它借牺牲自己而祝圣自己。我们还应当观察的是——这很重要——就在于它被反省愈多，愈会改变其本色。绝对的牺牲极少意识到自己。更确切地说，通过获得自我意识，它可能会辐射出一种扭曲它的文字。

此处与别处，真实的哲学反省应该再次发现那个在茁长中恐怕会遮蔽自身的行动。

我们还可以说，当我说我牺牲我的生命时，并不是说我放弃它为了得到一些别的东西。它恰好与这个或那个东西相反。它是全部（tout），它自呈的是全部。这里出现了一个矛盾（antinomie），就是在这全部之外必须还有某样东西，一样值得我不惜代价要去保卫的东西：不然的话，这个牺牲变成缺乏内容的行为。这个"某样东西"对我而言是绝对真实的。它的真实性是可以从我为了使它被保全而接受的牺牲幅度来衡量的。这个牺牲变成了一个我奉献给那个独立于我的实存（réalité）的见证。这是我作见证的方式。死亡在此处取了一个意义或确定了它的意义，它被视为绝对的，就因为它不能为了那个它无法取消之实存的利益而否定自己。在这个绝对牺牲的根源处，我们找到的不只是"我死"，而且还是"你啊！你不会死"，或更确切地说，"我的死将增加的是你活下去的机运"。很肯定地，我们可以说，牺牲只在与一个可以受到威胁的实存有关系时才显出其意义；那是说，对一个历史性存在之物，也因此它可以说暴露在一个对一切存在者能施展其破坏作用的威力之下。

这里，那个相反主观主义的诘难再次要求我们细察一番。它要说：牺牲作证的只是主体自己把价值置放于某样它本身可能不存在的东西。就像爱国情操并不证明祖国的实际存在那样。

此处我们碰撞到一群不易解决的难题。因为无疑的，英雄行动趋向创造或在存有内肯定支持它的力量何在（可与教会历史中的殉道者作一比较）。

巴黎，1939 年 4 月 25 日

这里我们要喘息一下，要对一个硬性及不复杂的"客观存在"观念作一反省。它完全不需要我们的介入，只要我们知道它就够了。

更有趣的是，从某一角度，我们看到：绝对的牺牲不可能显得像一个欺骗的行为。我如何能不注意到：我所提及的实况（réalité）之所以是这样，只因为它与一个配合我生命的评估基础有关；当我去世时，它也要随之消失吗？结果是，潜伏在牺牲的基础之处的幻觉，表现在忘记这个隶属性上，而把它看成是自存的，实际上它之所以如此，完全因为与我有关。"**我的生命**"在这里可以看成一盏魔灯，它照亮一些已无色彩及装饰的形象。我们可以确定地说，如果我把自己看成一个景象的制造者，宣称把我取消为使此景象续存的说法，是荒谬的。

因而牺牲能够达成，只在于：依照意识"停止自认为照明中心"的程度而定。

我谋求解决的问题是询问：究竟能否把死亡看成绝对的现象学表象，而可以与"不死"的超现象学立场并存？后者明显地包含了"恩宠"（Grâce）的肯定，那是说，肯定自己是被欢迎的、被召唤的和被复活了的。之所以把那个立场弄得如此尖锐，是因为死亡这一严肃的绝对（le sérieux absolu）显得像是自献事业（Cause）的最高保证。为了维护这个严肃的绝对，我至少必须承认：对于在我身上能够在此彻底考验后幸存之物，我一无所知，甚至可能一切我所引以为荣和不舍之物，都注定要失落，永不回复。以现象学口吻宣称死亡应被处理成一个绝对，即否认我能看到超越死亡的彼界，以及预期一个没有明天（隧道之出口）的空无。这是由于我的死亡不能被我看成是一个事件。它只能被别人这样看，看成**"他者"**之死，不是我之死。如果我相信死亡可以预期，只有一个先决条件，即想象与另一个"把'我之死'看成'**别人**之死'"的他者同一。

巴黎，1939 年 4 月 26 日

牺牲是估量的量器，这是说它带给其所测量的事物以它的分量。

把我的生命看成是现象学的绝对，但它与我保持着一个本质上的暧昧关系。因为只有当它不再占有我时，我才占有它。在怀乡、后悔或贪婪时，我任由我的生命摆布着。

另一方面，我们应该考察：一切考验既然在表面看来是我所忍受的，譬如疾病，那么如何能够将其转变成一个牺牲？这是说，如果将它奉献出去的话。这些思想还应挖深考虑，不要满足于某种有教益（édifiant）的及现成的解释。同样，我们要对"绝对"这一概念（notion）之核心加以辩证思考的做法加以收敛。"概念"一词在此处是不适合的。我的生命本质上对我显现为一个绝对：它是彻底的自私（égoïsme）的基础，是活生生的独我主义。这是别人对我都有的这种感受，而我自己却没有，或只把它看成与我实际经验的苦乐相反的幻觉。

巴黎，1939 年 4 月 30 日

重读本月初（4 月 24 日）的日记，我觉得还得要对"**我的生命**"这个比较暧昧的说辞增添一些说明。如果我从我的生命中退出，为了思考它，我不能不把它看成注定最后要流失到死亡中的一条河川。从这个角度思考，一切对我显得好像都已经丢失了。这是一个令我头晕的现象，有关它，我在 1937 年的国际哲学大会中曾提及。我发现面前有一样让自己被摆布的东西，极似被重力吸引而下坠之物，或似一根被风吹着的羽毛。与此相反的是，所有的工作，不论它们是哪一种，一切努力都朝着与上述相反的方向前进着。一切工作沿着一条斜坡上进，但都能半途而废，这是说：我们可能会洗手不干了。这里是说，我们不知不觉地与柏格森的思想合伙了。我们不能不看到：只有由此一方向思考，"不死"的神妙概念（mystérieuse notion）才能**显出其意义**。

里昂，1940 年 12 月 10 日

如果我没有搞错的话，1939 年 4 月至今一年半多，我未留下片言只语，那是因为法国参加了战争的缘故。[①] 从今天起，我恢复哲学书写。在我的思想中，有关"时间"与"永恒"的问题，我思索了很久。现在，我要再一次询问："我"与"我之过去"，二者间有什么关系。

首先要问的是："什么是'我的过去'（mon passé）？"今日叫我吃惊的是："我的过去"实际上不是我的一个"与件"（donée）。当我说出 mon passé 这两个词时，"我的过去"的一致性只能在我的思想中存在。"我的过去"给我的印象只是一些"破布片"（我不确定这个譬喻是否会被大众接受）或某种特性，一个无法被界定的迹象。关于此点我还应当仔细推敲一下。

---

① 有些读者会很合理地对我有关 1939 年以来发生的事一字不提感到惊讶。对这些朋友我要说，最后五年中，我有另一本巨细靡遗的日记，那里我只写每天发生的事。但我很怀疑那本日记是否值得公开。

说实话，当我说"我的过去"时，我对它并未多作反思，我假设……我确实假设了什么？我的假设似乎只能借着一种逐渐褪色到模糊不清的形象而结晶，譬如对一整束记忆或活过的经验来说。我们暂时不讨论记忆或活过的经验，究竟真能集合成束与否的棘手问题。无论如何，当我说"我的过去"时，我暗示在我身上发生的一切构成了一个可以随着活着的我而增添的整体。在我身上发生过许多事，将来还会有。但我可以确定，在我不知不觉之刻，我在引用我的存在之若干可能史迹。同我的过去有关的片段，必会进入这个历史中，被看成是真实的与齐全的片段。因而我们可以询问，一个对"我的过去"的严格的反省，是否应该假定一个事先的考察：何谓历史？何谓叙述？以及为了建立历史或叙述，应具备什么条件？或许还应引入编年史（Chronique）的概念，它像在时间中前仆后继一系列排开的事件的记录。我遭遇了某事，后来别的事接着发生。此处就我们所可以回忆的，像佩皮斯的日记[①]那样，一切事故都宁"滥"毋缺，一切都要摊开，摆放在同一个平面上。我们可以毫无疑问地说，每个生命，包括我的生命，不管我是怎样的，都能变成一本类同的日记的资源。

"紧凑"（compact）、**"浓密"**（dense）之语能把描述同类概念的印象充分地表述出来。但我必须指出：重复记述生理或心理的生命事件（la vie organique ou organo-psychique）会叫人失望。**那是一种只是表面看来很丰富，实际上空虚得一无所有。**

---

① 《佩皮斯日记》是 17 世纪英国作家、政治家塞缪尔·佩皮斯（Samuel Pepys, 1633—1703）从 1660 年到 1669 年的日记。日记中大至伦敦大火、瘟疫等重大事件，小至蛋糕配方，凡每日见闻事无巨细都翔实记录，是 17 世纪最丰富的生活文献。因内容翔实有趣，被人视作最佳床边读物。——编注

　　（我明晰地指出：我刻意地批判柏格森一个有关"过去"完整无缺地呈现在"现在"的想法，我觉得这种想法绝不可取。）

　　我们现在要进入一个我不断思考的"取代"（remplacement）的概念中。通常，我才吃完的一顿饭，或我正要去吃的一顿饭，在我的思维中，会取代我昨天吃过的一顿饭或八天前吃过的一顿饭，或者可以更好地说，取代我十八年前吃过的一顿饭。（这顿饭是不同寻常的，譬如说，其中一顿对我来说是有"历史"意义的，因为它有与众不同的美肴，或害我生了病，或我与一个特殊的人一起用餐。）我要说的是：编年史式的记录是反自然的，因为它要尽可能地并列（juxtaposition）那个绝对不应并列的东西。我不应该在我眼前，即在我的意识范围中，同时有这些饭局及对我大有攸关的事故。这一切除非被我**前前后后连续地**经历了，才具有意义，而不至于因摊示它（étalé）而使它失去其本质特性。编年史的特色却恰好是多多少少为了摊开示众（étalement）。

　　总之，以上这些都是为了说明：生命本质上是无法让自己摊示的（我心中想到的"摊示"是摊开一块**折起来的**布或一张**折着的**纸）。这可以使叙述者或历史家对其勉为其难作出之选择加以辩护。由此我们也可以对厌倦（fastidieux）加以反省。借着"折叠"（plissement）生命摆脱厌烦，但无可否认的，这个"折叠"的空间式比喻在某种意义上来说是不精确的。我们必须询问：它到底是怎么强置入我的脑海中的。它是与远景（perspective）的某种效果相关的。折叠是与周期性（périodicité）相连的，我觉得我们常会把它过度的抽象化。

里昂，1940 年 12 月 11 日

　　我要重拾昨天思索的主线，它极易失去或变得模糊。我曾经想说，我的过去像一个"全部"（intégralité），只有在根据一个把它假定为无遗漏的年代表时，我才能面对它。这个编年史，只有在将它编写及把"连续"转换成"同时"的情况下，我才能想象它。但如果有人要把在一个存在中实现的如此这般的"连续"**同时化**（simultanéisée）的话，就难以避免地要遗失它的特性和意义。

　　我们还能针对上面的思考这样解释说：生命内所包含的极大部分已经被消耗掉了。即使叙述者对叙述的事物肯定的是纯理念的东西，那里有一个不论怎样得以幸存的余生（survie）都无法配合的成分。

　　（这样说来，有人会彻底拒绝一个姑且称之为稀释的"不死"概念，它原则上属于一切生活过的部分："不死"只有在它聚焦于几个核心、在几个具有稳定性及抗压性的核心观念上，才能被人思考，它与吸收和再吸收之流变及更迭的观念恰好相反。）

这些思绪与把"过去"看成一个人人可来汲水的水库的观念背道而驰。后者是非常执着的。或许为了驱除此类邪见，必须懂得：除非在容器和所容物之间有差异的条件下，才有水库之说的可能。而这个差异在此处显得毫无意义。

然而，让我们回到那个诘难吧：我是否应当思考在我身上发生过的，被我活过的某种"整体"（somme）之存在与否的问题。

我想，就在"整体"这个概念上，我应当予以反击。"整体"之可能假定有许多已有的，并能追加的方式保存着，而从昨天到今天，我的反省恰好在批判这种想法是不可思议的。消耗掉与发散掉的东西与保存的观念正好相反。

这等于说：在一个生命中，在我的生命中，有一个基本的状况，即它**无法化入整体**（*non totalisable*），或许这个"出状况"（dissipation）恰好为构成一个存有提供了真正的条件。分析到底，"出状况"与"无价值之物"（insignifiant）攸关。这个看来"不重要"的事故，我们除了以抽象及任性的原则之名拒绝收容它为自己的经验之外，无法否定它的存在。承认这个"不重要的事物"存在，确是一个实际的解放，或许更好的是在这里不用"存在"一词，因为这个"不重要的东西"本质上会泡沫化。但由于我们能够专注，我们可以遏止它消失，把它稳定下来而变成一个真正的价值。

虽然前面有些正面的思考，但我们难以避免地看到：如此估量"不重要的东西"，我们是否在冒把我们自己看成泡沫或正在消失的东西的危险。这里真有这样一个诱惑。我们可以采纳赫拉克利特主义（l'héraclitéisme）吗？问题就在这里。换一句话来说，不把"我的过去"看成一个"整体"（un tout），我能否由此推理它什么也不是呢？我想这个结论非常荒谬。我说"我的过去"，是对准"某物"而说的。我的反省向我指出：这里有一个使此"某物"错误的解释和表象。

当我说"我的过去"时，我究竟要说什么呢？这个问题非常不易被我明说。事实上，如果我回答，合理的说法是：它常涉及一个被"我的活着的现在"（mon présent vécu）制约的某种"观点"（perspective），我会无法拒绝地设想这个观点相对于一个"在己"（en-soi），它可以比照一个固体式的客体，而我除了从某一个角度与它略有接触以外，几乎对它一无所知。如今，在思考这个"在己"时，我是否又在以"整体"（totalité）来重建"我的过去"之概念呢？说实话，我不确定。就拿沙特尔大教堂（Cathédrale de Chartres）而言，我绝对无法把它看成我对它有的许多印象，或它显示的各个角度，或别人对它所能做的评估的总和（la somme）。它超越这一切，而要积极地说明超越之意义，则又难之尤难焉。

但让我们靠近一些以察其差异，它颇有启发性。对在赞赏该大教堂的笔者来说，这教堂是一存有，或如您所愿，是一个世界，我们面对它时，**只在某些关系中**被我们视为一个思想具体化的表达。

我也可以从外面被人考虑，譬如说一个研究我的作品的人，或一个要写我传记的人。更有甚者，我能在某一个程度上把评析我者或为我写传记者的看法视为己出。但当我谈及"我的过去"时，就在这个节骨眼上，**我不把我自己置放在某处**，或更好地说，我是否在活我之过去及省视此过去之间，采取了一个中间的但靠不住的位置？关于这一点，我还要加深思考。今晚我累了，我怕如果我勉为其难再写下去，我会搞糊我的思绪的。

是的，我觉得当我谈到"我的过去"时，我摇身一变，变成了一个回忆录的作者，却没有剪断把我联系到我回忆之事的脐带。

我应当把这些思考配合下面的问题一起来看。这个问题是要知道：当我勉力追忆及描写某某人在一个确定的时期时，究竟发生了什么？我是否意图把这个**某某人**复活？面对这个某某人时我是谁？我前面写的一些想法能否有助于澄清？我现在还不甚清楚。

位于科雷兹省（Corrèze）利涅拉克（Ligneyrac）的普吉奥（Peuch）城堡，
马赛尔和他的妻子贾克琳（Jacqueline）二战期间在此生活

马赛尔与妻子贾克琳在普吉奥城堡露台上，约于 1942 年

马赛尔在巴黎家中即兴弹奏钢琴，贾克琳速记抄录成乐谱

里昂，1940 年 12 月 12 日

　　举例来说，我结婚时"曾是"的那个人，今日只能用某些因素加以重组。我无法在记忆中获得自己的一致性。另一方面，我曾是的那个"我"，不是一个人物（personnage），他后来之所以能**变成**人物，在于他把他从自己中抽离，或我能把他看成一个从他自己中抽离的存有。此外，我们不应怀疑这里有一个视觉上的幻象。这个抽离并非绝对的；我能把那时的我看成**可特征化**（*caractérisable*）的人物，这真的需有技巧才行呢。

　　有关以上的反省，我好像走入了一条死胡同。它们似乎无法把我领入新的发现或诱我进入更深的研究，至少对此刻的我而言，是这样的。

　　昨天晚上我记录的观察蛮有趣的。回忆"我的过去"的整体，是采取一个混合的态度，我观望我活过的一大段生活，但没有决定要停止活它。我们可以说，这种态度虽然相对于一个倾向把我自己多少从我的生命中拉回来（me retirer）的动作，似乎是

45

矛盾的。有关这个退回来的行为（retrait），我还要再三思索。

　　我又觉得"从自己的生命退回来"这句话是有意义的，但其意义不易界定。我还要探索实存于自己的生命之内或之外的问题。即使这不是一个很适合的比喻？

蒙塔纳（Montana），1940 年 12 月 21 日

　　我重读我写的札记，发现它们给我勾画了一个有趣的思考起点。然而我应当将这些从初级的反省中得到的问题予以分门别类。其中最重要的步骤之一是追问：何谓与"消失"(dissiper) 相反之"保存"(retenir) 和"让它失去"(laisser se perdre) 的意义。我们不要受骗于心理学的流行名词，如潜意识的或无意识的专注，也不要倾向于神话式的解释。

　　我静思我童年的一些片段，譬如回到富瓦将军街 (rue du Général-Foy)，在黄昏前（我大约还不到三岁），我会想一方面那时产生了一个最早的图像［出乎意料的与否：我们必须先询问一下此处何谓"出乎意料的"(fortuite)］；然后，另一方面接踵而来的是老套的印象 (clichage)。在第二种情况中，"保存"(retenir) 一词含有"予以固定"(fixer) 之义。如果同一个词可以适用到第一种情况的话，它是否有同样的意义？很可能其答案是否定的。这对我来说是颇重要的。

我们能否以假设的方式及不深入地接纳此说：某些经验有幸存的能力，或更确切地说，把自己强加于意识，而后者为响应此类情形一再发生，逐渐把它们固定下来，而有所谓"图式化"（schématisation）的效应（*Das fixierte Erlebnis wird leblos*：**固定的经验变得毫无生命气息**）？更可追问的是：我们应否使这个幸存之物被人理解，甚或我们可问：到什么程度上我们应该如此做？（如果，譬如说，我们对可理解性的要求是否在此处含有意图——把一个只在某领域有意义的东西任性地转延到另一个领域。）我们可以，譬如说，想象每一个**经验**不均匀地被**"停泊"**在（*amarré à*）我们不确当地称为"瞬间"（l'instant）之处，就在那里，这个经验按其时空坐标及其**"此处此刻"**（hic et nunc）之情况而发生了。我前面指称的"幸存"之物，实际上只是属于我们谈及的某经验的飘浮和松弛的性质（qualité flottante, relâchée）而已。

我们应当考察这种可能性。它真有什么意义吗？我们能否认为这种"停泊"允许有不同的等级？这个音阶（gamme）能和什么东西符合呢？

总而言之，完美地"停泊"的经验（我暂时假定此词有意义）是那个绝对无法幸存的经验。

此处略作反省就可发现一个矛盾。我无法不根据一个不变的因素或如此看待的东西而说"停泊"。但在我们讨论的个案中，谁扮演着"不变者"之角色呢？

（用另一言语讲，我们可以提问说，何谓"此时此地"呢？那种说法能含有对一个地方有联系或缺乏联系吗？）

如果这类反省不给问题带来任何解答，那我们似乎必须放弃这类的尝试。[1] 矛盾在于当一个经验无法幸存或重新活到一个新的脉络里去时，它显得不能被思考成与一个固定的因素联系在一起的。

还有，有关"固定"（fixité）的观念，我们还必须加以反省。（这个从纯物质世界借来的比喻，是否适合使用于非物质世界的东西呢？）此刻我想这个思索是否可以与我最近有关"**发生在**"（l'arriver à）这一主题的反省联系。我觉得有些事情（此词之义颇含糊，但避免不了）我无法按字义说发生在我身上。这是指那些不会幸存或我绝对无法将之述说的事情。（不能说成是一个事件的死亡归入此类，我对它只能用否定的方式予以界定。）[2]

我非常清楚地看到在我上述一连串的话语和我在里昂作的反省间有密切的联系。"我的过去"无法被我看待为一个集合体，除非我把它看成许多僵化的、固定的及被贴上卷标的元素的集合体。我去南斯拉夫的旅行，就在于我叙述它，即对我自己而言，还原成一堆可以计量的成分。但同时我清楚意识到："我的过去"并不被这一堆成分耗尽、殆竭。这些成分对我显得——如果我反省得好——就像局部的、碎片般的结晶，我也会把它想成是被一种液体凝固之后围绕及浸透的东西；但这些流动的成分要泡沫化，或当我叙述这次旅行，尤其在我重复叙述时，它们逐渐变得面目模糊起来 [请参阅我的剧本《破碎的世界》（Le Monde Cassé）

---

[1] 我不经心地注意到我的研究方法似乎由一种探究与反省的交替组成。这个方法用原初的探究分析及批判所得的与件。

[2] 此处我们讨论的是我的死亡，而不是别人的死亡。后者理所当然的显得像一个事件。（1958 年补充的思想。）

中亨利的话]。^① 与此相关，我们发现这些成分愈来愈非人性化；我叙述的角色可由一个第三者取代。从而第一人称的话语变成了出自第三者口中的话语。"加布里埃尔^②上船往苏撒克（Sussak），某日动身，乘坐某船。他先在拉拔（Rab）着陆，等等。"对我来说，我亲身活过的过去就在我以这个方式叙述时，完全失去了个人的性格（可想象一条开始时是我独自走的路，慢慢地变成一条众人随时可走的路。）在把"我的过去"社会化的时刻，我对我自己而言变成了一个陌生人，我被磨损得平庸无奇，我退到了幕后。可是只要一个"偶然"（hasard），一口生气，就能使我重活这个过去像"我的过去"一样，而媒介却是那个歪曲过它的叙述，好像我再度把它紧紧抱住了，那是在前面我提到时曾否定过的东西。

如果我回到去南斯拉夫旅行的例子，我必须说，在我列举的往事浮沉其中的流动因素，可以亲密地（intimement）称其为**"我们的"**（nôtre）经验，此指我的夫人与我。此点我还得加深反省。然而我的思想马上超越了面前这个特殊的例子，而询问有关"我们的"这个意识是否——客观地说——即使只有我单独一人时也会发生。这是可能的，如果我彻底及经常地对自己成为一个"你"，我在我的内心就建立了一个决不让自己被还原为肤浅的主体性的团体。

我感到只有借着这个在我内的一个"你"的临在，我才能说

① "我要告诉你，这个记叙我已同你讲了11次。它把我的记忆完全耗尽了，但我忘掉我所看到的一切。"（《破碎的世界》中译及其诠释可见《保罗·利科六访马赛尔》，上海人民出版社2024年版。）——译注

② 加布里埃尔（Gabriel）是马赛尔的名字。——译注

明亲密与隐秘的性质。它影响了我的过去。（我自然还要加一些想法：在这个几乎无法掌控、无法客观化的"你"和所有的曾是我的"亲爱的你"的人之间，有一种紧密的联系。可惜的是法文对表达如此重要的真理缺乏适当的词，使我不得不用**亲爱的**一词。）

从这里我们应当回到今天午后我提出的问题，那是有关一个似乎让我经验中不漂浮的与件得以不可摧毁地停泊其上的固定因素，那些无法进入一个集体的成分。

我还这样写过，我较早谈过幸存。这种说法是否会在这里颠倒了整个讨论？从有一个固着的情况（fixation）开始，就没有也不能有幸存（survie），只有"坏死"（mortification），像一块皮肤之坏死那样。在这里"腌"（conservé）的说法或可适用，就像把蔬菜腌了保存起来。就我们借着记忆知道某个生命，某个真正的幸存，我们应该似是而非地说，我只记得我不记得的东西。从这里我们可以通到普鲁斯特（Proust）的思路里去。这个真正的幸存只能以一种闪烁的、消逝式的方式被我们察觉，并且它必在一切将它"制成刻版"的东西（clichage）之前。

蒙塔纳，1940 年 12 月 23 日

　　我对前天所写的内容非常不满意。都未切中要旨。我写的有关在"我"内之"你"，令人无法卒读。我应努力澄清我模糊地看到的东西。

　　我想那里有一个从我的童年起就有的一种经验的抽象表达，那是我与我自己的对话。它可能与哲学家间主体与客体间的关系全然不同。相反，它直接传播我在《隶属与可全在性》（Appartenance et Disponibilité）一文中所表达的思想。我们可以探索一个集体的"我"之概念吗？那是说一个团体中的我，从之而有的经验与件在无法估计的许多"成分"（此词不适当）之中，结果这些与件很不均匀地可以被人格化吗？

　　首先有人会问我如何可以谈及一个其成分无法估计的团体。实因此团体无法以众多并列单位的模样置于我前面。若把它设想为一个众多的东西，就把它变成一个在我之外的东西，这就把在它与我之间的亲密关系打破了。而此刻我的要务即为说明这个

亲密关系，就在于它不能有众多的问题，在于它不能有成分的问题。

按其无"多样性"讨论的程度，"要素"被思考的可能性亦同样程度地受限制。我承认我在玩有矛盾的游戏，因为我说过"分布**在**"(distribution *entre*)。这种说法的确在假定有可计算的成分，或可标示的区块。以上的思维似乎在把我驱向采纳一个不适合的比喻来解释一个我只能"**意向**"(*viser*) 的实况；然后我或转向它或回避它，为了识破它的不适性。这里我还在雾里看花。我们回到"**从**……"(*a partir de*)。那么似乎是"从"某些已被接触到或已拥有之物，而不是"从"只被我意向之物（visé）。

此刻叫我吃惊的是：我辛苦地试图澄清的理念，却非常配合一个拉丁词 *conscius* （**同觉**），从其词源来看的话。与别人相联、相契的意识是出于我的本质。

蒙塔纳，1940 年圣诞节

今天早晨，我的思想一直绕着"纪念"（commémoration）活动在运转。我们应当思考一下"纪念"一词表达的内涵是否太过模糊。我们可以相当肯定地说它不只涉及一个主观的回忆，而且是一个再造（re-création），一个复兴（renouvellement）。对宗教节日来说，这是毫无疑问的；对民间节日而言，它们只用在模拟宗教节日的情况下才得以有如此称呼。读者会再次发觉并证实我在前两三天写过的关于"周期性"的看法。阿兰 [①] 看到了这点，但可能看得并不彻底。人的境况是不可思考的，除非能周期性地在自己内或在自己外循环地复现（recurrence）。但通过这个复现，同时有不可逆的事物（l'irreversible）发生。我们应当把联系复现与不可逆者之关系加以说明。这里究竟有一个单纯的对立吗？我

[①] 阿兰（Alain, 1868—1951），法国哲学家、教育家。原名埃米尔·沙尔捷（Émile Chartier），以笔名阿兰闻名于世，担任高中哲学教师四十年，培育英才无数。——编注

不相信有。这里出现一个对思考不死者而言是重要的问题。周期性针对着一样超越它的东西，对我们显得不再是绝对的；可是或许这里有一个为使受造物领会自己是一个受造物所必需的表象？关于这点，我并不十分清楚，但我感觉此处有路可循。

蒙塔纳，1940年12月31日

星期五我意外地接到蒙佩里耶（Montpellier）中学教职的聘书，这个消息要使我的理性瘫痪，还要多久呢？

昨天我的脑海中出现了一个念头：尼采也好、马尔罗 ① 也好，他们相信人一旦从上帝中解放出来，就会急速成长，有更广阔的空间。一切事物在告诉我：事实不是这样。关于现世生命和彼界的关系我也有同样看法。相信当人死后在坟墓另一边，现世生命还会扩大，是痴心幻想。人及生命在彼界不但不会扩张，还可怜地要卷缩。我们必须追问为什么。说到底，我们应当再次采用尼采的话，他说："人是一种必须被超越的存有。"但问题在于：把他在《查拉图斯特拉如是说》（*Zarathoustra*）中的一句断

---

① 安德烈·马尔罗（André Malraux, 1901--1976），法国当代著名作家、艺评家、社会活动者、政治家。曾担任法国总统府国务部长兼任文化部长。——编注

言以粗糙的时间意义加以诠释时，就曲解了它，最后也取消了它。在更适当的时刻我还要继续讨论这个看法。①

---

① 这些话在今日看来是完全有争议性的。我们可以问对尼采而言，超人之光临是否恰好相反地应用非时间的方式来思考。（1956 年加上的小注）

里昂，1941 年 1 月 2 日，傍晚

我计划要去蒙佩里耶教授一个从心理学、伦理学和形上学的角度探讨"善与恶"的课程。

蒙佩里耶，1941 年 1 月 22 日

我不知道我能写下什么想法。上课使我精疲力竭，换个更好的说法，像吸血鬼那样把我吸吮得干干净净。

蒙佩里耶，1941 年 2 月 25 日

　　我愿探索"判断的权利"（le droit de juger）的问题。我之所以有此需求，是缘自我对上课时所发生的一场"轻蔑现象"（mépris）而作的反省。首先，我假定"判断的权利"一词之意义是毫无混淆的。要判断一个我对其上下文和条件一无所知的行动，别人和我自己都会否定我有此权利。还有，我支持一项原则，即我不能把我放到彼得（Pierre）的位置，而被要求对他作一个判断。根据法律，我无法如此做。反之，如果我真有可能（?）立足于彼得的位置，我似乎可以判断他，判断他的行为。这个可能性究竟是什么？这个判断究竟指的是什么？

　　这个可能性基于我对彼得拥有的情报成分及对他身处其中的情境的了解。我同意：如果我在这些成分的加持下出发，我可以在理念上把他取而代之（将心比心、感同身受）；若然，某种实验有了出发的基础。现在我们要来界定此实验的本质。那就是我在理念上取消在我内有关彼得行为的外在性（extériorité）。它为

我排除了对他行为之谴责的可能性。（让我强调一下，它的确是有关谴责，而不是赞同。）我承认这个外在性——模拟于我们比较的两个表象——是真实地被取消掉了。

假设现在我承认：如果我处于彼得的位置的话（易地而处），我会有与彼得同样的反应（设身处地的换位思考的同理心）。由此，我会作出结论，说我没有谴责他的权利。但如果相反的，我确定（?）如果我处于他的状况之下，我会有不同的做法，我十分可能"自以为是"地自忖我有判断他的权利。

我这样运思推理究竟有什么价值吗？（我注意到我们恰好不懂什么是"判断别人的权利"，这个权利有时我擅用之，有时我拒用之。）

最简单的反省都向我指出它一无价值。

1. 在他的位置上，我也会像他一样做：或许因为我在自己身上看到与在他者身上同样的弱点。本来我被带往一个简单的考察（一个对可能性事物的考察，虽然看来非常突兀）。我会有同样的动作，但我知道或许我做错了。换言之，我对自己（一如对那个他者，我在观念上与他是混而为一的）保留判断的自由。把自己放到与彼得同样的处境，我可以确定我会同他一样做，这在我眼中并不构成一个合格的理由来免除我如此做而应受到的处分（其情可悯，但其心当诛）。

2. 在他的位置上，我不会同他那样去做。略为思索就可看出：这样的肯定是有风险（hasardeux）的。"在他的位置上"指的是什么？是否我在不适当地把一些条件——这些条件只有在把一个处身其中的存有加以抽象才能分离——客观化了？我假定或承认"留在自己的原地"，我将仍对我自己像我所认识的自己那样；但问题不就在于此吗？把我放到他的位置上，是否应当进入他整个的过去，与他的生命曲线重叠？但如果我真能做到这样，我还是我吗？

结论是什么？简单地说，我要知道的是：在思想中我取代另一人（将心比心），为了解当身处其境时，我是否会有与他同样的作为（"易地而处"之后是否能"感同身受"），这会影响我对此行动的判断吗？因为这种经验分析到底显得是行不通的；也因为我本质上是一个有思想的存有，故能对我的行动采取一个纯粹客观的态度。

然而在我内心深处，我对我给我的理性判断一个行动的合格与否的能力颇感怀疑——不论这个行动是出于我或出于另一人，而不在乎到底它真是我的行动与否，尤其在我的判断与行动间产生不协调的时候。我不赞成我的理性对我的真实行为采用不予考虑的简便作为。我反对的意义值得再加思索。我可否大体上用下面的方式来解释它？我的理性，几乎就是我自己；它不是最高法院，但不知为何和如何做到的，它竟然坐在我的座位上或在有需要时以"我"之名予以判决，虽然这个判决在我的所做和所是上完全没有任何改变。

蒙佩里耶，1941 年 2 月 27 日

　　或许这些讨论可以借一个颇接近的例子"**抱怨的权利**"来加以澄清。我租给人一间房屋，租户向我申诉说：屋顶太破旧了，下次刮起狂风暴雨时，必会酿成大祸。果真如此，房间积满了水，我置放的家具将全部毁坏……你会向我说，我无权抱怨我的损失，因为我被租户告知过，是我决定要去冒这个风险的。但屋主不应当忍受任何责备。（或许在他听到警告时可以修补他的屋顶，可是他没有这样做，这是他的错，然而我已同意了不回到这个可能疏忽的话题上去。）我的抱怨在此处会是完成一个决定的行为。随之而来的可能是租户会为其损失提出诉讼。就是这个行动让我提前放弃要进行的"抱怨"的权利。相反，我保留"判断"的权利——此语有确定的意义吗？—去严格地判断屋主（我）显出的疏忽，或许也有我自己（屋主靠良知正在反省）的不细心。但是这个判断本质上是柏拉图式的，它不影响真实世界，它留在纯粹的理念层次。以某种意义来说，它就像它不是

那样。我无法想象有人要取缔我作这个反省的权利（?）。但此处"反省"一词带来了某种明确。没有一样东西，没有一个人在这个世界上能够剥夺我作反省的权利，正因为这个权利是绝对的，并且是不受时效约束的，这或许根本不是一个权利。实际上，权利的本质是能被体认及从外面加以保护的。此处没有相似的东西。……一切在我身上之物，都在我的不可侵犯的场域内，这并非指人家不能把我置入一个无法反省的情境中。

1958 年 12 月加写的注

我颇担心对上面写的保留想法并未足够重视，那是在 1941 年写的。不幸的是，我们看得愈来愈清楚：人有实际的能力来废除良知（le for intérieiur）。然而上面提到的区分仍有一些价值，但其价值不是绝对的。

"判断"的悲剧在于：它一方面包含着一个**牵强**（*protension*）的想法："如果我真的判断，这不再是我在判断。"但另一方面，由于判断是一个作为（act），它牵涉我，所以我必须对它负责任。

我们在下文要讨论的问题是萦绕在我心中很久的问题。在讨论前我先澄清一下有关的术语应是颇有益的。现象学家，如海德格尔、萨特，名诗人里尔克（Rainer Maria Rilke）关心的焦点在了解主体与其个人死亡间的密切关系。海德格尔尤为特殊，他把在《马尔特手记》（*Cahiers de Malte Laurids Brigge*）① 中出色讨

---

① 《马尔特手记》是里尔克的笔记体小说，全书无贯穿始终的情节，由 71 篇看似各自独立的片段式随想拼缀而成，却以共同主题——爱、孤独、恐惧、疾病、死亡、上帝、创造……反映了作者对种种精神问题的终生关怀与反思。——编注

论的主题转延到哲学的层面，他相信可以把人的境况用一个常数（invariant）来界定，他称之为"向死存有"（l'être-pour-la-mort）；那是指人的命运多少可说是与我们每一个人的死亡密切关联的。萨特在其《存在与虚无》（l'Etre et le Néant）一书中对此观点作了中肯的批判。但这两位哲学家似乎都未严谨地关切、探索"亲人之死"（la mort de l'être aimé）能够如何形上地殃及被此死蹂躏的未亡人（也就是"不胜其恸"的"伤逝"）。我们可以深入地探讨这两位思想家：虽然他们依附着他们对现实主义的信仰，但是否足够聚焦于联结爱者与被爱者间关系的本质？以及是否他们还是被拘束在具破坏性的唯心主义的囚牢里？虽然理论上他们已是解脱了的。

我们现在要围绕着"亲人之死"及其连带的种种问题来运作下面的反省。

勒皮埃克（Le Peuch），
1942年5月19日

　　在过去一段日子里，更确切地说，我一直盘旋在一些难以捉摸的概念里；而我渴望把它们讲清楚、说明白。我想只有在我实现这个愿望时，我才算完成了我在世的使命。

　　幸存（survivre à）……在什么意义下我能说我对"某一位"来说是一个幸存者呢？如此这般的断言要对我显得有意义的话，必须借用一个行旅（parcours）的比喻。这"某一位"与我同行直到某个时刻，那是说，直到某个地点。以后我就要孑然一身，踽踽独行了。上述的"某一位"到了某个地点之后就不再与我同行了。"幸存"指在行旅中我继续走的路途超过了与我同行过的那一位。对我过去的一生，我用肉眼回顾一下的话，这条在我面前展开的我已走过的路，一个又一个的同行者安静地躺着，他们先我而去了，而我是幸存者，我越过了他们。将来有一天我自己也会追随他们而停止我的行旅。

然而我应该把我的思绪停留在这个"不动"(immobilisation)的现象上。说这些亡者至少从前，或许同现在的我一样是活的，而他们如今在这些地方动弹不得，这种说法是不正确的。事实上，是我以出于想象而无法压制的措施把他们固定下来，尤其是对我而言关系最亲密的人。这就是为什么那些人对我的最后一次注视，和最后一次同我的谈话给我留下的印象特别深刻。他们对我最后一次的注视和谈话同以前的注视与谈话不同。它们会向我呈现具有宣布"要结束了"的真正能力，它们会在我的思想上赋予一层关于某物的封闭的黑幕。我撞上它们就像我撞了一扇掩着的门一样。尽管如此，我重复一次，在反省中我看到：就在这里有一个出自这个反省内具有的想象力的效果，也许是一种高级的想象力，要协助我从我自己中解放出来。

基本上，我从一个几乎无法陈述的假定（postulat）出发。这个假定是这样的：我的朋友就像我看到他时那样躺在医院的床上，在那里我窃闻到加重他垂死痛苦的低语，就像我能回答下列问题似的：你把你的伴侣留在哪里了？当他放弃这趟行旅时他在哪里？我可能会回答说：他在小树林的一角，他那么累，应当还留在那边。

我要问的问题是：要知道是否一个生命——我朋友的或我的——真的可以相似于一次行旅吗？

如果我思考我的朋友像一个在空间中占有一个位置的物体（corps）一样，那么谈相似性（assimilation）还有些意义；那是说，当这个物体的位置有移动时，它就被移动到这里或那里，然而它要接受极多的内在的改变。我的身体也是这样，我们每人要完成一个狭义的空间行旅，这是真的。我最后一次看到他是在医院的病房里，这也是真的。我能说这以后在坟地的那个物体不再是他了吗？我能说我的旅伴在此处倒了下去，而我能常在此处看到他吗？在这样的思考中，我清楚地指出：我不可能把我的旅伴与此身体想成是同样的东西。我之所以如此想，是因为当生命从我的旅伴中退出时，它对我来说只像是一个里面空无一物的信封而已。（此类叙述会带来某种不便，似乎有二元主义的口吻，对描写人的实际经验来说有所不足。我们应该扣紧的是我的伴侣的历史——更精确地说，他的可见的历史——在其物体发展的这一面来说是终止了，因为它只针对有物体性格的东西来加以言说。）

就像我前面说的，我愈爱某一个人，我对他／她就愈无法摆脱那种对他／她最后印象的思虑。换个更好的说法，见他／她最后一面或那个见面的场所引发的魅力（fascination）本身是一种深爱的显象，它的特色我以后还要加以细说。

但同时——此处有一个吊诡的情况，我要集中精力去谈它——可以衡量我的友谊的多寡及我的亲密因素的是一个有深度的过去，它有足够的能力取缔这些最后的记忆。因为如果我本着善意而又沉着的话，我要在这些数据中找到一个被抹去的，而不是一个临在的见证。从而那个让我的痛苦黏着的记忆，就像它留住了一个亡者最宝贵的片段，对于这个吊诡的情况我不能不承认：在这里他完全无法被我体认出来，他变成了一个他自己的陌生人。

还有，我用自我催眠的方法去看走过的路程（parcours）或中断的行程，我会把"他者"看成就在我已经达到的某个目的地的这一边，或我自己仍存着希望和野心要达到我要去的地方。但是这样想，是我不适当地给"他者"的生命定一个可能是我自己的标准——我仍不确定，但这个生命肯定是不允许的。如何证明呢？看来无法否定的是：我愈看清自己时，我愈存在，我愈是我（我愈意识到我的存在），而我愈少地会看自己是在**往某处行进**（*en route vers*）。①"走一段路程"只是一个借用的表象，为说明生命中最主要和最彻底活过的部分，它并不感到需要，或许也不体认在自己面前将它再次表象的可能。

---

① 这个断言还须委婉解释。

勒皮埃克，1942 年 5 月 20 日

　　在反省对"他者"的最后印象给我的魅力时，我领会了它确实来自"**还在**"（l'*encore*）和"**已不在**"（le *ne plus*）两种因素的混合到不分的地步：他还在那里，然而他已不在了，就像与这个存有相反的临在，我把要成为他的"不在"（absence）颠倒过来。我要知道是否幽灵（fantôme）的本质存在于这个不在的身体内，后者的"在"已仅为一个表象而已。幽灵有的不变性是：它不能再变，就因为它是一个纯不在之纯形式（pur aspect d'une absence pure）。

　　然而，我要小心述说：幽灵不是别的，只是这个最后的图像（image）。我相信我能分辨的是：我的经验至少给我提供了一个副本，或许是其源头呢！这里出现了一个不易回答的问题：要了解为何一个幽灵能使许多意识感应它，而不是只针对一个。我们是否应当承认：这是从主观的角度来考虑这个最后的知见（vision），对一切看到它的人（指幸存者所看到的），而不只对它

之所以呈显自己者（指临终时的人所看到的），具有一种强迫性的固定能力。这个说法颇为模糊；我无法清楚地陈述两种图像间的区别，其一是被一个要去世的人看到的图像，其二是给予那些要在他去世后幸存之人看到的图像。

勒皮埃克，1942 年 5 月 31 日

　　我刚刚读了上面的记录，我觉得似乎有一种新生的思想在悸动着。可以确定的是：我没有写出比经验更沉重的东西。我常要回到"路程"这个比喻。也就是在这个观点下，"失去"（perdre）一词才具有它的意义。我们本来在一起，我失去了他。（就像我们在人群中丢失一个小孩）。他走失了……

勒皮埃克，1942 年 6 月 1 日

走失了？……但是怎么走失的？在何处？同什么？这里确实有些模棱两可。事实上，我倾向于称之为存有的形体成分（éléments physiques）的散布。

他们都化入浓厚的空无里；红色土壤饮尽白色品种。[1]

但我强烈地感到在那里有一个诱惑存在：这些成分没有从那位先我而去并且我为之悲伤的存有保存什么。叔本华称之为 *excreta*（排泄物）。从某种意义来看，他没有错。如果我们相信肉身复活，我们就应当超越这种想法。但在这个分析阶段，此信念不宜干预我们的思考。

我想我们对"此存有"（cet être）、"这个你"（ce toi）及"我

---

[1] 保罗·瓦莱里（Paul Valéry, 1871—1945）长诗《海滨墓园》（Le cimetière marin）中的句子。——编注

自己"之关系应予以更多关注。这是一个武装自己攻克"客体化"（objectiver）诱惑的工具，问及何物变成了"这样东西"。（因为只在这样的问题及只针对它时，才有如此答复：它已分解了，它已融化掉了。）那位现在留在我的思想里，留在我的心里，留在我内心的视域（vision）中的存有，绝不会融化。在事物的图像之可变性，与该存有从内根植于其神妙的恒常性二者之间，实有天壤之别。我很惊奇为何人们会轻易地解决或相信可以解决这个矛盾，他们又如何可以执持此解答而把它所从出之假设予以强化。前几天我给 P. H. 写信，有关于他太太逝世周年的事，我说："我愈来愈清楚地看到'失去'（perdu）这个词毫无意义。"那是关于我对持续地临在的经验的思考。但有另一个危险，我多次提到过，是催眠的危险，对一个图像执着和被它套牢的危险。今天早晨我领会到：我与"他者"的关系应当超克这个执着；因为最终它涉及的是**"这个关系的生命"**。我也看到"关系"一词用在这里或许并不恰当，因为我用"关系"来讲以前以不同方式活过的、交流过的、活生生的沟通。留下来要问的是：我们是否可以用一种方式，在这个交流之外，碰触到他者的**"在己"**（*l'en soi*）呢？

但我在表明我记得一个关系的生命时，我完全排斥有关记忆的唯物倾向的表象。在我们每一个人心里，有一个几乎无法克服的倾向——把对"他者"的记忆同化成一些安放在我的照相簿内的照片，我可经常地翻阅一番。"我想及"（Je pense à）可指：我用手拿起其中一张照片，从这个角度看，与某人有过一个活生生的关系的观念，完全失去其意义。5 月 19 日我写下的反省，让大家看到对于去世的人我能采取许多非常不同的态度，我甚至能对他发生内心的互通（agir intérieur）。我要提倡的一种研究方法是：要去问我们能否让这种互通达到"与……交流（communiquer avec）"，或更确切地说，要问的是：在什么条件下，这个转变（passage）可以被理解。这些研究能有意义并成为可能，只有一个必要条件：即要知道"他者"在这里绝无可能被还原成一个图像，一个我可以占而有之、我可以随意处理的塑像（effigie），在我手中变成一个完全被动的东西。如果实情真是如此，那么交流（communication）的观念在此处应当被合理地视为毫无意义的说法。这里我要打一个括号：我觉得毫无争议的是，某些通灵人士能借某张已往生者的照片或画像之媒介与他交流。他们中有些人甚至具有无法解释的能力，宣称只要这张照片或画像一出现，他就能知道照片或画像中的人物是否还活着或已作古。这个令人困惑及怪异的事让饱学之士和哲学大师本能地弃之不顾（se détourner），因为它会击破他们所有的经验及理性知识的范畴。而我却认为这种弃之不顾（refus）的做法构成一种哲学罪孽。相反，我们应该询问：在什么条件下这种意识会产生，这是性命攸关的事。我们应当承认，这个事虽然很吊诡，此指那幅人像或照片及其他的东西居然可以被视为不只是一个分开的客体，并且还能和由它表象的某人有密合的关系，就像完全参与他的生命一样。通灵者的特权在于把握由这个图像显现的非客体的存有。后者不是以一个无生气的物件，而是以一个主动的活力中心（foyer actif）的方式与他来往。

我毫无疑问地知道我的思考极具危险的成分，并把人带向令人眩晕的迷宫。但我认为：在我们每天困在其中而几乎要窒息的理性甲胄上打开一个洞，是对大家很有益的进言。我也不想掩饰一个我刚才刻画过的假设显现出的一种来自前逻辑（prélogique）的思维，就像列维-布留尔 [1] 和他的弟子描写的那样。但是我们能够询问这些社会学家：是否从未怀疑过对存在进行如此思考背后的形上学问题？因为重要的是要知道从这种想法和范畴中获得解放，虽然只是局部的，但尺度不小，我们人类对某些使我们赖以生存的世界的基本要素，会变得愈来愈看不清楚吗？柏格森窥见的可能性，依我看来似乎没有被他的徒弟严格地探索过，其原因不难测出。探索（recherche）一词在这里有洞穴学（spéléological）的含义。它意指在一个反省的闪烁微光中，要开辟一条通往深渊底层的路程。这个反省在它每前行一步时，都应该再问：每日知识依赖的原则究竟是什么？

这里我无法在此思路上继续行进：我会满足于说，即使一个肤浅的观察，也可发现存有及图像间的直率关系，但后者或许覆盖着存有与存有间具有的无限倍更隐密的关系。

我们还应留心一事，反省在此处可被一个唯物论的想象投射（projection）所僵化。我是否实际上在不顾安危地善于把"他者"表象为一个东西，在它分化（se dissoudre）之前，让它浸透（imprégné）在一种有神秘色彩的表达中，而使它在分化后还有一段时间可以幸存？但是这种想法明显是一种荒谬。如果如此这般的一个浸润（imprégnation）可以为吾人想象，那只因它施工于一个物体上。而此处要谈的不是一个作为物体的图像（那是说，譬

----

① 吕西安·列维-布留尔（Lucien Lévy-Bruhl, 1857—1939），法国社会学家、哲学家、民族学家。1905 年左右因阅读汉学家沙畹（Edouard Chavannes）的《史记》译本，对"非西方思维"大感震惊，从此对人类学产生浓厚的兴趣，尤其关注世界各地"原始人"的思维模式。著有《原始思维》（*How Natives Think*）等书。其作品影响了心理学家卡尔·荣格。——编注

如把照片看成一个客体时，看它有多大、多厚，有什么质料）。但这一切思维都是把它看成象征（figurative）才有的。我们几乎可以说：问题之关键所在不是图像的"肉体面"(corps)，而是其灵魂本色。

所以我必须尽力抵制把一个属于完全不同本质的参与（participation）看成只有质料性改变的诱惑。我看得很清楚，如果我企图把这个参与表象化，那我立刻就会把它物质化，而掉入一个我才谴责过的错误里去。这些话多少可以说明：如果我们想那个我们称之为照片的东西（指对"他者"的记忆），只在被一道"**内在的**"光芒照亮时，才显出它是有生命的实在。这道光能使那在它本身原只是一小撮的有色的斑驳（tache colorée），得以显像为一个面容（visage）或存有。那么这两个要联结的选项（termes）绝非两样东西，其一是某存有，其二是其图像；凭借关联，此存有得以一面维护自己在存有中，另一面使一个在外面观察它的主体透过图像而可以理解它，有如一个可见及可辨识的个体的精神力量。虽然不容易，我们仍必须在细察此个体时，借助某个氛围和某个媒介，不论哪一种，我把该存有的内在力量多少变成我的一部分。实情是这样，随着某一远景在我们前面呈现的"我对某物的理解或领悟"，伴随另一个有补足性的远景照明之下，能被视为是其显现（apparition）和自我赠与。此种说法用"画像"来讲，比一张简单的"照片"说明更为容易。模特之所以能把自己真实地呈献给画家，在于后者是一个真实的画家，画家不只是寻找一个助他勾勒形式的模型（prétexte）而已。这样，画家要给模特画出一个相似和极具意义的图像的话，他必须尽其可能地同情模特，并持续地从内鞭策自己，借着同情与鞭策，使

"他者"向他的肖像提供一个可见的自己，而非别人。但很明显地可以说：把画布想象成被一种无以名之的来自原品的流溢而有的浸淫，是毫无意义的。

但是一个巨大的困难还存在着，这是需要极大的诚实才能承认的。这是有关这个神视者（voyant），他宣称知道画像的模特是否活着。我们该如何设想，那个使自己在通过图像的媒介时准备就绪而被召唤的不在场者的内在变化（devenir）的核心神视者，他能知道这个"期间"（durée）是当下的或已过去的。或许这个困难的要点在于，我们把这个具体的期间想象成一个超越时间的情境中所掌握的本质。但如果所探讨的确实是有关一个"期间"的话，我们可以思考：那位神视者在他本有的确实的"期间"和他对这个陌生的"期间"所有之"知觉"（conscience）间，在协调或不协调的情绪中，或许还有空间。

一幅图像出现了，如果它被采用作为澄清的方法，其后果是适得其反，这样做给我们目前的思路反而倍增麻烦。这是一个旋律的图像，我通过抄写或印刻的乐谱而发现了它。我把它收为己有，我缺少不了它了。但是非常清楚的是，对它我无法提出有关它与时间的关系，因为它是处于一切可以指定的时间的参照之外的。为了使这个参照可以介入，就需要一个全然不同层次的神化性的（divinatrice）同情进入其中运作。此外，我们注意到在出发点我用的乐谱是外在于要评估的旋律（mélodie notée）的做法。相反，一幅画像，就像我们前面谈过的，能以某种程度被视为躬身为画家作模特者的存有模式。从乐谱开始，我建构一种形式，我使它存在。但这里全然不同，"预见"（voyance）就在于它全然不同于如此这般的建构，因为它的特色在于让自己足够开放（disponible），使自己被某一临在（présence）所吸引，或深挖自己为能接受某种要输入的东西。进入我们思维的图像是一种泛滥或潮汐的图像。但我们如何了解，对一个神视者而言，在一个实际的泛滥延续和一个已结束的延续间，二者性质的差异？这不是语汇间的矛盾吗：为何已存在者能够侵袭我们呢？但这里涉及的是存在之两种不可还原的模式，或许我们可以说涉及一种是停顿的存在，另一种是还在进展中的存在。或许用"侵袭"来取代"泛滥"更好：一个港口可被冰雪侵袭。虽然这些言谈显得非常模糊和不确定，以及它们要澄清的可能性颇为可疑，我觉得它们对强迫我们与有关生死的一切客观［更好地说是客观化（objectivante）］表象彻底断绝方面，建了大功。亡者的生命不再被看成一个瓦解的物体，或一台报废的机器。取用一个"吊销"（suspens）的存在的概念，我对被吊销的存在已进入一个更具体及更形上的思考中，虽然对这个吊销我完全无法宣称它要告诉我们什么或可能提供什么。但它可以使我想象：在这个层面，我如何能借着某种逆觉体证（recueillement）或严肃诚敬之真情（attention fervente）——它可能已是一个祈祷的起步——与这个在等待中的存在**暗度陈仓**（*conspirer* avec）式交流。然而我们不可低估如此表达引发的异议的价值。人们会问：一物之静止存在（l'existenc arrêtée）不是对照着该物之演进中之存在（l'existence en cours）而言，而成为一个客体的吗？从而要把吊销、昏睡，甚至把为变形而做最后努力的蛹追加于它的作为，不是颇有欺骗的意味吗？答案应是：神视（voyance）之生，必须在互为主体的情况下才能发生，并且物之为物本身，无法掀起——或仅就容许而言——此类现象之发生。为充分了解此说，读者宜参考我在《形上日记》中勾勒的有关心理测量的一些试作。

简言之，我们要通过这些迂回及探险的路径来勘察及清扫一片土地，为在其上把涉及"他者"之死亡有关的奥秘能够——如果我不说澄清——但至少可以正面对视之。我们无法一再地说这个开垦是免不了的，对我们这些已习于从科技世界借取图像来了解真谛的囚犯，只有借着绕道和权宜的措施，身为初学者的我们才能试图逃出布满失望的囚房。

在什么条件之下，我们能够想：我失去的一个存有，或我想象如此，或我被看作有如此想法者的这一存有是"我"和"我的生命"的一部分呢？

我失去了的存有：但我们失去的只是我们拥有的东西。这个"他者"是**属于我的**吗？怎么说呢？我的伴侣是我的吗？他同我在一起，那是说他存在的方式是这样。如果真的可以说我拥有他，现在我可以确实地说我没有他了？或者相反，是否是我的想象力作祟，对我恶作剧而叫我如此思量？很明显的，是"在己性"（ipséité）这个可怕的问题一直笼罩在这一连串的研究之上。应告诉某些读者，哲学家们已把这个问题以概括的方式保留到思考上帝的专论里去了。

第一个研究应当指向"真实失去"的观念上。或许——这里只有小光——这个观念如果更严格地用在被拥有者身上更适合。我拥有的东西，我的确可说我能失去它。这个我拿着的手表，我感觉它是属于我的，它不在了。它掉在地上或被人占为己有了，我失去了它。因而我们得到一个结论（快了一些，但不能不指出来）：就在于我认为我拥有一个"他"到什么程度时，我才真能体会到"我失去了他"。按此例，我们经常会说某某先生失去了他的孩子。但立刻有一个困境跳了出来：那个我没有拥有过的东西，对我而言只是异物（étranger），我不会失去那从来不曾是我拥有过的东西。因而我们要探讨这个我称之为"同"（l'avec）的中央地带（萨特莫名其妙地误解此词之意）。我此刻看到我以前关于"纠缠"（hantise）所写的观点实与"拥有"相联。我被他最后的情境或图像纠缠不清，我把我爱的存有转变成一样确定被证实为丢失的东西。这个东西，我无法与它组成一个真正的"我们"。如果说人际关系有"不可摧毁性"（indestructibilité）的话，只有从"**我们**"出发加以思考，我才能对它有所理解。

然而这只是一个起爆点。现在我们应当指出：在"有"的层次，图像与原物（res ipsa）的对立才如此尖锐。原物消逝的强调更明显，是在该物愈被我感受到并被追讨（revendiquée）若我之所有物的时候。那物已不在。这里真有一个在实在（réalité）与主体性之间的张力：我要说，那个消逝的事物的实在，会更伤悲地被我感受及记得，就在于那物曾是否更深刻地与我结合过，而我是否也更急切地要把它归于我的程度。伤悲（douleur）一词在这里有"损害"（lesion）的最强烈的含义。我为我及在我内伤悲。但痛苦和爱本身一样有另外一个极（pôle），就在于他为"他者"，这是只为对方而忍受的痛苦。①

这里我们或能窥知，逝去之存有愈被我们真正的视为存有

---

① 此"极"指"我之为之受苦或爱之对象亦像我一样可以对我有难受及爱"。意思是说，那个看不到的存有会对我有的遭遇有感觉。他是我的"极"，我是他的"极"，二者是同一情绪的两端，或两极。同一种情绪牵连着生者亡者，如同唐君毅所说"真情通幽冥"：我虽看不到对方，但此情把二者牵连，因此对方还存在着。他者之"他者"即"我"。

(但恰好可问此指什么?)，它愈不会被我看成是一个占有，因而它之消逝，愈不会被我看成是一个失去。(偏巧我们的情绪都是有占有性的，直接影响了目前观察的具体效果。)

在更深入的探讨之前，我要再一次提醒读者，在这个层次，内在的态度是有决定性的，它深邃地回应那个我们错误地称之为"客体"的东西；它绝不像对付被动地被命运摆布的东西那样地可有可无（contingente）。我因而有权，至少原则上，可以推定：我的内在态度对那个不再在我面前的对象能有作用（就在于他同我保持着密切关系的情况下，但如果这个"他者"真的"**同**"我在一起，这个关系是构成性的，而不是外在的）。这样，我迷恋它像一件遗失之物与否，对我就不是漠不关心的事了。如果我这样想，我就出卖（trahison）它了。(我要说的是，我不再把它看成是存有，而是一个客体了。)在出卖的情势中有一个辩证。我仿佛觉得：当我摆脱并不想他最后的状况时，就是我正在出卖他，譬如他在忍受酷刑之后夭折了。我就让我陷入了一种想法，认为这样的摆脱是出自漠不关心。然而只有出于爱他，才促使我解脱这种顽念，我不应当用顽念把他绑住，如此从顽念中摆脱才不否定他是存有及是一个生命。

我还看到，一般而言，当我混淆一个存有与我对他所有的记忆，而把后者视为没有实体的影像（idole）时，或如果你愿意，把它看成是遗迹（reliques）时，就会把这些记忆转到我对这个存有所有的崇敬（culte）上。这里往往有一个超越性该保留。这究竟指什么呢？

依我看来，当一个存有愈以其身为存有地方式被我认定时，我就愈无法让我按周围环境要我想他的方式来思考他。事实上，我反而愈能肯定他的价值，那是说，那个只能在经验内加以描写的事物，但它无限地超越对它的描写，我称之为"价值"。用另一种话说，它可以被视为"本质"。无论如何，我们要小心地避免把它客体化的诱惑。我们最好记住：此处我们涉及的是关于一个关系的生命。我们要注意的是：知道在他者与我之间曾有过怎样的关联，而这个关联是怎样构成的。（今天我还是要更强烈地强调"当日我同他默契的程度是多少"，此谓基于引发我与他产生希望的程度如何——一个不停地在推动我与他有愈来愈深的共融的希望。）

　　或许这样说可使大家容易了解一些我要讲的：该位存有的隐没给我带来的深邃的难过，是一个必要的片刻，正因为我有了应当克胜的事务（就像希望克胜失望，或更确切地说，克胜失望的诱惑）。此外，我在此处还该小心避免作一个错误的联结。这个难过并不来自我曾称之为"**我自己**"（le *moi je*）者，因为它并不牵连任何要求；但真正的它本质上是有肉体性的。就在于我们是有肉体的存有，我们不能，甚至不应期望不舒服可以被除去。我相信，这确实是在生者与死者间，作为一个更高级的关系之唯一真实基础。总之，我似乎欠了他一笔债，即我不能陷入一种执着，它要把我们两人同时沉没在遗忘的国度里。一切变故之发生，好像是他者之能够超升，在于我首先获得了超升。但不能不说，我之所以能超升，就在于我对他的爱。在这种情绪和一个努力转移焦点来克胜悲伤者的自我主义（égoïsme）间，绝无相同之处。他者是临在在我的解放中——当我把自己不是从他，而是从一个我用来取代他，并使他不再有灵动性的幻象（idole）中解放出来时。

但我们又碰到了"自我性"的问题。当我肯定我对他者有临在感，而说："这确实是他"时，我究竟要说什么，并且我如何有权作此断言？我不能不澄清，这样的思考模式实因我们局限自己在有形的世界（ordre physique）中，去思索沟通的观念（idée d'une communication）而呈现的，就像电话两端的关系那样。这时"与我同在的真是他本人"的问题以下面的方式出现了："这会不会是另一位？"或："分析到底，根本没有任何人，只是一些现象如此这般的出现，叫我们误以为有某人临在着？"此处我必须指出我常会有的一种想法：我们发明的词显得要我们提供愈来愈精确的隐喻，来协助大家懂得那些无法用一般的隐喻和技巧说明的东西。"自我性"的问题不能真的与另一个问题分开，使我们感到：要把那个问题用抽象（intelligibles）的语言来诠释，绝非易事。我们会问："那边有什么人在吗？谁在那里？"但何谓"在那里"？这个"在那里"的问题不会允许人家把其从"**另一处**"（un *ailleurs*）来的问题分开的。"亲自"（en personne）指不让自己与一个可能的委托（délégation）的观念拆开。他不是自己来，但遣使某人以他的名义而来。以常识撑腰的现实主义会立刻起来批斗所有支撑招魂术（spiritisme）的严谨的研究，认为亡者已消失无迹，因为"他"不再存在。针对现实主义的诘难，我必须回答：我处心积虑要求问的是，其临在对我而言，是不可或缺的存有，这个"**他**"实际上是一个与"**他**"迥异的"**你**"，"**他**"只是一种会分化和消失的对象。我们讨论的经验只能以"是你啊"，一个"你在"，一个"真是你吗"来翻译，而这个经验，不管其表象如何，是在一切可以用对象来看待的世界之外的。

勒皮埃克，1943年1月23日

这是我第一次撰写有关"父道"（paternité）的随笔。它来自里昂的朋友的要求。

"父道"作为一个专题（rubrique）来看，有一个令人振奋的价值，譬如一个人说："我是父亲了！"……这一话语包含一种自豪（fierté）的心情。

此外，一面谈"领养"（adoption），另一面谈丧失"父道"（déchéance），为了显出把"父道"简化为一种纯生理的范畴是不可能的事，然而它也确实与生理、与肉体有关。领养是一种接枝（greffe）。

生殖（engendrer）是什么？给予（donner）及产生（produire）是有差异的。由此观点，我们能够了解："父道"为何不能被简化到因果的思维中去。

勒皮埃克，1943 年 1 月 24 日

恶与死亡之间有对称的关联，就在于死亡被我看成是我的生命的结束与否。如果如此，则没有彼界（l'au-delà），也没有超越可谈。这样一来，死亡就成了恶。"被思考的死亡"与"被感受到的死亡"不可同日而语。前者是可以立刻被超越的，这是说，它是能消失无踪的。我们需要第三个立场——这对恶来说也一样。

悲观主义适用于把死亡看成是一个过程的世界。但从献牲（sacrifice）的角度看死亡，死亡一点都不像是一个过程。不死（immortalité）能被理解，只在于一个不单可能有，而且确实有献牲的世界中。这里有从一个观念过渡到另一观念的通道。

勒皮埃克，1943 年 2 月 17 日

继续谈"父道"。

只有当两个存有间有亲子关系时，"父道"的意义才得以显示。但这种看法假定他们的关系是理所当然的。我却要说这样一种"父道"的观点缺乏真实性。我们愈坚持把"父道"看成两个分开的存有间的关系，我们就愈无法正确地了解其真谛。

勒皮埃克，1943 年 2 月 18 日

　　昨天我在想是否可以思考父亲权威的形上基础：查考在什么条件之下，在什么脉络中，"不信"（dé-croyance）能被磨灭掉，[这是由罗伯特·德·特拉兹（Robert de Traz）的杰出小说《阴影与太阳》（L'ombre et le soleil）启发的思考]，父子关系不按造物主与受造物的关系的角度去解释时就会荡然无存。

　　在"父道"中"做什么"和"忍受什么"有不可分隔的关系。

　　儿子在父亲面前及父亲在儿子面前有不太舒服的感觉。这是什么因素引发的呢？我想那可能是母亲与幼童的亲密关系遭到侵入性的感觉引发的。（我们不必在此引入弗洛伊德的理论。）

　　"父权"与"意识到一个责任"是相关的。这一个和那一个同时退隐。这里或许有一个解惑之道。因为或者由于偶然，或者由于情欲的突发和延续，在有生育发生之刻，责任感就消失无踪了。另一方面，它不能是，也不应是一个人精打细算的后果或

效果。

我常回到活得充分而引发"倾泻"（effusion）的现象中：这里有与婚姻的真实意义间的密切联系。

简言之，从分析父亲在小孩面前的生活处境，去看这个处境能如何地受到扭曲（因为我意识到我对这个孩子来到这世界并无贡献，或相反，我把他看成是我意志行为的成果）。这两种情形都把一个极难把握的关系扭曲了，这个关系本质上包含着一个"召唤"（appel）。

勒皮埃克，1943年2月19日

　　总之，我们必须完整地懂得这个处境，包括它可能含有，但不必然含有的价值。"父道"实是一种"临在"。

　　有人会说：总而言之，这里有一个可以加以证实的关系，某种应当能够被证明或被否证的东西。这是绝对肯定的，但这种关系按其真实及完整的意义来看，不足以界定"父道"。就像常会做的，它需要**戏剧化地包装一下**；我在一个婴孩前面，我知道他是我的孩子，或者更精确地说，我可以说从一切的或然率来考虑都趋向"他是我的孩子"的结论。我承认我在没有任何情绪因素的情况下有这个意识。我**知道**这个说法在此对我有意义：我是这个婴孩的父亲。然而这个确定性在我身上并未唤起任何响应。我并不感觉我是父亲。我认为对这个小生命我有许多责任，因为这对一个做父亲的来说是很正常的事，等等，但此外，没有什么了。也可以产生下列想法，或者这个幼儿依我看来像是一个入侵者（intrus），好像一个不速之客扰乱了我的生活，或我们的生活，或者我转到他的位置，而哀叹他的处境说："如果我没有生下来，留在'灵薄狱'（Limbes）中或许对我更好。"这些思想在圣龛（sanctuaire）外面徘徊，而"父道"一词却在其内才真有意义。这是些世俗的思想，但只在我进入此圣龛后才会有如此的体会。这是一个合适的表达，因为"父道"是一种虔敬，是父慈（piété paternelle）子孝（piété filiale）的虔敬。

此刻我进入了圣龛，处境是如何改变的？这里我必须重提昨天所说的话。消极地说，让我说这个幼儿不再对我显得像我自己或像一个陌生人（一个不受欢迎者，这是纯出于误会，是一个妄用信任的表达，他的生命将烙上伤害过我的愆咎）。首先是尊重。我面对一个我不认识、令我眩晕且不隶属于我的存有，我会产生一种强烈的情绪。这种我感受到的情绪能在我遇到任何幼儿时发生。但这里多出了一点，这个婴儿是我的。这里的所有格指什么？当然，它能指他属于我。但反省一下就会发觉，这些话实为谬误，因为不具什么意义。更真实地说，它赋予我一笔巨大的债权（créance infinie）；我愈意识到存在的悲剧和深奥的性格时，我愈体认它的真实性；就像他在同我说："你有什么权利把我从深夜中拖拽出来，促醒我进入这个可怕的世界？"说实话，我只能如此回应那个控诉说："我并无意如此，你之'出生'不由于我，不由于我们。我们在不清不楚的情况下做了什么，我们被推入一个生命的陷阱中。在这种情形下，我们只能尽力而为解脱困境，找到一个对你及对我们都不太沉重的折衷方案。"我这样思索时，注意到这类思考只在男人身上行得通，对女人是绝对不行的。然而当女人配合男人的过分强烈的抗议时，把自己原本的立场颠倒过来也是可能的。但这一切情形只在圣龛之外才有可能。

在圣宠中幼儿对我之要求绝对不会引发我的恨意，相反，它会激起我的爱。"我爱你，因为你希望从我中得到一切。"这里有一个新的颠倒产生了：我有危险——变成太黏着你，以致我会尽力投身于使你成长而要经过的一切苦难——这里是有如此的危险的。

说实在的，这里没有塑造一个你的问题，只有让你成为"你之为你"的问题。而这个工程恰好与"我之为我"不可同日而语。如果我更精确地评估我的才气的贫乏，我的缺点，我会更体认这个想法。此处有一个新的陷阱等着我：与你一起、凭借你，得到靠我自己无法获得的东西。这个圣宠首先是忘掉我自己，忘掉我是什么，忘掉我不是什么，忘掉我完成的及我无法达成的东西。但一个新的危险窥伺着我：在你面前，我全然消失了。这样一来，我有把你变成一个自负者的危险。为了你的利益我不顾一切地让你知道你欠我什么。

勒皮埃克，1943 年 2 月 20 日

　　必须留意到在"父权危机"的根源处有的某种紊乱。此危机的起因与"出生危机"的起因根本上是类同的。我回到去年我表达过的男人的联姻与生命的关系。生命对我们显得愈不像一个礼物，危机性就愈加重。我有什么权利将生命强加于这个并未要求存在于世的存有？或许我应该说明为何这个问题对于女人而言并不用同样的词句出现，她从某种程度来说也是一个牺牲品；她受苦，她的痛苦在她和婴孩之间制造出一种在她与男人间不存在的联系。当女人激烈反抗并宣示不接受她的命运时，这个痛苦更会剧增。但往往女人会调和这个紧张关系，就在于她感觉到活在她身体内而原本她可能会驱除的小生命愈来愈真实地同她在一起。

　　礼物的概念同价值的概念相偕。生命越被视为存在的一种"完全没有内在价值、可有可无"的模式，它就越无法被体认为礼物。如此一来，身体的快感就成为使生命出现的唯一的理由。这种想法能产生两种后果：或是把婴儿视为使人憎恶的讨厌鬼，

94

或由于同情把婴儿看成一个终于会一起退化的劳役伙伴。这两例对缔结一个生命共同体（société）的概念完全无用。我相信从我的现象学角度看，我们无法在这个层面给社会学的建构提供最小的实质与件。

总之，我的研究将按下面的方向进行：紊乱能够消除合法权威的意识；这个权威只在一个"生活过的经验"的基础上行使，然而它能被概念化并被出卖，就像某个传统主义做的那样。这个"生活过的经验"无法不在发现某些假说（postulations）的情况下予以真确的反省。我们必须详加注意这些假定，由于它们的协助才能升起某个把生命看成"真实的及有价值的"的断语。

本来，要思考及根除的不是别的，而是某种虚无主义，它以无政府式的个人主义呈现出来，或以极权主义的面貌呈现，它给予个体为忘掉或逃避自己的虚无感一个借鉴。它以反证的方式指出"父道"在这一个或那一个的情况中都会消失无踪。我还可以加一句说明：这里有一种在母子关系中更为脆弱的因素。"父道"本质上是不堪一击的。它的存有能内在地被侵袭：父对子可能有愤恨，子对父可能有激怒和反抗。

勒皮埃克，1943 年 2 月 22 日

综上所述，人们能完全曲解实在，如果他们把它区分为一种可以称为"父道"的客观素质（substrat）及一种主观的态度的话。后者是意识针对素质所采用的方式，而它把素质予以抽象不能说是不合法的作为。问题在于这种态度有决定性的后果：我们在这里愈强调生物学与件及思考，我们愈会抹杀人身上有"父道"的真谛。

关于这点，生物学的进步能代表人类要面临的可怕的危险。我们可以说：过去对这个范围的认知之无知，正可以说是人类的一个祝福（bénédiction）。举例来说，控制后代的性别能对人类构成无法估计的巨大危害。

勒皮埃克，1943 年 2 月 23 日

今天在去贡德雷（Gondres）的路上，我思索那个问题——我会乐意地称之为"反向目的论"（téléologique à rebours），此谓有一种趋向毁灭一切积极目的的原则，而人们对它的本质一无所知，把它看成只是纯机械性的事故。我会想：是否有某种事故在没有这类不祥的原则干预的情形下得以发生。

本来，这不祥的因素是在我们身上，但它在我们之外应当也有，因为我们毫无理由假设自然在我们身上或在事物上施力有所不同。我们应该以某种引人反感的假设之名来寻找这个相似性，或其同一性，甚至大幅降低或否认这个不祥的因素。这些反省都须再加以思考以拓深其义。同时我们必须继续探索：在什么条件之下，这个"反向目的论"可以不依附一个有机械性格的形上学而被加以接受。

勒皮埃克，1943 年 2 月 24 日

今天下午我在卡瓦尼亚克（Cavagnac）散步时，昨天的观念变得非常模糊。我相信我看到的是现代思潮面对一个"恶性"（un mal radical）的观念必须说清楚、讲明白的表现。我觉得这是针对态度，而不是针对原则，我必须思考。

勒皮埃克，1943 年 3 月 3 日

M 神父要我与他分享：当天主教教义遭蒙泰朗[①]和帕蒂让（Petitjean）等作家对它的抨击而变得有些不知所措时，我们该如何应对，尤其是"罪"的概念所引发的负面思考。

我认为活力的衰退首先要从"'冒险'（risque）之义的衰退"，及"都市（cité）之义的遗忘"来看。（这两个现象间有关联吗?）我觉得我们应该查看是哪一种有关"罪"的意义的改变模式促使这个衰退发生。首先我们不难看到的是：我愈把"罪"依据"我之为我"的个人观点去察看，我愈会难免把我自己从团体中孤立：这将是一个错误的摆脱。我们必须意识到：在"罪"中我们与一切人是休戚相关的。把"罪"的概念看成共融的原则。

---

① 亨利·德·蒙泰朗（Henry de Montherlant, 1896—1972），法国散文家、小说家、剧作家，1960 年获选法兰西学院院士，1972 年自杀身亡。提倡刚强的道德，认为自我不应局限在一种品格之内，而应有所交替：刻苦和享乐相互交替，刚毅自持与放任自流两不相碍。——编注

"罪"的意义与"不完美"（imperfection）的感触迥然不同。它与神的爱绝对相联着。

"不完美"的感触——其本质尚需澄清——之含义是暧昧的：我的不完美是否源自一个内在的不良质量，或因对构成"我之为我"的因素未作妥善整理？或相反，我对我有此不完美有不可推托的责任吗？我的罪跟"我的不完美"不一样，它之所以成为罪，之所以成为我的罪，乃因为我真实地投入过。然而我们不能说它是我的作为（œuvre），因为它与真正的作为的关系就像死亡与生命的关系一样。如果我说它是死亡的一个作为，我就把它说成含有内在的二律背反（antinomie）的句子了。

我觉得：只有在我醒悟到自己被无限的爱触及时，我的罪的实况才真相大白。倒过来说也一样，如果我对神的爱毫无感觉，我无法意识到我有"罪"。

我注意到：这个罪不单指"我"的罪，更指"我们的"罪。我无法像法利赛人一样，指责别人，自承清白。如果别人有罪，我应当肯认：此罪我也有份。或许这个间接的方式能助我更了解"罪"的概念，譬如当我察觉别人的罪在我身上引发的冲击：仇恨、报复或妒意时。在这种意义下有了共融。如果我并未意识到在"罪"中与别人共融，那我就不能希望与他们在走向救恩之道的经验中共融。这些反省都非常重要。

明天我要反省罪与生命的关系，特别是与肉体有关联的思考。要把"假的"与"真的"苦修主义（ascétisme）分别开来。我认为只有借着这类的研究，我们才有回答 M 神父所提的问题的希望。

严格地说，我们有没有"不完美"的感受？我认识自己，我判断自己有不完美之处，但这个判断是基于何种经验我才能如此自评？或许有人会尝试说：我靠着某种我多懂一些的观念论（idéalisme）在面对我自己。但这个解释是否正确颇值得怀疑。我觉得"我的不完美"好像是个禁忌（inhibition）。我感觉这条路我走不过去了。在某些情形中我对这条路有明晰的印象，在其他的情形中我只能给自己呈现一个我该那样做而做不到的特殊做法（acte）：我最近收到的一笔款项，我应当把它交给 N……他非常需要它，但我没有勇气去给，因为给了别人，我就不能买一本我要看的书，或者为我的一趟旅行存钱。

但是我要说明一下，发现自己中止某个作为并不必然会得出自己有不完美之处的判断，我常常会寻找一个理由来说明为何我没有做一件好事。决定性的时刻在于看透它并除去这个似是而非的诡证。我很想把这笔钱给 N……但我无法毅然决然地做到；我承认在这种情况中，我对我应该做的事失误了。是否借着归纳法我才体认我的一般性的不完美？说实在的，通过殊相有一掌握共相之径。对我在这个特殊的情况中要有如此这般的举止，我应当……我从我之"有为"或"无为"中看到我自己。但这个"不完美"尚未被我领会到是一个"罪"。它对我显得像一个弱点（infirmité），或像一个缺陷（déficience），有点像生理上的无力感，无力长时间背一个重物，或做某种运动等……

勒皮埃克，1943 年 3 月 5 日

为了使"我的不完美"被我看成"罪"——但这是不够的——我应当体认我有责任。这个说法还不够：首先这个"不完美"在我个人的意志内确实进驻过，虽然在我看来它不是一个彻底的恶，至少有分裂的效果。但这只是一个先决条件而已。"我看到及赞成的更好的做法，我不做，却追随较差的去做"的说法，还不足以表达"罪"的特殊经验，它只是一个觉察而已。而我很明晰地感受到——虽然还有些模糊，真的"罪"是不可以被确切觉察的。"罪"不是一个事实（fait），而是一个与件，我们必须分别事实和与件的不同。我相信靠着这个分辨我们才能把"罪"的意义加以界定。

我们在谈的"与件"，若把它与一个多少领略到的大爱分割，会使想要了解它的人惘然若失，而它的主体就变成了任务（œuvre）或客体；或至少，在这个大爱的意义还不能被清楚领会之处，仍然对自己有某种立场，仍有一种灵魂的自我，还有一种

与自己的关系，而这就是虔诚（piété）的本质。在面对自己的虔诚全然消失时，对"罪"的意义之体认也随之消失。这个虔诚很难加以界定。但我觉得它包含一个对超越界（transcendance）的肯定。一位老妇人向 J 谈及 E 去世时说："我们生来不是为这个世界的。"这是一种质朴的，但非常真实的对这个超越界的肯定。就在我想自己只是大自然的碎块的样子时，我就完全无法体认虔诚的感受了。然而，在宣称我不属于这个现世世界时，我是在否定现世的生命吗？这样一来，"罪"的意识与对自然生命的非难就被混为一谈了？我们当然承认有这样的一个可能性，有这样一个诱惑；但我想这里有的只是一个颇难避免的偏差。从哪里偏？正确的立场是什么？我自认我还看不清楚。

勒皮埃克，1943 年 3 月 6 日

　　回想昨天我写的日记，我的要旨在思考包含在"罪的感受"中的超越概念。但谁的超越，或超越什么？这个超越首先是指我不属于我自己。在狭义的单子哲学的伦理中，假定它是可能的，我在其中看不到容纳"罪"的空间："错误"（faute）则有。此处它们的差异就显露出来了。

勒皮埃克，1943 年 3 月 7 日

　　我也应当开始为格雷尼尔 [①] 先生要求我写的形上学文章收集一些笔记，我要用 1939 年 4 月写的日记。

　　关于现实界的问题，我从"断言"开始谈。我们如何可能作一个断言？对于我给自己作一个断言的权利是否有争议性，问这样的问题有意义吗？断言的定位在它与生命的关联。

　　另一方面，我要从它和"自由"及"不死"的关系来申述我的想法。对于这些主题，我尚未思索清楚。就像我常会做的那样，我有一种令我不悦的印象，即我必须一再从头开始组织我的思维。

---

　　① 让·格雷尼尔（Jean Grenier, 1898—1971），法国作家、哲学家。曾在阿尔及尔教书，教过年轻的加缪（Albert Camus），对后者影响很大。——编注

勒皮埃克，1943 年 3 月 8 日

对关及人的最私密的生命部分不作任何断言是不陷于险境的做法，但思考最近几年来"罪"的意识被愈来愈淡化，甚至到完全消失的地步，并不像是冒失的作为，这种现象在那些自陈还是基督徒的人身上发生。诚然，可能几乎没有人在确定的情境中不会忍受那种因听到一个人自陈**"我犯了罪"**（*peccavi*）而有的震惊，哪怕事后此人把这个情绪归咎于一个已废弃的信仰遗迹或其哄人的遥远回响。事实上，这里我们涉及的绝不是瞬间的状况，而是一种恒常的秉性（disposition），而构成我们内在生命持续之底基因素的就是这个秉性。秉性二字在这里还能误导我们。我们现在谈的是一个时而模糊时而清楚的断言：我是一个罪人，或者更清楚更深刻地说：我们都是罪人。

如果我们领会到自二战以来在极可疑的条件下一直在攻击基督徒的视野和伦理的控告，我们不会惊讶；然而它大概而论启发了一种强劲的人文主义。从而我们可以发现，一个尼采标榜的

颇陈旧的论点，即对有关"罪"的信仰在年轻人的良知形成过程中所发挥的微弱的作用。对这样一个观点我们可以直接回答：特别在我们的国家中，最缺乏抵抗力的因素常是那些不单受庸俗主义（laïcisme），也受在心灵深处日积月累"贪便宜"（facilité）心态的影响。这一连串思考还不包括一切。说实话，这些思考与基督徒的认真要求（exigence）颇不相合，这是以后者的广度及它在反省层面亦应被肯定的角度来看。基督徒从这类解脱罪责的思考中得不到什么灵性的营养。我觉得更可取的是坦诚询问：当"罪"不再受到坚实且广覆性的信理思维（pensée dogmatique）修正之刻，"罪"的思想能启迪何种偏差和谬误。此处有个一般性的意见引发我们的关注。我对"我的罪"有的"感觉"愈强烈的趋向简化为一种不守规及不尽责的怕惧，从而在总结人的行为的估计时被认为有过错，我就愈有把我封闭在一个对我有强制性的系统内的危险，而我处在此系统的中心，它却在对我得救或丧亡多少有概念的图像周边旋转着。但就依照我留在个人中心主义理念内、像其囚犯般地度日（drame personel）及修持（la vie spirituelle）的程度，我可以询问：是否我这样做，就是把我置身于基督信仰所有之"永恒真理"之外了。我同时不能不加说一句，我几乎会把生活的方式不是转移到伦理，而是到宗教的层面。这就包含了一个万分谨慎地使自己内心最珍惜的目标得以完成而须采用的感觉、思考和行动的方式。这就假定了他对救恩的关切是真实的，而不是徒有虚表地把个人喜好当成律法而随心所欲者。

我想无人会抗议下面的想法：我们不难找到世上有为数颇巨的好汉天真地赞成潜伏在身为有限存有的我们心底的一种个人主

义。并且人们毫不疑惑地相信在人类发展的某一阶段确有一种观点，认为这个阶段是必需的，为了使人解脱，我不说那是一种从其自我中心主义而出的愚盲，而说是一种阻碍他超越各种当下的操心而能高瞻远瞩地看到视域边际遥远目标的愚盲。

在"非推测地"之范围内，我们可以希望瞥见的是神的教育方法——它在人类智慧的历史中一直运作着，在祂的一般的企划中，个人得救的观念——从其各式各样的表达中加以考虑——曾扮演过一个主要的角色。而当我们以某种内在的光去考虑它的时候，这个观念不单不充实，还无法配合基督信仰中最原创和最纯粹的祈向（aspiration），这种想法一点不亚于上述的看法。不消说的是，此处在"罪"和"救恩"的概念间有非常密切的关联。用一个我常用的术语来说，在以"**有**"为主的思考模式中这些基本的概念是无法说清楚的。我要说的是，我们或许在歪曲我们在这里讨论的关系，为了获取可以抵销我们犯过的罪，我们每一人可以以"功"（mérites）代"过"（tare），甚至可以**超量地**补偿。暂且不管这种说法的可怕但很丰饶的暧昧，这里出现了一个必将导引我们思考的有关生与死的观念。我们每一个人是罪人，由于他曾参与过一个在此生做了及当过帮手的死亡工程，或许借着我们的迟钝（inertie）及瞎盲（aveuglement），我们做了一个具体的、积极的罪恶行为。

勒皮埃克，1943 年 3 月 12 日

　　刚才我重读了去年 3 月的笔记。我想我没有写过更重要的笔记了。但是我无法在这些笔记——不知道是否可以——中掣取足够的数据，为说明生命犹如一个旅程（parcours）。

　　或者我们把一个他者——亡者——加以冻结，把他看成在旅程的某一点停留下来，或者我们设想亡者继续在走一条与我们并行但我们无法看到的路。我们绝不应该排斥第二个假设。然而我觉得我们应该越过"停留"和"继续行进"的对立上，而要设想死亡不能被还原为二者之一。如果我们坚持把它拉到我们自己身上，我们会更不易思考下去，而如果我们能够在它的实况下修复它的本质，我们进行思考会容易得多。

　　攸关的唯一问题是知道：在什么条件下我可以不再是囚禁我自己的监狱。而在"存有"的问题和"自由"的问题交叉点，出现了"救恩"的问题。

勒皮埃克，1943 年 3 月 13 日

罪的意义和后果。"罪的意义"的说法肯定是不完善的。这里讲的"意义"与讲伦理的意义和真理的意义没有差异，没有情绪的含义。这是有关赞同（adhésion）或拒绝的本有能力。但在"罪"的个案上，还有别的因素。看不到"罪的意义"指随着某个灵性向度无法领悟自己的实况。或许自然的理性真的无法做到。这里出现了我在前几天（3 月 4、5 日）强调过的有关"不完美的意识"和"罪的意识"间的区别。我能够体认我的限制，甚至为之受苦不少，但我并不因此会体认到自己是罪人。关于我的限制，我不会认为我有责任。但我们要小心：要明辨罪的意识是否与责任的意识混淆了。我几乎可以立即回答说：不。相反，我愈强调我的责任，我就愈会冒不认识罪的意识的危险。这些说法还不够清楚。

这是我要讲的：面对着一个失败，一个不幸，这会引发对别人甚至比对我自己构成更大灾难的事，反省之后，我发现我是这

个失败或事故的罪魁祸首，是由我忽略了采用警戒的态度所致。这是说，我本来应该，我本来能够预估这个事故的发生，所以我有过失。在这个例子中，没有与罪的意识关联。事实上，我可以从这个失误的经验直接获得一个教训，可以避免一错再错，就像一个计算错误的工程师在后来的运算中得以免蹈覆辙一样。如果我意识到自己有罪，那是说，我意识到我是一个罪人，我不会只是妄想自己犯了一个错而已。我知道如果只靠我自己，在下次机会中我还是会重蹈覆辙的——至少不是我单独的——但我必须期待神的加持来助我免蹈覆辙。这样，罪的意识给我打开一道意识到"必需的外援"（recours nécessaire）的门。但这又可能引发两种危险：一是我能躲在我犯罪意志的观念后面，为了陷入一种宿命主义的漩涡里。（"总括一句，我无法不做！"）另一是完全依赖不是我的陌生意志。我不再有所作为，但全让别人做。

我觉得这是两个常被举为偏差的错误。我们可以声称如果用这个观点来考虑，人的生命要变得很贫乏。我们没有权利为自己的利益去探究死亡的事实。这样做，我们会否定死亡，而证实我们不相信它。

当我们不了解"罪"的本质时，它能使我们孤立起来；反之，它能变成共融的原则。

勒皮埃克，1943 年 3 月 14 日

　　最后几句话攸关重大。我不必从我是罪人的身份中引申出一个论据或借口说：我不应该尽力地活好。我们可以简而言之，与传统的好的常识一致，相反，我应当相信我需要的天助（secours surnaturels）在我比较不懒散（abandonné）之刻，会给我更多的加持。（我必须强调"懒散"或"放轻松"的概念内，含有非常危险的暧昧。）·

　　此处有一个可以去找的平衡点；它只能在我们可以孔武有力地、简短地使用"理性"和"信仰"的关系中得到实现。确然，况且我们都见过某个理性主义的越权；但后者的矫枉过正能激发一种危险指数不比它小的唯信论（fidéisme）。

　　如果我们从"**我们**"，而不是从"**我**"的角度来看"罪"，我们就能完全明白。把"罪"当作一个氛围：活在"罪"里。如此说，"犯一个罪"的表达本质上变成了误导的说法。犯一个"罪"，就在于我们参与了一个我们都沉浸其中的氛围。我们能不

能知道它的存在，就看我们能从中摆脱、撇开多少。"原初的堕落"（La chute）——暂且不考虑这个记载内含多少神话色彩——对我们来说显得是非常不易理解的奥秘，因着这个"原罪"，一个按神的肖像而受造的存有，居然会把黑暗接收到自己的生命中去，而使自己部分地也成为黑暗。从而我们应当非常小心地探问：这些黑暗在人犯原罪之前，是否以某种方式已然存在。说实话，谁知道当我们说"先存性"（préexistence）时，我们是否在做一种回顾式的客观化活动（objectivation rétrospective）或外推行为（extrapolation）——更因为谈论在"原罪"前的时间是没有意义的事。时间是牵涉（relatif）世界而有的——或许只在由于"原罪"及后于"原罪"时，才有**世界**。

我承认我实在躲不掉上面所写的句子的冒险性格。

勒皮埃克，1943 年 3 月 15 日

我昨天用"氛围"这个词用得不尽适当，用**"因素"**（élément）来说更好。困难在于了解这个因素并不是指一个穿透我的简单环境。我们能不能借医学用语说：我构成了一个对发展致病细菌而言有利的环境？是否可说在我身上有一个与"罪"的因素有默契的因子？

对这类的比喻我们千万要小心。但是如果我们要寻找一个"罪"的表象，或许我们难于避免采用这一类的观念。然而妨碍和危险必随之而来："罪"在此地要被化约为平常之事（naturalisé）；原罪之"原"会与一些令人烦厌的禀性相似，如患肺结核症之幼童所表现的。故而要推荐一种"罪"的预防措施或保健方法。两者间只有一步之遥。

我想大家会很有兴趣去深入研究"罪"的本质，不是从概念或意象着手，但从我们有必须拒绝它们的责任着手。我们注意到，一方面"罪"在以及它通过我们的良知而发展，绝不是一个

客观与件，为应付它我们可以把它看成身体的疾病似的予以对症下药；另一方面，我们必须记得，如果我们忽略"罪"有的超个人的性格（trans-personnel），我们将一无所获。错误或过失（就在于只把过失看成是错误的变化之一），是可以验证及肯认的。然而，"罪"的本质似乎只在恩宠（grâce）的照明之下才能**开显**。因为它超越了我们能够具有的当下意识（conscience immédiate）。因而我们可以设想一个理性的哲学家无法肯认"罪"的存在。今天下午我产生了这样的想法：这个世界似乎在向"罪"的方向前进，就在于它显示自己是一个"反向目的论"(téléologie à rebours）的基座（siège），那是指它在迈向毁灭的终点站（按此义，我们可说是一个死亡的工程）。但这个"反向目的论"看来还不像是"罪"。

另一方面，我想是否启示把我推入一个无限的团体，或使我过一种依赖天主的生活，二者意义相同，因为天主是一个无限团体的核心。这样看来，转向自己的意识，或许自愿封闭者，不会向启示开放自己。

勒皮埃克，1943 年 3 月 16 日

今天我要设法把昨天速写式地记下的文字再作一番说明和探究。其实我们此处面对着一个颇有争议性的吊诡：一方面，如果完全没有自我意识，则谈不上有"罪"与否，我会无法以"罪"论之；另一方面，就在于"罪"是一个因素，所以它无限地越出自我意识的范围。我们应当设法了解："罪"是如何透入自我意识的范围中的。但我们要小心可以把意识物质化的想象力，它把意识想象成一种有洞的容器——这是毫无意义的作为。我认为我有责任要好好思索"透入"(pénétrer)、"浸淫"(imprégner) 诸动词的涵义。我终能较清楚地看到我要探索的步骤：

1. 在"罪"的概念里有没有削弱人性的危险？普通人会这样想，因为人们强调它是来自外面的禁令，当他们设想"罪"的神学好像寄宿生被关在处罚室内的情况一样。但事实上，这种想法肤浅极了。我们应当放下"罪"与死亡的模拟。相信"罪"，意

116

谓当我们只集中目光注视可见的人时，认知自己可以无限倍地受其影响。

2. 有没有关于"罪"的概念可能产生的偏差？

（1）错误在于过分地减弱"罪"和救恩的思维；在这方面有一个"每一人为自己"的严重的移位。[德·吕白克神父（Père de Lubac）[①] 的思想在这一点上影响我很多]。

（2）另一个错误的严重性不亚于前者，它把救恩化成一个彻底消极的观念：首先是除去危险；使伦理成为百无禁忌的东西。但无人可以否认这样做是在把天主教的真正道理加以可笑的扭曲。

其实上面的想法都是显而易见的，并不给我们多少启示。我必须把今晨引用过的言说再加以斟酌一番。究其实，它涉及的与其说是"透入"（pénétration）不如说是"颠倒"（perversion）的问题。我从词义学角度考虑此词：这里有一个转向不善的事实。能否说：就在于意识转回自身多少，它就颠倒了多少吗？我并不如此认为。然而我们应当询问：是否只在意识自省它决定一个回到自己的行动时，才算是合格的（légitime）。或许看起来似乎很矛盾，我们只能和只应对自己有所作为，而对他者只能爱之？对他者有所行动，或自以为可以对他者有所作为，会是与自爱相联的作为。因为对他者有所作为，深究其实，它内含一个操控他者的意欲。不必否认对他者的作为是可能的，但这样的作为若是直接并意愿的，或许它就以某种程度参与了侵犯了对方的行为。

---

① 亨利·德·吕白克（Henri de Lubac, 1896—1991），法国现代著名神学家，1913 年入耶稣会，1927 年晋铎，1983 年教宗擢升其为枢机主教。他的很多思想被吸收到梵二神学中，其理论集中探讨人与神关系的神秘性及宗教史问题。——编注

勒皮埃克，1943 年 3 月 24 日

或许我要在我的书房里挂一个帖子："我们同时一起追寻我们的灵魂和天主。"（圣奥古斯丁：《独语录》（*Soliloques*），德·吕白克神父引用过）。

确定性。——它与存在及与价值的关系。——通往承诺（engagement）和牺牲（sacrifice）之路。依我看来，这是形而上的确定性，及此确定性与有核心地位的个人承诺间的关系。

勒皮埃克，1943 年 3 月 25 日

从经验的确定性出发。"当下"（l'immédiat）本身不是确定性的对象。它只在第二层次时，即它在受一个他者质问时才是。但是我们能以一般方式说，只在他者（即使可能在我内的）介入时才有确定性的空间吗？没有人际的坐标就谈不上确定性，因为他者是可以化约成一个空洞的符号的（schème idéal）。

我以什么名义来对"确定性"这一观念加以批判呢？这是一个其内涵必须阐明的重要问题（这个批判可被视为一切形上学的基础）。

反省"说得过去的"（plausible）这词的含义？为何"说得过去的"这个范畴对形上学是那么陌生？

"不可置疑的"。什么是一个具体的不可置疑物？在我确实怀疑及一个反省向我显示某人能怀疑之间的差异。

勒皮埃克，1943 年 3 月 26 日

分析一个"在我身上的"，或更好地说，"为我的"不可置疑物的需要。在什么条件下这个需要是"合格"（légitime）的？先要查究这个问题的意义：这里提到的"合格"究竟指什么？

我们是否在讨论一种手提式的确定性（certitude portative），当我愿意有它时，它立刻可以派上用场，并且**同理地**，它也是对所有人而言即有的东西？我们是否在寻找一个经验（一切经验）之能成为经验的最低要求，对于它所有人都不能不同意，否则就有要灭绝这个经验的危险吗？但假设这个不可置疑者能够被人体认，它对我或对别人都不会产生什么变化。而对我攸关的是一个极有创意价值的"确定性"。一个可为任何人通用的不可置疑者对我来说没有什么了不得；但一个对任何人来说的不可置疑者，它**靠着**在我和他者的**联系**而在任何时刻和任何处境（disposition）下，成为我的一个不可置疑者；是的，对我举足轻重的却是当我处在我自己的某一境界时，我无法怀疑的东西。

让我再叙说一番：

1. 对于寻获某个无人能加以怀疑而不跌入谬误的东西，我们对之一无兴趣；

2. 但另一方面——这是再跨前一步——是没有怀疑的我不只应当面对还在怀疑的那一位采取立场，还应当在我要建立的精神开发的计划（économie spirituelle）中给怀疑腾出地方来。[1]

以上所言可总括来说，这里有一个远比一般人想象更复杂万分的处境，这也是我们必须配合的。然而有人会提出异议说：智者（savant）追逐的是一个无法合理地被质问的"确定性"。此处我们无法避免诉诸一个与"客观的不可置疑者"相对的"存在性的不可置疑者"（indubitable existentiel）。这样我们就走入了克尔凯郭尔（Kierkegaard）的思维途径。但我们应当知道我们要循此路走多远。

我要回头补充一下：这是关乎深入讨论"确定性"的谈话。"确定性"封闭了，当它在辩论有关意志问题时谈不下去了。从这样一个模拟中我们可取得什么教训？

"确定性"的本质就是要表明或宣称什么。我无法理解它可以用任何方式与表明什么无关。但我们只向……表明或宣称什么。我们还须说，它要寄存一些什么，就因如此，它从"**是**"变

---

[1] 这里我重录昨晚我在备忘录上写的笔记："我唯一能相信的一个神，是一个接受，并以某种意义来说祂愿意，并能为别人怀疑者。"这样就足够排除斯宾诺莎或黑格尔的哲学主调。一个具体的不可置疑者应当可以吸收怀疑，但不把此怀疑显化。

成了"**有**"。从而产生了一个极严重的暧昧。这会引发出一连串的头衔或利益（possessions）。

我要找一个出发点。循着我一般采用的方法进行的话，我不能不从一个我个人的直觉定个方向。我无法剔除这个直觉，除非我否定我自己，或扭曲我自己。

要分辨两种确定性，一种是针对……，另一种本身是"**是**"的确定性。它就是具体的不可置疑者。但，正因为它有具体性，所以这个不可置疑者容易有隐没（éclipse）的情况。隐没的观念和内入交谈的观念是我首要的研究目标。第二种确定性容易隐没，正因为它不是被我占有的东西。此处我们该更仔细地检查；因为可以占有的东西是可以丢失的。如果它不如此，它就变成无意义的东西。这里有些需要更煞费周章地加以梳理的问题。

* * *

我的情况如下："有些事情"在我身上发生了，"另一些情况"会在我身上发生，后者或许靠着前者而有，但它们之有，因其不容怀疑地有一根源在别的地方。这些"东西"——请恕我用这模糊的文字来表达——依我看来，有些支持我，有些阻碍我——完成一个与我无法拆离的个人"使命"（vocation），虽然我无法对我自己讲清楚说明白，那是说：对我自己或对别人予以界定。这里我要强调，我觉得这个使命可能或不能与我在进行中的反省分开；但我不觉得它能对我完全消失。或许"酝酿"（gestation）一词比"使命"更为可取。

勒皮埃克，1943年3月27日

　　我从一组对立的词出发：**"有目的的航行"**（aller *vers*）和**"漂流"**（aller *à la dérive*）。在我一生的每一时刻，下列的说法可以是同样真实或不同样真实的：说我是定向航行或投入的，或说我在漂流的。初看之下，这里有一个我多少要遵循、多少要承受的规则（régulation）。或许可把意义比较模糊的"使命"一词以"规则"或"任命"（ordination）来取代。我的有机生命若缺少了最低限度的规则，就不能维持下去。我的职业生活、家庭或性生活只是它们的补充与延长——这样我的存在从各个角度依我看来是有规律的；然而当我把这个存在看成是中规中矩的时，我会使自己觉得我在让它漂流着。但如果我意识到它是"被任命的"时，它就不会引起漂流的想法；就是这个"任命"的概念值得我们加深思考。但我先要查看一下这个研究是否对我关于形上确定性（certitude）的思维能有所助。

　　问题：

（1）我曾经想找什么？

（2）实际上我找了什么？

（3）我发现的会是什么？

（1）这是说：对我研究的对象我给予怎样的构想？

（2）粉丝（adhérents）和门生的广延名单（conception）逐渐缩减，正因为哲学必须是多元（polyphonie）的意识在我心中愈形加强。我认为有一种可以整合其他一切哲学的系统的想法是行不通的。我们不能不坚持应有"无可化约"（irréductibles）的概念。

在这样的情况下，我能说我真的在从事叫我满足的研究吗？毫无疑问，这样只是用同义词在讲而已。一切研究都导向一种满足。重要的是知道其本质是什么。我必须着重说，我绝对无法使我满足，如果我毫无意识，同时根本地满足他者，即是说"**施与**"（*donner*）。探求（chercher）能有其名只在于为了给予别人而探求什么。但给什么呢？就在此处我们应该回到"确定性"这个概念。

我觉得论及这个"确定性"，首先我要探求如何把它给我自己；并且一旦我有了，我立时要把它传递给别人。从某个意义来说，我应当把我自己当成一个需要别人指引的新手。无论如何，我的探究只是初步尝试而已。然而，启蒙师在何处呢？

勒皮埃克，1943 年 3 月 29 日

我相信我最近写的没有什么可保存的价值，这条路是走不通的。

勒皮埃克，1943 年 3 月 30 日

我蒙邀请给伽利玛[1]出版的有关"存在"的文集写一篇文章。我要生产些什么呢？理想的情况是否是：我预备齐全，概念清晰，写一套有充足论证且能以我的名字流芳百世的形上学说？说实话，在这样一个领域中，无人能期望可以抵达无可置疑的高见之处。可是如果这里已有一些能使人满意之处，难道不是在于它在某一个申论中使教授们展露欢颜吗？为何我要隐瞒从前我也如此设想过的一个哲学家的功能？但我的反省愈趋尖锐，我对上述表达的方式就愈感陌生。这样我对"你生产了些什么或你要陈述什么"的问题，就会如此作答："说真的，没有什么！"我甚至会予以反击，毫不含糊地宣称说：如有人要细察一个哲学思想的

---

① 伽利玛（Gallimard）是一间法国出版社，1911 年在巴黎创立，前身是一群作家发起的刊物《新法兰西杂志》。在法国，"伽利玛"相当文学的同义词，该出版社作风严谨，至今仍沿用专门小组审阅的传统；尝有人云：进入伽利玛的审阅小组比进入法兰西学院当院士还难。——编注

实质，答案很清楚，那是无法像一本教科书那样摊在桌面上令人一目了然的（exposable）东西。不论一本哲学史的手册写得多么认真，它向我们陈述的只是屠杀这玩意儿中最荒谬的一场大戏而已。我内心最深邃的部分拒绝参与这样的游戏。但这样一来，我是否明知故意地退出这场大戏呢？我们可问，我们讨论的真的只是一场游戏吗？那我是否可把我35年来在内心翻腾的思想称之为一种"怀孕"（gestation）？当然不行。怀孕什么？命定要流产（avortement）吗？说实话，说流产不难，但如果这个期待的生产（enfantement）意外地发生，要生产的是什么呢？

勒皮埃克，1943 年 3 月 31 日

　　我仍感受得到一个错的出发点给我的印象。我应当坚持我写过的关于两个不可置疑者的笔记。

　　昨晚我又想及"**对一切人有效的（*valable*）系统**"的概念还须深入钻研。每一个人基本上被看待成一个纯粹的读者，那是说，参与某个游戏者；在为这个游戏保留的地区内，一切得以发生并定位；从而对所有的哲学争论引发了可怜和肤浅的印象。读者似乎从存在的悲剧中抽离出来；他像一个不食人间烟火的外星人，存在的重要问题与他无关，更确切地说都暂时地被存而不论、被人放入括号了。不大光明的一面是发明这套系统的人赢得众人喝彩，受众人膜拜。的确，人们不会为幻觉去勉力，也没有辩斥一切异议的野心，但总不希望它愈来愈扩大，贻害众生。

　　然而从一个健康的辩证角度来看，这个哲学一旦成为官方（*officielle*）哲学，就会最终露出它的不足，同时内在的荒谬——这是一切官方哲学隐含的通病——就在光天化日下暴露出来了。

那是为什么原先最反对官方哲学的哲学会无法抗拒地去靠拢官方哲学，与揭竿起义的创导者背道而驰。

"存在性的不可置疑者"（L'indubitable existentiel）就在于它的不可置疑性，不单为我，也是为"**我们**"，即谓为一切与我沟通的人，这种可能性之发生在于我们在某一经验层面有过共同的真实体验。它愈来愈大地扩散着，但与以手册为工具的机械化传播不可同日而语。让我们回到苏格拉底主义去吧。

勒皮埃克，1943 年 4 月 1 日

今夜我想把不死的迫切要求（l'exigence d'immortalité）作我研究的枢轴：

  ——嘲讽（dérisoire）的范畴；
  ——把死亡看成幻影（simulacre）；
  ——把死亡看成具有本体平衡力（contrepoids ontologique）的概念；
  ——"我们"就像一个星座。

这个反省可以与我关于"存在性的不可置疑者"之反省串联起来。事实上，"不死"不必被像一个客观的事实那样加以证明。虽然有一些事境必然地把我们引入这种想法，不顾一切地渴望有这样一种证明；但同时我们可以超越这种向往：我们常常可以回去翻看《打破偶像者》的最后一幕，它一直是我作品中几个高峰

之一。

我觉得我走近了、认出了一个如此研究的明晰关节点
（articulations）。借着与"亲爱者"（l'être aimé）的关系，我们终能
了解：把死亡看成是人的最后与件，我们必然地要宣布生命本质
上是荒唐的。让我把"生命"与"死亡"再予以说明一下。

说死亡有"本体平衡力"是指那些参与我的生命，使我
成为今日之我，并继续如此作为的人，他们是临在于我的存有
（présence en moi）。对亡者的敬礼（culte），无疑地、必然地暗示
着一个类似的临在。当我们在这里说它是个记忆，是因为我们缺
乏解释一个我们不只翻译，更是愿献身（consacrer）的经验的形
上配备。

勒皮埃克，1943 年 4 月 3 日

我不知道对上面写的应怎么想；我觉得很模糊。

勒皮埃克，1943 年 4 月 7 日

打算要开始一个新的起点（这是昨天给 Louis A 写信后兴起的思想……有关生活**细节**会引发的阻塞作用）。它可命名为：

"从千篇一律的每日（quotidien）到形上学"或者："人类经验的形上含义"。我们应该立刻使人看到，我是故意采用海德格尔的称谓来凸显我们二人间的类似之处；至于我们二人间无法消除的差异，我要放到后面再谈。海德格尔提供的对每日生活的现象学描写是有偏见的，似乎不能被大家照单全收。

我们从《贪婪的心》一剧中的两个答辩开始谈："你靠着什么活？我像别人一样，只在无人问我这个问题的情况之下，我才活着。"

你靠什么活着？你的资源是什么？资源一词在这里有何意义？这个问题也有此含义：这些缺一不可的资源是谁给你提供的？你是否像本身具有这些资源一样地活着，可事实上你并没有？但如果你在赊账地活，谁在允许你赊账？我们在谁面前有一

天要冒无力偿还的危险？

所有这些问题之所以会出现，只在我们承认生命（其义尚需界定）要求人加一把劲永不间断地重新开始：什么是那允许我再加一把劲者？但此处有可能产生一个混淆。我的生理生命要求喂养，如果我不吃不喝，不睡觉……我一定不能维持下去。这样，我是否已回答了被问的问题？不。一方面，会发生这种情况：虽然我被饲养得不错，但我却在我身上缺乏继续活下去的勇气；另一方面，我们也会说这些生理机能没有我的同意它们靠自己无法运作：我会让我自己死掉。

还有，这里缺乏的是一种基本的勇气（courage）。"勇气"一词在这里很接近"心"之字义："我无心去……"。资源的问题从此以后可如此追问："什么东西给我勇气去……？"我们自然地会倾向用某种在反省前，甚至在一切思想运作前已经展现的"活力"（vitalité）概念来解说；我看到我继续在饮食，在睡觉，但我真的不知道我为什么这样；机器坚持如此运作下去，但好像同我已脱离了关系一样；它同我好像拆分了的一样。从而出现令人难以忍受的二元论："这不再是一个生命！"我的存在退化了。我可以不算夸大地自称**我不再活着**；当我们在极端焦虑之刻，会这样说："彼得上战场之后，我不再活了。"……厌倦（ennui）的心态将随之而来，这里讲的厌倦是有加重意义的，不是可复数化的那种厌倦。从而整个人都消沉起来。

> 在东方的沙漠里，我厌倦到难以忍受！［贝芮妮丝（Bérénice）］[①] 当我意志消沉时我不再是活着：

[①] 拉辛悲剧《贝芮妮丝》中的角色。——编注

当我失去一个存有时，整个世界变成荒无人烟的地方。

为什么呢？因为你受到的打击使你失去鼓舞这个你被抛掷入的世界的能力。然而我们不该用完全主观的方式去解释你现在发觉自己失去了的鼓舞别人的能力。我还要说领悟（saisir）的能力首先是指把自己"租用"（se prêter）的能力，这是说，让自己领悟。硬化也好，痉挛也好，都使我不再能为人"租用"，因为只在我能对他者开放与临在的情况下，我才能支配（dispose de）我自己。

现在我应当探究这一切与价值间的关系：重取价值好像一个诉求的概念，为讨论这个观点，我昨天给 Louis A 写了一封信……对一切都不感兴趣："自从我失去 M……，我对一切都没有兴趣"。在一片空无中振荡，一个令人悲痛欲绝的空无——及固执不移的心态；这里，价值泡沫化了，因为在固执不化的形象中浓缩的东西不是价值。那是说，我不听不闻任何要求，我不再存在。但以这种消极的方式表达一个如此这般的处境，说实话，是不适当的。周而复始的"每天"还在，但只像一个无法挣脱的锁链。一直有许多重任紧压着我，为什么会这样，我自己亦一无所知。

如何把价值加以平反：把它与空气或光作模拟。并非所有的东西都死掉了。

"每天"的重要性在消退中。此处的"每天"指被奉献的（consacré）和重生（régénéré）的"每天"。

"白天"（journée）：像两个真正的夜之间的联结。白天被抽象地视为同质锁链中的一个链环。如此的理解使"白天"之意涵大大褪色（像死气沉沉的景色，又像在镜子前自我端详，只看到镜中的另一个我）。

勒皮埃克，1943 年 4 月 8 日

现在我们要谈谈为何"每天"的形上价值在褪色中。我们习惯把"每天"看成规律化生活的基础（譬如每天要做的祈祷，但也有要刷牙之类，等等）。然而恰好是针对这种规律化的生活方式我要反抗。一致性。感受"每天"是活在囹圄中。要设法逃避：我不再洗脸，我不要刮胡子，我不再积极地参与令我烦恼的例行公事。我不想走出去，因为我不愿意暴露在同一处与同一批人日以继日地相处。如此我从每天侵蚀我的现实中抽离出来，我并不属于此界，我之家园在别处呢！——但这样一来，明显地我是逐步陷入非存在之域，我并不因此而接近那个遥远的家园，它对我只是一个乡愁的对象而已。我载浮载沉于活在低于人性的幽谷中。为超越"每天"，我不是应该在抽象领域的无穷资源中寻求臂助吗？

这里我应该引进一个形上学的定义：形上学不是指超越一切可能经验的"超越经验论"（métempirique）。能否说——或应

否说——有一种形而上的经验？这种说法很模糊。我们能否说有一种我们易于接近的经验作为我们的对象？或更好地说经验在这里并不由其对象而被指定的？那么它是由某种主观的因素而被指定的吗？不。更好地说是由某种分析后被任意地区分为主观的及客观的内在张力所指定的。这样一来，我们能不能说一切经验都包含一个关及我们不恰当地称之为形而上因素的极易变化的内容（teneur）？我应当找些例子来说明我要陈述的观点。一个可感知的经验或许在这里可以借用；但是否应该说它之所以可用就在于它能象征地描绘某一个概念？绝对不是如此。更好地说，它是在吾人身上唤醒某一个回响（retentissement）。

勒皮埃克，1943 年 4 月 9 日

形上学不是一个实体世界，它恰好相反。我们应该查明因着哪一种致命的错误而会引发这种简化的思考。

反之，"**经验的形上含义**（*teneur*）"的出发点是"每天"（quotidien），其内涵是我们能够观察到的。纯粹和简单的"每天"对形上学无知；被贬抑或被忽视的"每天"否定形上学；只有奉献过的及重生的"每天"才肯定形上学。这样的表达是否有瑕疵？不；一切人类的经验之所以为经验，在于表达自己，在于成为言语之时。或许我们可以说，言语不能表达的，也是经验中不能被经验到的东西。更确切地说，经验只有在它用某种方式表达出来的时候才成了经验，因为只有在这个条件下，经验通过传递自己而成为可以传递的。①

纯粹而简单（pur et simple）的"每天"指某位在每时每刻都

---

① 更确切地说：经验只在它用某种方式表达出来的时候才成了经验。因为只有在这个条件下，经验通过传递自己而成为可以传递的。

专心于他的事务（affaire）者的经验；每一小时都有它自己的苦衷（难为、无聊的心情）。下列的说法并不正确：生命在其瞬间中显得像是要去执行的任务的串联，而其中每一个任务都有一个期限；这个串联并不排斥任务间可能有的重叠（譬如一个家庭主妇在扫地时，也在砂锅中煮汤）。我们的"每天"愈被一个接一个规定好的任务瓜分，人类经验的形上含义就愈趋薄弱。然而我们不难感觉到实情并非如此纯粹简单；我们是否要明辨一下从事这些任务的人的心态（esprit）。这会是一种完全染上主观色彩的心情吗？并且，原则上，我们会想：如果在人类经验的核心有一个形而上的因素的话，它必定内在于结构中。但我们不应当信任这些有误导性的比喻。

经验不能被同化成一个现成的客体，最后加以粉饰一番的东西。没有什么是比"体认思考经验有多么不易"更重要的事。我们不得不借用一些比喻来了解它，但就按其定义来讲，它从前后左右各方面是溢出（déborde）这些比喻的。这样一来，当我们谈及它的形上含义时，我们把它想成保留着某一不变实体的一小部分，而我们对这样的实体只能间接地和秘密地借着迂回小径稍稍接触到，或只为少数已深入其境的幸运儿所保留着的。但也是很明显的是，我们必须摆脱这些物质性的图像。经验不是沐浴，形上实体不是物体（corps）。这里我们不能不问：什么因素是激发我们问这个问题的动机。因为我们明显地看到我们的经验有不同层次的渗透度（但这里又引用了物质性的语言）。

这里，"价值"的观念上场了：它是什么的重要性来自它呈现了一个意义，一个价值。其中难免有不同的层次，一顿好的早餐是难忘的；当然，从烹饪的角度讲这是可能的；但有时烹饪平庸，只有好的环境和气氛时也会使我们如此述说。有两种价值的评估制度（systèmes）。我们能否自限于一种说法：这些评估制度在考虑它们间有否阶层（hiérarchie）之前已有其不同性。但我们必须承认：一个个人的生命必含有一个等级，甚至缺乏这个条件就无法理解何谓"个人的"生命。

或许我们可以在这里引入"不寻常"（extraordinaire）的概念。我们要尝试了解"次序"（ordre）和"不寻常"之间的关系。周而复始的"每天"似乎排斥了"不寻常"。这好像是为了摆脱"每日"的单调，我们设法与"不寻常"联络。但在"次序"本身中就可能潜有一个"不寻常"；对这里出现的"不寻常"，我们要怎么解释呢？这种情形就不能视为一个对它本身而言是使人讨厌或失望的法定的"次序"之脱序了。

辐射（irradiation）的多变的力量是内在于个人的经验中的；艺术不作他想，正因如此它是"形上学的永久的文件"[德国哲学家谢林（Schelling, 1775—1854）]。一个人之价值就在于：借他的榜样和成品，他推动及更新我们对"爱"的理解。但这个力量能倒过来反对存有，反对爱。

孔克（Conques），1943 年 4 月 12 日

昨天我在我的绿色记事本上写了"剥夺"（privation）的特性在于它能加深我们对于被剥夺之物的记忆的敏感度。但我觉得这个想法与我在离开勒皮埃克（Peuch）前所写的沉思没有明显的关联。我现在应当询问的是"剥夺"在每日经验中扮演的角色。我说过，"剥夺"常是"非存有"（non-être）内的某个存有。纯粹的及单纯的"不占有"（non-possession）不是"剥夺"；我只对我曾有过的，而它仍留在我身上的东西会体会到被剥夺感。

再一次，我要面对在"自我"（或具位格者）与经验之间所有的关系这问题；这是一个不易用理性语言来表达的问题。因为我们如果把人看作是经验的主体，我们会一无所获的。

孔克，1943年4月13日

"**做**"一个经验。当一个经验是事先斟酌过的或估量过的、能配合一连串的行动时，"自我"确是主体；但我们要细察：对我们的生命整体来说，我们是不容自己同化入如此这般的一种经验里去的。我不能理所当然地认为我就像是使一个经验发生之地带，对它我全然漠然无知，而对它的终极意义也一无所知的吗？（反之，我"做"一个经验，或我走入一个经验时，我知道我去那里，至少近似的知道。）但我们必须谨慎地给这个主动的力量命名，这个力量才是上述经验的真正主体，而我只是一个场合（lieu）而已，譬如我们讲起某一族群的天才，某一时代精神（Zeitgeist），等等。今天早晨我思忖是否我不应该重提一些很高超的事物来分析，譬如"存有"，"非存有"，"生成"。我实在应当好好思考在什么条件下"存有"一词对我具有意义（对我：这不是主观主义吗？不，因为能与我交流的东西必是也能与他者交流的东西）。我们应该为"有价值"一词作模拟的探究，再比较其结果。或许我们可以用《是与有》一书中有关断言的重要片段作反省的出发点。询问"我存在与否"是一个具有矛盾概念的问题。因为如果我不存在，我无法问这个问题。但人们还会回答说：这里并不必然包含矛盾；不是那个询问有关"自我"的某人，他的存有是被质疑的吗？这里德文：*Es wird gefragt* ob Ich bin（被问的是"我存在吗"）表达得清楚得多。那人可能还要说：属于如此这般的理念型的存在的模式是迥然不同于我们正在探讨的现实界；我们可以区分理念性存有（être idéal）及实体性存有（être substantiel）。我们不能不承认在存有内有不同的等级；但谁允许我去肯定那个被称为理念性存有的不足？不是还应当参考一个不同的存有，后者会是或可能是事前已经历过了的一位？但如果不是被我，则被谁经历过呢？

我要反驳把"自我"孤立的立场。存有是永生（éternité）之担保（gage）或种子（semence）吗？——然而，它可能只是一个瞬间的闪烁（fulguration）吗？在自我的发扬中的喜出望外（exaltation）——树之开花结果。

中午。——我看了一下今晨的笔记，觉得蛮有用的，但有一个条件，即它们必须更好地表达出所提出的问题的意义和牵连性。我应当强调的一点是：此处问题不是真正的可与存在的迫切感（exigence）分开。我必须从"每日"经验开始论述：借之我才能与四月初在勒皮埃克所写的笔记联贯起来。

我通过我的每日经验来思考我自己。我一无理由来怀疑和我交往的人和物的存在；我受这些人、这些物摆布；但这种交往要把我完全吸收，以致我完全陷入其中。我的身体需要饮食，需要锻炼，也需要休息。我、你的身体在诸物之中并无特权。"每日"经验首先是以有机功能的循环来理解的；针对着这个循环我要采取立场。它能以这种方式呈示给我，使我要强烈地设法遏止它；我对这个诱惑没有让步的事实可能没有任何意义，或只是卑怯而已。

孔克，1943 年 4 月 15 日

其实，这些思考都趋向一个结论，那是说，存有和非存有的问题只在它演变成一个两难论证（dilemme）时才有意义：饱满或死亡；从我这个暧昧的存在开始讲起，我的存在周而复始地通过功能和职务的循环而绵延着。这里有评估的问题；但不能避免地还要问：我们是否又陷入了纯主观的看法。从现象学角度看，可确定的是，"存有"这个价值——如果这真是一个价值——显出的是：价值并不由我赋予某物，而它本身阙如或无法具有。此处丰富性（plénitude）一词极具启发性。但我们亦可用一组"封闭／开放"的特性来标示，或用一个我为诉诸"希望"而提出过的"囚禁"（captif）观念。试问何谓"被囚"或被职务（fonction, tâches）的循环包围的情境。让我们温习一下我曾提到过的"**厌烦**"（*taedium*）观念。"**厌烦**"和"**臭气**"（*foetor*）有连带关系。解体（décomposition）。囚禁是要把我解体。这里有一连串的思考，我在不同的地方提到过。囚禁已是死亡——使人成为行尸走

肉。难道这不是对死亡的最恰当的描写吗？我们可以说死亡本身或是什么都没有了，或是一个解放的机会。但是或许它只是由我们自己构造的，生后之死会不会以我们应得的样子出现：看我们活着的时候是否屈就死亡，或相反，我们已战胜了死亡？

要点在于我们不用生理的意义来看"生"与"死"的范畴，我们才有权以"存有"及"非存有"取而代之。但这个取代——微妙及有冒险性的——却是免不了的。

我必须把全部的或潜伏的"独我论"（solipsisme）彻底的清除掉。说"我只知道我的意识状况"是完全没有意义的说法；在它们是"我的状况"的情况下，我只活在其中，我不知道它们。如果我把它们转化成客体，我就把它们等同于外在的客体了。

这样一来，**那个**本来可以说享有特权的我，不再有任何本体特权了。我甚至不能谈绝对的亲近（proximité absolue），因为有时我能感到更接近另一位，比我还接近我自己。"接近"这个概念本身是很有趣的，问题就出在这里。观念论者从一个绝对亲近的概念出发，但接近谁呢？由谁评价呢？要紧的是去询问如何令我感到远离我自己，如何令我与自己异化。我的结构应当许可我有异化的感觉，把这种感觉看成不配合任何实况的看法是没有意义的。

此外，我还该深入探讨"特权"的意义；原则上一个特权只能是"被给予"或"被授与"的（octroyée）；此处应该说是"自我"把特权授予他自己。然而实际上问题不在于此，人们肯定会认为针对自己来说的"自我"具有一个有特权的处境。他者只能以表象（eidôlon）的方式干涉"自我"与他自己组成的神奇圆圈的外缘。然而这假定"自我"在其他事物之前被交给他自己，但这种优先有幻觉的成分。

勒皮埃克，1943 年 4 月 16 日

我觉得我最后几天的札记逐渐有眉目了。

对我来说，在"存有"与"非存有"间之区分或对立究竟指什么？我们不要受被问题显出的主观面貌所欺骗。重要的是知道：在什么条件下这个对立对我充满活力，从而是可传递的。我不否认那里可以有一个无法为我传递之物（l'incommunicable），而它若其所是，给出一个价值，此处我不想讨论它。假定我谈这个"无法传递者"，这将是为了传达什么有关这个主题的东西，而结果是为了促使他者转向这个无法传递者，使后者发生在他身上像发生在我身上一样。譬如说我询问在什么条件下我能把某一存有归因于非存有（non-être）或某一个非存有。这会叫我深入挖掘我的经验，为看到一个如此这般的断言有什么依据。我的经验的本质有时要把自己独断化（se canoniser），有时却相反，宣称自己一无价值？我们或许应该自问：是否我们此处在被言语（mots）作弄；一个经验如何能对自己作一个判断？更好地

说，某主体有了一个经验后很欣赏它或最后否决（condamne）了它？但我又自问：如果我如此这般地用人们习用的方式来观望周遭事物，我是在任由幻觉诱导着自己吗？这个主体要成为怎么样的东西？这里是否有一个简单及清楚的移位，由一个简略的（squelettique）观念引发，设想一位法官审查了一件案子之后发表一个判决？有人会说，倒过来说的才是真的，这里谈到的法官在做的只是一个功能性的行为。大家会同意这样一个功能并无绝对必然性，但此处我们可以见到受造物（此处为人类）之不完美的记号，他无法使自己与其功能完全合体（s'identifier pleinement）。而这可能是一个错误，因为真正的判断常在**具体的情境中**（in concreto）进行，并且是主体全力以赴的行为（avec tout soi-même）。

但我的思索似乎在走迷宫，虽然这些想法能助我们走出一个错误的纯主体的观念，那是一个康德式的"功能主体"（sujet-fonction）观念。

现在我要尽我可能地建构一个要研究的蓝图。我要勉力找到若干主要的形上范畴，它们应当与哲学理论，包括最近流行的，没有什么明晰的关联；我还要竭我全力去分辨其内所指，以及哪些是对我有所启发的范畴。

"形而上"（le métaphysique）这个观念本身在我看来是不正确（faux）的观念：

1. 把"形而上"看成"后设经验"（métempirique）的东西，好像是一种超越一切可能经验的东西。

2. 把它想成一种能建构一个有特权的世界，对之我们可以给予进入一种不寻常经验的通道。

148

但我们若认为"形而上"并非一个保留的东西，就可以得出结论说，总而言之它是由一个经验组成，且不论是哪一种经验。回答此问题以前，我们先应当问：这样的讨论要把我们带向何处；这只能是在体悟了某种存在的迫切需求（exigence），感受到某种召唤（appel）之刻，我们才觉得非精确地向之回应不可。"形上的迫切需求"近似"创造（création）的迫切需求"。

向往被启蒙去洞悉某个秘密，愈来愈被看成和对事物拥有一种能力相等；同理，我们愈来愈少地去关切事物本身。如此的观点显得愈来愈陷人于灰心失望之境。[①] 我们的去处只能是这个愈来愈精密的科技世界，它是这些事物的场所。当它们用一种与一切可能的科技相左的角度加以考虑时，它们不再成为事物；而就在这种观点，且只在这种观点下，我们能够询问是否它们真的在外面。它们靠近我的程度，就在于我意识到我对它们的陌生程度（étrangeté），它们竭尽全力要和我合混为一，一直到我在我自己的目光中隐而不现了。

---

① 我要说的是：我们愈来愈不信事物内含秘密。我们觉得，不管有理没理，存在之物是不具内质（dedans）的。

勒皮埃克，1943 年 4 月 17 日

最重要的一点是经验的可能波动性格。它完全不能与恒常不变且不透明的与件等同而视，正因如此它不易被我们思考。而恰好根据此变化多端的性格，形上学得以并应当建立起来（一种在习惯和陌生间持续进行的变化多端）。形上学之所以被思考成一种在经验外的东西，就在于后者被任性地固定下来之刻；相反，它愈显得不稳定及变化多端时，形上性愈显得内在于经验之中。这是说，在经验能促发的各种模式中我们不知如何建立一个独立于此人或彼人的爱好层级（hiérarchie）的原则。因为我想用一个**纯抽象**，外在于我之物，这是可能的；但就是这个抽象是不可取的；这里我要举一个例子来说明：田地的经验对耕种它的农夫及对写《农事诗》（*Géorgiques*）的诗人来讲是不同的。然而我觉得如此提出的命题不很恰当，我还需要勉力找到更好的比喻。我才写的，还未写完的，或许只是一个走向省略号的括号。我把昨天写的摘记重读了一遍，我发觉我并没有足够地陈述。事象（les choses）不可能与我们手头能摆布的技术分开。

"摆布什么"这个想法只能在纯外在的世界中适用。这个世界中的因素互相配合地运作。我可以说，在"吾体"与事物间不只存在一种相似性，并且有一种本质上的同一性："**吾体是一物**"，它无可避免地迁就事物的宿命，特别是在工具的作用上，它是有用的，它需要保养，有时甚至要回修。终点站是弃之如敝屣。它的遭遇起伏不定，与工具无异。它也可以与艺术品相比，就像后者之能激发美感；也正如此，它被判短命；艺术品无法忍受无限制的修复工程，等等。

这些反省都不假，但不够。人们还应该说这个身体之存在只是为一个与它等同但与它对立的主体。我们这里暂且放下抽象：吾体不以一个如我找到另一个就可弃之不用的工具方式呈现出来，或我可以从事其他我没有它也能做的活动。它提供给我若一个为做一切可能工具活动的绝对条件——以及为一切可能的乐趣；如此说来，它把自己给予我就像它成了我的一切，只有一个例外，或可说是我保存的：牺牲我自己的可能性。是的，但即使如此，它的斡旋还是不可或缺的：是我的手要开枪，或转动瓦斯的开关。但这些言说足以指出它还是一个工具——所以它不是全部；因为不会全部只限于是工具。诚然，这个工具有要把自己看成目的的倾向，这样的想法是无人会争议的。肉体的生命在没有严格地被控制的情况下是有变成一个封闭的制度的倾向；但就因为这个控制是可能的这个事实，足够显出身体并非全部，唯物主义不真，甚至可说是荒谬的。

我现在能说的只是这一些：从我能力所及的角度来看，由于这个借之而能肯定我的"绝对工具"，为别人，或许也为我自己，能趋于把自己看成一个肯定不是"借己"（par soi），而是以"为己"（pour soi）之实体（entité）存在的方式出现着。要把这种想法说成除非借着抽象无法领悟的企图是徒劳的。我的生命之所以能够存在，是靠有社会性格的一大群人的媒介才得以成功，然而很有可能我把自己想成是这整个社会结构的中心。如果是这样，"他者"无法引起我的兴趣，除非他们多少满足我的需要。

这样看来，我们可以很直接的，很容易地领悟超越的观念。或许这里提出观念一词是不适当的。我们更应当自问是否在"牺牲"及"自杀"的事实中包含了一个超越者的**实在**。（1959 年 1月我重读这段札记，我认为它与陀斯妥耶夫斯基笔下的基里洛夫〔Kirilov〕[①] 的形象有契合之处。）

要在牺牲与自杀间建立一个对立在此处似乎还不易说明，就像要把"观念"和"实有"（réalité）对立起来没有多大意义一样。超越者的实在就在于它是观念，并以观念的方式在运作；譬如说，"祖国"（patrie）的实在绝无可能与鼓舞爱国者内心的祖国观念相悖。同样，对信徒也是如此。让我们在这里注意到内在的辩论术的角色，在互辩的过程中，"身体"在代表自己，为攻击观念的思想找到一个代言人，它说："讲到祖国你只有一个观念，而我，在我后面有一个唯我所有的、无可置疑的实在。"然而我们不该被词语作弄，被身体代表的这个思想究竟为何物？这个代表意味着什么呢？要迫使一切有关超越者（un transcendant）的断言无效的这个思想的真正的身份（titres）是什么？

---

① 陀斯妥耶夫斯基小说《群魔》中的角色，一位工程师，同时也是哲学家，整个故事中他只有一个目的——自杀，他视自杀为人生至高理想与成为"人神"的必经之路。——编注

勒皮埃克，1943 年 4 月 18 日

这个代表性格是捏造出来的；这是一个以实在之名贬低仅为概念之价值而自许的辩解。

回顾我昨天所写的，吾体（mon corps）的本质能够，且应该交替地被看成若"我"及"非我"。也是以此角度我们可以思考自我牺牲（dépouillement）。

值得注意的是，就在我把自己以身体的方式牺牲自己时，我在牺牲我的未来；身体就像未来的储存器；捐献我的生命，就是决心要捐弃我的未来。但使这牺牲可能的条件是什么呢？它假定一个解脱，我应从每天重复的轨道（quotidien）中解脱出来。要如何了解这种说法呢，除非我在自己内深挖那个——我称之为一个遮蔽处，或一间囚室。这里我们再一次遇到了我近日谈及的机能（fonctions）与职务（tâches）的循环。说我在这个生命中，即谓我在我的身体中，因为把身体还原到在某时刻它显现出来的形式是十分任性的做法；身体是某种方式的持续（durer）；由此

153

观之，脱离我的肉体（me désincarner）本质上不是让我脱离现场（me transporter），或在"**他处**"显现，而是以这种方式逃脱我习以为常的持续，这是在"出神"（extase）时发生的。我的生命能够在我自己的心目中看来并不把"我"显示出来，甚至叫我吃惊。（可参阅我的剧本《破碎的世界》第四幕。）怎么说呢？应否说有一个纯粹的幻觉？

勒皮埃克，1943 年 4 月 19 日

　　我觉得以上所言都不清楚不明白。我不会因为我的生命使我不悦而不再在我生命中存活下去。我所能说的是我周身不舒服，我在逆境中，但这还不够使我要从其中脱身；相反，我们可以想象有一种要使我自闭的方式，予以反击。我们甚至可问：接受它是否是使自己获得解放的先决条件。只是这个词的含义并不十分清楚。

　　我不觉得我最后写的札记能厘清什么观念。

勒皮埃克，1943 年 4 月 22 日

　　我渴望得到确定性。我要问此话有何意义。我渴望能处于一种我有确定性的情境之中。但是否我渴望有的一种确定性，不论它是怎么样的，是那种甚至把生命和世界看成毫无意义的确定性吗？把我安置在这样的确定性中是否会中止我的苦恼（tourment）？相反，它会使我深陷其中，不能自拔。这个否定的确定性只有一个好处：它助我攻克那些坚持有一个合理的或有神意安排世界次序的人；它或许能满足在我的思想中造成的顽结（prétension），要肯定自己与别人相反的作为，要控制别人。并因知道自己未入其圈套、没有受骗而骄傲。

　　重要的是问：渴望确定性是否首先指要满足这个在寻找中的骄傲？请注意，或许这里有这样一个矛盾：在一个除了"无"之外，一无所有的世界中，有可否定这个世界的因素。总之，宣称宇宙只是一片空无的我，却说自己是存在的；略作反省后，我把我自己也附加入这个判决之中，或我不知道自己在主张什么，或

我沉没在"不思考"（non-pensée）的深渊中。结果是我放弃了对确定性的追寻。

我应当承认我的存在模式首先可说是**在**寻找一个确定性：可用身体作一个比喻，后者在达到平衡点前，会一直晃动不休。要对……有所确定。要深入反省这些字的意义。这里有一个深渊……是否确定性是指对一个我绝不怀疑的事实而有的完全否定性的经验？但这是幻想。为何我绝不怀疑？这个否定性依附在某种积极的东西上：什么东西？它的支撑是某样向我**已启示**的东西（与爱之启示有类似之处）。

勒皮埃克，1943 年 4 月 26 日

    我给 Louis D……的信中说，不论对"每日"本身所作的它有内在价值或无价值（non-valeur）的判断都是没有意义的。

    "每日"本身并不存在。它能或变得平凡无奇而品质降低，或相反被爱吸引而奋发重生。这"每日"是如何而生的？更好地说，它包含些什么？它包含一些功能？任务？我的日子一天一天过去……我也看到，当我感到我的日子像同质的单位、一个接一个地跌入深渊时，失望的情绪向我侵袭而来，给我留下的只是一个我不认识但有限的数字，我尚能应用到我一无所有、山穷水尽之时刻。那时我颇似一个坐吃山空、用尽存款的人。但如果我完成一件作品，不论是哪一类的，就不一样了。然而面对着已完成的作品，我能感到无动于心，甚至几乎有敌意，就像我面对我的后代一样。它能显得与我脱离关系，而对它的遭遇我可以无动于衷。我甚至会想：由于一个视角的幻觉，我对它未来的遭遇略呈关心。

我觉得这个分开的"我"是在自承不是永存的（mortel），就因为它与不是它者分开的方式。它期望的纯粹存在（existence nue）的永存性（perpétuation）无法被想成没有矛盾的。或许有人要回答说：我期望的不只是继续生存，却是继续参与我家庭的或我国家的生活，一直与……保持密切联系。我看不出这个祈向有何荒谬或不敬之处，但似乎这是无法实践的，除非这个组合按着新的模式发生，这个模式我无法十分完美地把它向我自己表达出来，因为它们是无法被还原到**关于……有一个意识**中的。

勒皮埃克，1943 年 4 月 28 日

存在物（existant）的特性是投身（engagé）或加入其中（inséré），这是说进入一个处境或交流中。结果是如果我们宣称要这样做，我们不单从这一个特殊处境，并且从任何一个处境加以抽象，要把它以——如果不是虚构，至少是一个观念——予以取代。

争论外面的世界存在（譬如东西）与否是毫无意义的，如果有人同时要争论"我的存在"对"我"来说的问题，这个"我"不单看到那些东西，还同它们有交流。至于"我的存在"，我能争论吗？我要争论"我的存在"时，我脑中在想什么？

勒皮埃克，1943 年 4 月 30 日

从他者的临在到我自己的通道（filière）：它显得神妙莫测。因为有人把它当作有问题性质的观念去和自我临在于自己的事实对立起来，而后者则被视为坚固的、不变的与件。而要拒绝的就是这个公设。自我临在不是不变数。当我们把它构制成一个理性的概念时，我们就无法认识它的本质了。"我"绝非一成不变地临在于我自己，反之，"我"常常与自己异化、常常偏离中心的。而在异化严重时，我试图去了解自我临在是什么，我无法想象它是什么，也不相信它。就像我不再"领会"（réaliser）"我的自我临在"是什么，更有进之，我无法相信他者对我的临在。说实话，就在我们了解自我临在与创造活动混合时，乃真相大白。我还须立即加上一个补充：创造（créativité）不指生产（productivité），创造不是生产。

这里出现了一个模糊点：在什么意义下，我有把握说是"我"在临在于我自己？以"存有"或"实在"的临在来讲是否

更为可取？事实上，我们应当看到"自我"只能表明一个"不在"，更确切地说，一个"缺乏"；同时，这个缺乏几乎总是要把自己看成是积极的某物；对"自我"的幻觉不是别的东西。但这样只会使怀疑变本加厉。我们不是与拉维尔一起，把存有的临在放在自我意识的根部吗？我相信就在这里我们该恳求每日经验的现象学来协助我们。但这仍讲得不够精细。

或许我应该从批判一个观念出发，这个观念是我们与"他者"的关系而引发的，特别偏爱与不在的、已失去的"他者"。这是我今天早晨写的札记的起点。就在那里，我觉得自己似乎迎受了一道光。

此刻我记起了爱弥儿 M，他在 1940 年 5 月一场战役中丧亡。有人会向我说："他绝不可能临在于你，你保存的只是一小卷有关他的胶卷；一个录像或者录音，你可以使它转动，没有别的了；然而把这卷录像或录音看成是亡者本人，这是毫无意义的事。"对于这种还原，从我内心深处会涌出一股抗议之气。抗议来自我对他的爱，抗议本身即爱。直指"自我性"（Ipséité）之断言必要批判幻觉（simulacre）的观念。我会回答说：真正活过的生命的一部分，决不会跌入纯粹幻觉的境况中去的。或者，这是一样的，那个真实的生命把自己委交给一个模仿自己、毫无生气的东西而隐失。追问这个断言的本质：这是一个挑战。这绝非查验一个事实，相反，是一个希望。查验的本色是使它能合格化，而这种企图在这里是绝无插足余地的。

这些话并不澄清要旨，读者不会满足于"临在是奥秘"的说法。当我宣称："这不单是我携带的爱弥儿的一张像而已，这是他自己"，我究竟要说什么？这幅像只是一个工具（moyen），借着它，一个实体继续与我共融，这是一个在恳祷（invocation）和祭仪（culte）根源处之超越行为。但我应该再进一步用自我临在的解释把它澄清。我觉得再次自我镇定（ressassement）的经验是很管用的。只在某种面目一新及先前的沉睡中，才再次得以临在于我自己。不过，问题还在：用什么权威讲自我临在着的我？是自由的意识。但没有什么可阻止我说：这个自由到头来不是一个恩宠（grâce）。这里有一些只有给予我，或**恩赐**于我的东西，而得到它们的条件不由意志得以指认或再次陈述。说我在追问一个确定性，这种说法似乎准确地表达了我的存在模式，我不只是一个有生命的存有，不只是一个国民，或一个剧作家，却是一个哲学家。反思一下之后，这个公式显得暧昧不清。确定性的特色是可以公开宣称的东西；它并不像是能真正地与把它公之于世的行为分开。但是，说我在寻求一个确定性，能不能简言之，说：我在寻找一些——为翻译某一心态（état），某种在我从事这项研究前或许已是我的一个经验呢？或者这样问——这将是很不同的——我在寻求存有的一种式样，它在把自己让渡给某种借之确定性方得以表达的公式？存有的一种方式或认知的一种方式？如果对我来说为进入一种新的知识有问题的话，我立刻发现我自己处于一种与我要求知道之物的新的关系里去；这种方位的改变主要影响到的是存有的样子。呈现的交替物，说真的并不复杂；它不幸地引人怀疑的是那个我费力地在发展的实在，竟让自己作了一个性格简单的抉择。假定在我的原始经验中有一个根本的不变性（invariance），我们须体认：为了使我要发现的公式有空间，它必须安排起来，必须变得像似可以触摸的东西；它也必须被分配出去，被说出来；不然的话，它不能变成可理解的东西，我能做的只是给它贴上很多意义不明，不能启示它真相的修饰语。在这样的条件下，交替物的第一端非常接近第二端。

此外值得注意的是，如果我的经验能够公式化，也因之而能传达给人，就因如此而改变其本质；真的，我不再会闭锁其中；我不再感受那种把我牵连到某种我无法细诉的苦恼；可以说，它改变情绪的颜色。还有，如果经验意指我当下感到的某种心境，我必须毫不迟疑地说：我在寻找的确定性，不是靠着那种狭窄化的经验。

勒皮埃克，1943 年 5 月 1 日

今天我心情不好：是否因为如此而使我写的最后几页似乎走了样？

然而我不能不问：我在寻找的确定性是针对什么说的？如果你愿意听，我要问的是如何给我的生命找到意义。但我必须加一句：这个意义之真能使我满足，在于我能认出它来时应当满足一个条件：这个意义不是只对我一个人而言的。譬如一个只为表明世界和生命的一般性不协调和荒谬的确定性，我无法满意。然而，这里出现一个难题：如果我寻求真理，而且如果现实界的最后实相恰好是没有什么意义，是否我要被迫满足于这个否定的确定性？或者我是否应该承认我在寻找的不是真理本身，而是一种配合我的真理，一种能刺激我或安慰我的真理？这个肯认（avouer）是否构成一个对我的判决？这是我必须全力以赴地去面对的难题。我必须顺着偏见去挑战我自身的存在，或相反，我应当宣布它。

总而言之，我们要结论式地宣称：不论以什么方式，要做一个为知道生命有否意义之调查，都是荒谬透顶的事。并且原则上可以说，我们每一个人都能为自己找到使自己确信，或使自己加强"生命无意义"的观点的经验陈述。但有一个加强不能省略，这是说，必须要做一个有关的判断。要做这样一个判断，某些东西会来干预，它们是与一个全力以赴地大量收集怨恨和苦难的思想密切相联的。**开释**（*acquittement*），**赦免**（*absolution*）。（1959补注：这里我置放了这两个词，但我不确定我赋予它们的价值无误，我也不确定我是否把它们放对了地方。）

此外，还可以问的是：这个判断是如何可能的，从现实世界的哪一类的结构开始，它能实际运作。

应当更精准地询问何谓"有一个意义"。简言之，是要澄清在我们心中的"迫切需求"（exigence）：譬如我能说，就像我前面说过的，这个需求之能满足，在于我面临一个工作，它使一个生命同时获得自己的表达及证成（justification）？对某种我正在寻找有普遍性关联和绝对意义的企图能否给人一个例子，一个可以使人更易了解的表达吗？接受一个工作足以给予生命一个意义的说法，似乎在说这只是某样更重要得多的东西的象征而已。我得承认我自己对这个论点还不甚清楚。

目前我看到一个困难是这样的：所谓"经验"，我们是否会想它是以一种注定要以不完美及削减过之后的形象才向活过它的我呈现出来？或者相反，这里谈的经验是指人类的普遍经验？然而我觉得当我们一般性地说人类经验时，我们把它的构成经验的因素除掉了。明显的是，经验必须要在独一无二的时空中（*hic et nunc*, here and now），并以不可转让（intransmissibilité）

的格式出现，才能被人体验。无疑的，康德意义下的"经验"
（*Erfahrung*），是在构成的过程中，最后以未完成的面貌登入一个
庞大的目录中，有些像拉鲁斯[①]的月刊一样。但如此这般的"经
验"不只有排除形上学意义之嫌，甚或似乎要把这位那么投入及
躬身其中的人士引进无法再提问题的处境中去。

[①] 拉鲁斯（Pierre Athanase Larouse, 1817—1875），法国百科全书编纂家，书店
和出版社创办人，编纂出版了十五卷的《十九世纪百科大辞典》。——编注

勒皮埃克，1943 年 5 月 2 日

　　昨天的朦胧像乌云般散去，今天我又能清楚地思考了。我清楚地看到，一切均应聚焦在无法怀疑的"存有化"（indubitable existentiel）这个关键点上。我应当注出这个"无法怀疑者"只能有一个可被遮掩的临在特色（我们亦可以以"光"来谈）。这关联到我前天写的自我临在。我的大毛病在于我找到一个核心之后，并不执着于此，却继续随意地寻找些什么。完全肯定的是：在寻找什么……我们不要被一种文法的形式所欺骗：没有人会不为什么，只为寻求而寻求，我们常以一个确定的方式寻求**要吃**的食物或**要用的**工具。说我在寻求一个确定性是不够的。我企图借此确定性要做什么？或许，只是为宣布它。但这还不够；因为我心目中有某个我要向他宣布这项发现的人。那个人会是我自己吗？他是关切这个确定性得到宣布的人。但怎么关切法？是否只是要填满一个空隙？一定不是。在这里是否有必要把权力的概念引申进来？如果我确定这样一个事件会发生，我能随之采取行

动。这个确定性对这个事件来说，赋予我某种能力。我能为之准备或做好预防措施等。一个如此这般的确定性能像占有一个工具那样的被我占有……这也适用到任何允许以问题的确定范畴予以解决的一切事故。但这里，情形不同。有一个难以避免的混淆：我常处于一个危险之中，即混淆在"被占有的确定性"和"存有化式的确定性（certitude existentielle）"二者间具有的本质上的差异，后者才是我在试图予以界定的。"被占有的确定性"本质上是可以让渡和传递的，它并不与得到它的人紧贴在一起。这是一个人借之增知的概念。这只是一个词吗？一个确定性是左右某种内在扩张的东西。这些思考我还不甚清楚。

我们是否应该询问每一个确定性与把它们如此公式化之间的关系，另一方面说明它们与它们涉及的东西之间的关系是怎样的。客观的确定性会使人将人格解体（se dépersonnaliser）；只有当我能说："确实是……"，我才会满足。它涉及一个结构，对之我能不关痛痒地说：这是有关事物的确定性，那是有关概念的确定性。而"存有化式的确定性"与此大不同。这里绝非要架空（évacuer）主体，而是要改变（transmuer）他。这样说很不清楚。应当将它具体化一些，如果必要，应从一个不完美的图像出发，譬如说，涉及我体会到对一个他者感受到的爱的确定性，或这个他者为了我而感受到的。密布的浓雾叫我无法看清某个星座；但这个比喻能够误导人，那是说此处讲的浓雾，由于不停加厚，无疑地能影响到星座的**存在**。

如果我说"存有化式的确定性"与生命的意义有关联，有一个条件不可或缺，即不可以用纯理性的色彩解释"意义"二字。我要用一个可以精确地翻译这类经验的话来说：生命有时传出

169

"空空空空"之回声（creux），有时饱满充实（plein）。

　　我笔录这些话是在一个星期天下午，疲惫不堪之刻，心田干枯不堪，大地荒凉无色。我在濒死之渊。

勒皮埃克，1943 年 5 月 3 日

我觉得我在迷宫中行走。或许我最后写的内容一无可取之处。而 4 月 30 日及 5 月 2 日写的有关确定性的文字或许稍有可用之处。我提出的问题是值得关注的。我在勉力寻找的方程式要为我获得哪一种的满足呢？在公式化假定的我与我自己的关系及我与他者的关系中，没有真正的区别。我试着把为他者勾画的东西用在自己身上，就像医生在自己身上试用要实验的药物。这个比较很恰当。医生无法在其自身进行实验，除非多少也染上了他要治愈的人的毛病。何谓此毛病（mal），我要多一些发挥。

但这位医生能够发现自己厕身于一种使这实验无法进行及一无所获的情境中：同样，我能处于一种使我无法为他者思考的情境中。我尤指我很清楚地感觉到一种内在的不悦情绪（hérissement intérieur）。后者的作用是消除我与我自己的一切交流（communion）和亲密关系（intimité）——但正是此刻，我向我自己开放，不若添加的（par surcroît），而是**实然**的，我得以向他者

171

开放，我得以成为可随时待命的人（disponible）。读者可在这里看到我对确定性的反省和我对临在的反省二者间的联结。

无论如何，我们还得把一直在摸索的确定性的本质加以澄清。从定义出发的话，我看到我无法确切知道我要寻找什么，我无法为它构思一个先天的概念：不然，我的研究会变成没有对象的操劳。要把它缩小一些来思考倒是可能的。我可以从一个非抽象的图像作出发点，譬如"个人的不死性"。我要试着为我自己，也自然地为别人表达它如何能对我们加以思考。在这个研究的底层，有没有一个愿望（voeu）？无疑的，我期望某一个事故发生，我知道我的期望不会使真实世界有无改变，此处也是这样吗？或许一开始我们可以如此这般地想：想我的存有有一个客观的结构，它或许会排除一个个人幸存（survie personnelle）的可能性：我颇愿意能作如此这般的比较，但我的身体是不肯顺从的。反之，我们应否承认这里讲的肯定"不死"的需要，**证实（**atteste**）**了要被肯定之物的真实性？让我们进一步说明：在我起初的思想中，对我个人不死之关心，远不及于对我深爱之人不死之关心。这与我在 4 月 30 日说的有关挑战（défi）的问题有关联。"寻找"这里应用在使计划得以实现的作为。这些思考暗示要攻克一个因素，就像河水对建桥者是必须克服的阻难一样。希望是设计（projection）的原则：它必然是真的……与预测（anticipation）有关的不是事件，而是能被一个真实的反省推敲的东西。预测是反省的超越性的催化剂（aiguillage）。同时我们要戒备预测引发和自己相反的力量：（相反方向的结晶化）。从卡雷纳克（Carennac）回来的路上，我要对上面写的作一些补充：**"临在是主体际性的"**，它不能不把自己诠释成一个"意愿"的表达，它在寻找如何向我表达自己；但这个启示自己假设我在它的路上没有放什么阻碍。简言之，主体没有被看成客体，却若临在的磁场中心。在临在的根源处，有一个在乎我的存有，我把他想成一个肯定我的人。或从定义看，一个客体不会在乎我，我对他谈不上有什么存在关系。

勒皮埃克，1943 年 5 月 4 日

临在是一个主体借之开放自己为欢迎（他者）这样一个召唤的响应。那是说，它是一个把自己给予他者的礼物。只在能把自己给人者，才有临在。

如果我们只说一个主体使另一个主体体认他（的价值），我们或许错失了要点。这样讲不算错，但是不够，因为关键在于率先的问题，率先并非源自率先的主体。有一个在底层的恩宠（grâce）或一些很接近恩宠的东西。

[我们应该探究临在与价值间的关系，这常是不易之举。我相信可以有一种恶性的在（présence maléfique）；我能将那个临在若他者般迎入我内。]

因此我可以完全正确地同 B 说：讲临在于自己没有什么意义。我必须自问一个永久的、不腐朽的临在会是怎样的。

但这一切都应与我在 4 月 30 日有关自我临在的内容对照来看。在我内有主体际性的因素，那是说存在与我自己有亲密关系

的可能性，但对这亲密性来说也有一个缺陷，即这个亲密性可以直掉至"零"以下。我会再次关上我的心门，直到我完全不能与我自己交流，更不用说与他者交流。

如果让内省（introspection）来插一脚，它就会搞混所有的细腻思考；它同我在谈的亲密性完全不同。举例来说，有一个剔透的关于这个或那个出于自尊心而有的意识，与我上面谈的与自己有亲密关系的想法截然不同。

或许从一个更精确的角度看待主体际性比较合适：譬如，我的一个家人正在用餐，我对他的过分细嚼慢咽或贪食的吃相深感不满，心中数落他："他是没完没了的了！"这个"他者"专注于祭他的五脏庙，对我的在场毫不在意。我们是完全分开的两个人。我们之间没有主体际的关系可言。这个他者并不临在于我，他只是一只乌龟，或一个老饕而已。他对我没有兴趣；他让我空待在那边完全无罪恶感；对是否要留给我一些什么吃的，他丝毫不介意！这是一个对昨天我提到的不悦情绪（hérissement）很好的例子；这是我在"我与他者"的演讲中谈及的"里边的我?"（et moi là-dedans?）一个可能会有的联结就此断裂，一方面因为他者太热衷于他的事情而无法理会我，也因为我对他有不悦的情绪，并且纯从外面观察他。这种对峙的情势本来可以稍稍缓和一些，如果他者注意到我已结束用餐很久，而我还在等他，或许他会略表歉意。就在他忽然领会到我的在场时，他对我而言不再是一个纯粹的客体了。我还是需要有他不只是向我说几句礼貌性的客套话的印象而已。我把我给 B 写的"信后语"（P. S.）附在下面。"我无法不强调一个事实：自我临在是个必要的条件，缺了它，价值无法被经验、更无法被体认。这里我必须参用心灵完全

175

枯竭的情景来说明。这些情景与自我被刺伤的意识配合得天衣无缝：体会自己只是一个伤口，一个灼伤，一个绝对无法让别人碰触的疮疤。新约中那句'**不要碰我**'（*noli me tangere*）① 指即使原初的伤痛已平复，但仍能继续作为警戒那样地留在那里。"

我们似乎必须对**意识的不稳定的性格**（*conscience ombrageuse*）作一个研究，它会照亮许多当代的见证。如果我们愈以自我为中心——就像聚焦在一个器官的剧痛，譬如牙痛得难以忍受——价值就愈消失无踪。那是因为追究到底，失望与孤独混为一谈了。没有共融之处，就没有价值。只是这些话能够误导人：一是默观大师（contemplatifs）的孤独，它实际上是共融；还有一种假的共融，它要使人异化。法文中缺乏英文中有的多元表达，如solitary，lonely，forlorn。隔离（isolement）一词很不达意，因它含有某种"怀乡"（nostalgie）心态。而孤独的负面意义恰好相反，它是扎根在拒绝（refus）的基础上的冷落（répulsive）。在上面这些分析下我们可以进一步追问：真理是主观的吗？

真理确是一个价值，所以我们能够爱真理，能为真理受苦或死亡。我们应该对照一种残酷的处境，在那里我们看到真理被践踏着，譬如说，在一个诉讼中，或被一些为了欺骗客户而不讲真话的人作弄——在此我们尽所可能，不管要支付多大的代价，都要给被践踏的真理平反。

---

① 参《圣经·约翰福音》20：17。按记载，耶稣复活后向抹大拉的马里亚显现。后者天未亮时到坟地去，却见坟墓已空，遂在墓外哭泣；天使与她对话，仍不得要领。她转身见到耶稣站在那里，以为是看顾墓园的人，问他把遗体搬到何处？耶稣唤她："马里亚"马利亚就转过来，用希伯来语对他说："拉波尼！"耶稣说："不要摸我，因我还没升上去见我的父。"嘱她向门徒传报喜讯。——编注

很明显，真理绝对不是临在，但我们无法采用这种武断的态度，除非我们与自己或与无数对我们而言也许有老板或朋友关系的人作如此的谈吐。这与喜欢嘲弄人的做法是不同的，后者就像被前述的虚无主义加持而用的夸大口吻一样。

价值有超越性和无条件性：此指价值是设有条件的要求的。价值的特色在于它面对它盖印的生命时采取了某一种功能。这要讲什么？不要被隐喻作弄。奉献（consécration）的概念在这里出现有两种方式：如果我把我的生命奉献给一个价值，这个价值反过来说会使我的生命神圣化。但对这一些反省我还不很清楚。

让我们假设我给我的生命定一个发大财的目标。我原则上可取一种人人都应如此做的想法：或者我尽我所能地把一切强而有力的方法集中在一起为使我有朝一日能享用某些乐趣；或者，即使这些乐趣的性质不甚清楚，在求财的过程中我找到我的乐趣，我的生命在致富的行为中找到了意义。或许有人会认为：把求财生涯看成低于从事艺术或科学的人生，只是一种纯主观的判断。但这个问题问得缺乏周全性：我们可以怀疑某人尽其一生涂脏名画比力求发财更为可取。即使"艺术"一词搬上台面，我们仍不能确定价值之绝对意义在这里，而不在那里。我们也能以谈甜品的方式谈论油画，好像这两种商品一无差别。

只在人们针对着自己的迫切需求（exigence）而有所考虑，价值才会有力地映现。但这尚非一个解决办法：我们试从一个不太成功的艺术家来说，他有一个构想，但无法将它付诸实现；我们只能勉强地从伦理角度看才能对他稍有些肯定。即使如此，人们还是觉得他浪费了自己的潜力，他本来可以在认识自己的才华不足后放弃高攀的妄想：我指放弃对艺术的执着而从事一项较普通的职业。这样一想，如果我对那位自信有能力投身于艺术的先生加以肯定，我是大错特错了。对不合格（faux）的艺术家的思索不值得花太多功夫。价值一词能成为一个我用来掩饰在我眼中的自己而予以肯定的**借口**。这是一种自我陶醉，是一种自我临在的可笑模仿。我注意到自我陶醉与自我怜悯是我常想及但未曾探索其本质的课题，二者实是如出一辙。

我想我们是否常有意图以为已把自己奉献给了价值。无人敢，或应敢而自称："我是献身于真或美的一员"；这些话只该由别人讲，而口气极像葬礼中的颂辞。不论我们投身于哪一种职务，如果这是一种绝无可疑的真实职务，不论我们做得辛苦或悦意，都不会感觉需要如此这般地予以界定。在作证者及哲学反省二者间有不可思议的隔阂。哲学家，此指本真的哲学家及科学家，应该留神不要用像假的艺术家或科学家的口吻发表言论。

勒皮埃克，1943年5月5日

可以非常确切地说，我体认"自我临在"的说法有误导作用。它的本色便是把我们引入歧途。我们应当另找一个名称，我此刻不去寻找它。但有两个词是对立的，此即"忙碌"（œuvrant）和"无所事事"（désœuvré）。洋洋自得（complaisance à soi-même）常与"无所事事"相联。

我必须反省忙碌的意识之可能条件。想象有一个可以作用在某物上、为了形塑它的工具，是完全误导人的想法。忙碌的意识绝不等同于一个工具。它的行动是内在的：我们可用"专心致志"（attention）来加以比较。以"阅读"来说，这是一个我们全神贯注于所读文字的活动，我们可以有不同层次的阅读方式。举例来说，有的读物不错，它可适用于在忙碌与无所事事之间的心态阅读。另一种阅读是为了完全消磨时间，我们可以一边读，一边啃自己的指甲。这里我们对于澄清"认真"与"消遣"之别会非常困难。前者是阅读者全神贯注，后者不同，读者为自己保留一些精力，不是全力以赴地阅读，这是说，他的注意力不完全集中。对幼童来说，游戏不是消遣。我们应该细察何谓：迷恋于……（se passioner pour），热衷于……（être captivé par）之确切意义。这里或许我们遇到了查尔斯·摩根[①] 的"一心一意"（single-mindedness）的说法。

[①] 查尔斯·摩根（Charles Langbridge Morgan, 1894—1958），英国小说家、剧作家、教育家、批评家。——编注

勒皮埃克，1943 年 5 月 6 日

我怕前面所写有许多使人混淆的地方。"认真"的观念非常重要。忙碌的意识对其所做的事很认真，但他未必为之神魂颠倒（se passioner）。我不知道昨天我提到的区分能获得我期待的效果与否。

相反地它能成为一个混淆之源：默观的意识（la conscience contemplative）一定不是无所事事的意识，但我们能把它指称为忙碌的意识吗？这样我们必须要把这个观念加以扩大及赋予它大得多的弹性。

今夜我在思索能不能说价值这个观念，把忙碌的意识转入无所事事的意识的范围，是非常不适当的做法，但我不知道这个意见是否值得保留。

那个区分还是值得保留的，至少就以其投入性及无偿性来讲，但这个对立并无绝对的性格，那边有一个排列，譬如在阅读

方面。如我前面所说，是可以鉴定的。但一旦触及忙碌的意识，那边有更多的东西：有某些内容的变化，我甚至会说：观察已是一种工作。

勒皮埃克，1943 年 5 月 7 日

我走入了一个死胡同，我要回到对父性（paternité）的研究里。

父性是自然次序（l'ordre naturel）中的主要面：但没有什么比思索自然次序更难的事，因为一般来讲，我们的思索就**在此处开始**，这是大家认为理所当然的事。就当此次序被质问时，我们才进入不能不思索自然次序的情景中。并且引发这个反省的动作实出于某种混淆。

上面所述究竟有何意义？我经验到一片混乱，我突然发现自己闯入一个我觉得无法控制的处境，加上这个处境含有一个针对着我而来的呼唤（appel）；但在我自身内没有可以正确地响应它的东西；这好像我缺乏必需的装备一样。在这种状况中，我只能任由自己用一种不协调且无效的手势来表达自己，但我很快放弃这样做，因为我觉得它徒劳无功而且很可笑。我会倒退一步想：事情终会自行解决。但同时召唤的意识驱赶不掉，叫我浑身不自

在；我无法叫我自己相信这一切与我无关。因而我被困扰，对自己不满意。如果我企图把这种状况的责任推给一个外面的力量，一个机遇，一个命运或神，都是徒劳无用的。

但在如此这般的光景中，我至少要对这处境作一番考察，为确定它是否真的是对我而发的一个召唤，是否我有了一个责任，或是否我曾是一个错误的牺牲品。

让我们把这些讨论应用到在稳定地扩大的父性权威的危机上。引发这种危机的原因为数不少。无疑地它配合着某种无政府的个人主义之发展而出，其根基是非常脆弱的。但我认为除非人们从一个更核心的与件开始，否则无法予以解释。这个与件的特点是失去了把父子联结在一起的意识。我们马上看到"联结"一词在这里是不能达意的，甚至不恰当。说实话，问题的关键不是一个"关系"。关系只是一个逻辑的译法，它把原先反抗被概念化的东西无限地予以贫乏化和干涸化。而恰好是在关系的具体的基础上，我们才能进行探究。这就像在有相同背景的个案中，我们只能用同心圆进路的方式及往往借助于到处都在的否定论证，用以获得对"超越者"的理解。

参照具体的处境是绝对必要的。在母子关系中不变性的特色要明显得多。此处身体的角色，大家能刻骨铭心地感受到。虽然不是常态，但会发生一种现象：母亲对自己的婴儿有一种持续的恨意，[①] 或许在某些国家有的特殊的生活条件促成如此这般的怪象

---

① 唐诺·温尼考特（Donald W. Winnicott, 1896—1971），小儿科医师，接触精神分析后深入研究儿童心理学，在幼儿发展理论上的贡献享誉国际，备受推崇，其中最为人所乐道者，有"够好的母亲"（good enough mother）、"过渡性客体"（transitional object）、"真假自我"（true and false self）及"护持的环境"（holding environment）等概念。教授儿童精神医学及从事精神分析临床实务逾（转下页）

出现。

父亲一边的情形大不相同。他面对婴儿的态度并不那么直接地受他身体器官的关系性影响。如果我们从生理层面，而不是某个确定的社会层面来思考，男人不理会性行为的后果，并对之完全不感兴趣，是绝对可能的。如果我们要测量区隔"生育"和"父性"间的深渊，这个观察之重要非同小可。让我们进入一个极端的例子来思考。我们设想有这样一个个案：有个面对他不认识的婴儿的男士，而一连串事故叫后者不能不相信这个孩子是由他而有的，那是说这个孩子是在他几乎不记得的瞬间而有的邂逅的结果。很可能的是随着这个发现，他的想象力开始运作，甚至他的情感也来参与。但也可能发生的是，为了难以启口的动机，这位先生避免这样的活动在他内心运作。潜伏在他意识底层的是一种信念：除非某人真的愿意，不然他不会成为父亲；此外做父亲牵涉责任，如果他尚未准备好承担这个责任，更好的是不要做父亲。

这里我看到的是一个极端的个案，看起来更像是一出通俗剧，而不像一个哲学反省。现在我们谈谈大家经常有的生活经验吧。让我们假设有一对夫妇，他们并不怎么想要小孩，或许由于疏忽，而从未取用避孕的方法。他们有了一个并不想要的小孩，至少父亲这样想，因为这个他未曾想要的小孩的来临会带给他极大的经济上的压力。此外，**他对生命没有信心**，看到这个小家伙

（接上页）四十年。曾担任英国精神分析协会主席、皇家医学会小儿科部门主席，以及英国心理学协会内科部门主席等职务。代表作有：《从小儿科医学迈向精神分析》《孩子、家庭与外在世界》《游戏与现实》等。温尼考特在多年的精神分析与小儿科医生临床实务经验中观察到，母亲在照顾婴儿的过程中，可能产生负面情感甚至是恨意。——译注

可能会遭遇到许多苦难，或有在二十岁时死在战场上的厄运而伤心。让我们设法思考，那个父亲有中等资质，没有不合人道的或不近人情的性格。那么起决定因素的就是这对夫妻间的关系，他们的关系或许是二而一的新的利己之心，就像 1936 年时工人常骑的双人自行车一样。这个婴儿对父亲来说首先是一个麻烦；对母亲来说，小孩会依母亲待他的程度回应，只要她不是一个古怪的女人。当然，如果父亲没有完全丧失同情心，小孩的光临会在他身上引发与他或许会有的厌烦和生气心情相反的正面情绪：如略染温情、好奇、怜悯，甚至自豪的心态。但如果临在感没有大到可以唤醒，即使以回溯（rétroactivement）的方式，在正常的情况下它原应达成的心愿（voeu），我们可以说：为父的心情在他身上还没有滋长出来。

* * *

想到 1940 年年初几个月在梅索尼埃路（rue Meissonnier）度过的可怕日子，我想及我那时有的深切的悲痛，因为看到已经不在的人遗留的对象；他们的本体处境是我们急切想知道的。这种景象使人感觉被遗弃的对象在哭泣，而其悲凉的气氛像传染病那样向幸存的我们弥漫。

在物件中有悲凉的成分（回想一下诗人维吉尔[①]之言），否认它是会犯错的。大家普遍认为是我们把悲凉的情绪放入物内的，但我把临在看成"互为主体性"的观点在此处显得很有启发性。

[①] 维吉尔（Virgil, B. C. 70—B. C. 19），古罗马作家、诗人，人称"罗马的荷马"。著有《牧歌集》《农事诗》，以及史诗《埃涅阿斯纪》三部杰作。——编注

或许这个悲情是为我们而有的，但我们绝不能说它只来自我们：我们的欢乐能因看到一个景致，或一连串事物合成的伤心印象而突然消失无踪；联想派的解释（explication associationniste）在这里是完全不够的。

我还在想所有的不止息地压着我的东西，也想到生命的种种限制（conditions），如果我想得很深，它们不能不显得是难以接受的。生命似乎在要求我们忘掉这些限制。我对这个理念还须作更深入的探索。

让我们思考一个没有留下任何遗物的人，一个为爱德奉献自己的人；修道人的死亡在这里显出他们的不凡价值，由此我们终于了解了身体不腐烂是怎么一回事。

前几天与 A 君从萨哈札克（Sarrazac）回来时，他同我谈了许多有关图像（image）相似偶像（simulacre）的话题；他说："我们不能正面看一幅图像，不能把它像一样东西那样放在自己面前加以注视，这是很自然的道理，因为它会立刻消失，因为它像烟火（artifice）那样使意识自我哄骗。而我们不能同时做欺骗者和被欺骗者。" A 君讲得颇有道理，但并未把问题全然交代清楚。

我不确定图像是否像烟火。请注意它本身是无法传递的，它必须先变成一样东西，然后才能传递给别人。这样一来，它是与孤独联结的，它生自一个孤独的意识。这只是开场白。

然而可以说有一个意义，或我刚才写的一些思想是不正确的。图像是一种使已经不在的东西仍能存留的方式。或许我们可以从鬼屋出发来试着了解它。我要说的是在鬼屋及一个着迷于一幅图像的人之间，或许没有绝对的差异。在这两种情形中我们觉得面对的是一个基本上无法理解的默契（connivence）的处境。但我觉得这样写仍只是在隔靴搔痒。

5 月 3 日的札记因 1942 年 6 月 1 日的札记而明朗化了。为何我们在第一个反应中会认为："相信对亡者的深度怀念能够影响到他"的想法是荒谬的。而此处用**"影响"**不很适当。我应当找个更好的词。不然我们会停留在一种被催眠的状况中，把"他者"想成是一个与我们绝缘的东西，只有借着使用为了解物质世界才适合的科技，如挖掘或剖析，我们才能对之稍有认知。至于对会思考的活人，他不再存在，我对他只有脑海中选择过而存留的印象而已。我有的只是在看这些印象照片时感受到的哀悼及温柔的情绪而已。但，在临在的启迪下，一切都有了新的面貌：去世者的临在不是一个瞬间的临在，不是一个陈列在我眼前的临在，而是一个存有的临在，那是说它意味着从我这一方面的"投入参与"；此指我为了欢迎此存有而愿意开放我自己。然而，到此为止，就在此刻，我思维的线索中断了，我不能不放下，等我再次能联结之刻到来。

可能更有引导作用的做法是询问在什么条件下我们可以思考对亡者能予以互通的作为。我们必须承认不单是，并且最主要的是：他还存在着，——因为我们对之语焉不详——可是我们会越过我意识能领受的与件，并且还紧紧联结在一起。我们应该试着了解这种联结有什么特点，并且为何它不是直截了当地被我体认的。

让我们根据自爱（l'amour de soi）来思考一下父性的特色。有好的与不好的两种自爱。后者比较普遍。自爱不必是自私，因为甚至有一种厌弃自我的利己主义（égoïsme）。

自爱可以是爱一个家庭谱系，而自认是该谱系的过渡及不及格的代表而已。从这个角度看，这里没有复制一个自己的问题，而只是要继续一个跃进（élan）。利己主义则相反，它是绝对地受到限制的：持此主义者无非是一个汲汲营营追求尽可能地获得最大享受、忍受最小痛苦的人。对持这种人生观的人，父性要变成什么呢？但我们不应在贵族谱系的观念上停留太久。我们中每一个，不论他的出生是何等低微，都能意识到自己是一个有无限性格的系列中的一员。个体原子（l'individu-atome）漠视他们，并且不知道自己是被意愿的（voulu）生命。

勒皮埃克，1943 年 5 月 9 日

从生理及心理的观点看，父性只有极薄弱的基础。但从社会学观点看，父性却可以很坚固地建立起来。这里我必须加上一句：社会感不能与某种形上意识截然划分。如果后者的因素不足，父性的经验必自动地退化成一个纯外在的问题。

勒皮埃克，1943 年 5 月 10 日

　　我愿整理一下前几个星期为有关"信仰告白"（profession de foi）的书写，那是让·葛尼耶邀请我在伽利玛出版的一个文集写的文章。[①] 我并不只是就在我正在书写之刻追索一个有关"此时此刻"（hic et nunc）之领悟；这种追索自从我进入某种意识层次到今天一直是如此这般的。我觉得不易清楚地说明为何这个思考能潜入我的思想中。然而我非常明确地记得它在我中年时期所扮演的角色，这是指：并非想及我的死亡，而是一个与我有无限亲切关系之存有的死亡，因为此事影响到我生命的底线。

　　奥菲斯和欧律狄刻的神话一直盘旋在我的心中。问题的焦点对我一直是，并且现在还是，要知道我们如何在（死后）即使只在希望中，**能重新相逢**？这是怎样的一种希望？它如何不只能具体化，并且能证成，能把自己说明白？然而我不能不反省我为

[①]　此书之后出版了，但我把我的一篇文章抽掉了，此文至今未曾出版。

之消耗三分之一世纪而不肯放弃的研究，它究竟是什么？我能否诚实地坦承我知道我在追寻什么。如果我知道，我会不再追寻。如果我不知道，我为何还能继续追寻？这里有一个二律背反（antinomie），它只在某种研究中才出现；如果我寻找一个丢失的东西，我明显地会懂得上述的问题不会被提出。我知道我要找的东西，我能清楚地描写有关它的特征，我很快地可以认出它来。在寻找一样东西之处，或一样与东西可以并列而要我去寻获它的存有身上，二律背反不会发生。我原则上肯定这个存有或这个事物是在某一处，我应该设法找到这个某一处。不过这里有一个微妙的差异我不能忽略掉。能不能说有一样东西存在着，它同我要找的东西那么相似，以致我无法分辨二者？清明的见识要叫我们看到这是同一回事，另一物也很适合被我看成是那个东西。我不确定我会显得如此随和。因为如果我在寻找的某个特殊存在对我有无可取代的价值的话，我会绝不宽容地推开一个可能有等值之物（équivalence）的观念。对于观念的混淆，我难以忍受。我把这种做法看成是出卖（trahison），或亵渎（sacrilège）我们思考着的东西，即是说"自我性"（ipséité）。（如果我们把一个与我有亲密关系的人送我的礼物用来佐证思考，上述的疑窦就会立即云消雾散。）

然而这个想法虽然很重要，却并不直接澄清我以形上学家身份在进行的研究。我关切的不是针对一样东西，或一样我可以把它看成东西来看待的什么。

但有人会问：这个研究是属于发明（invention）的范畴吗？

"发明"的概念并不明晰。它还算适合用在为获得客观上可确定的有具体结果的研究上。艺术家不发明。这使我想起我自己对艺术的尝试，我是指写剧本。发明只是第二个重要步骤，是我要找到能实现某个目的而需要的方法，譬如说，要两个角色相遇，或使两者之一得以学到什么；或相反，对某一实况的无知等等。发明所处的范畴本身不是发明，却是"创造"（création）。但人们还可以追问：这个纯粹创造是否和我现在勉力思考的属于同一个研究范畴？当我创造时，我不能说，亦不**知道**，对我的趋向完全漠然无知。我的创造只能在一个基础上建立起来，这个基础是我有一个要创造的强烈的愿望（désir）。愿望本身无法结出果实，只是一个"**我很愿意……**"。必须有某样**临在**于我的东西：一个人，一个处境，一个关系，这些都绝不可化约为一个抽象的观念。抽象的观念，不论它是多么机巧（ingénieuse），仍是贫瘠的。创造的主要点是萌发（germination）。对我很难的是，对这个原先的胚体（germe）的发展我能知道提供什么资助，及这个问题本身有何意义。事实上我似乎无法把"**我**"联结到在我心中的这个胚体。这套思维的整个过程是随着将要成形的一本书而推进的；重要的是，要写出这本书，它应自成一格，且能使不只是我，也使别人接受。

这种想法在此处行得通吗？我们不要迷路了，对我而言找到一个确定性。或许这个确定性终于能够以书写的面貌公之于世。但重要的，就是这个确定性，它在这里是在一个终点之处，相反，对剧本而言，它应在开始之刻（我应当确知我的角色及其关系网等），就这样，这个确定性已与我前面讲的胚体大有不同了。

但在我们目前进行着的哲学探讨个案中，究竟何谓确定性？我们似乎有必要把"确定性"本身与在"真理"与"一个真理"

间有的"一个确定性"加以区别。但我们正在探讨的是确定性本身。我要如何进行呢？

首先我们要问的是一个特殊的确定性（certitude déterminée）指什么。那是指我们要使用若干试验过的方法，为达到最好的位置，为看到有些什么隐藏着的东西。我们不该被"看"这个词迷糊了，更该知道不要单以词义来理解它。我几乎可确定：当我到了这个位置时，我寻找的东西必会**向我呈现出来**。我感到我必须寻获使我能登上这个最好的位置的步骤，或建立一座我可置身其上的瞭望台。**一个**确定性本质上是携带着某种可以问题化的内容，那是说，它使某些对任何一个在相似处境的人有的问题显现出来：譬如说观察某颗行星有的一个天文学的确定性，在观察它的一个地球居民眼里，会被问这颗行星距离自己多远。

我渴望的**这个**确定性是否呈现这种特征？它似乎是整体性的（globale），但这意味什么？是否在说特殊的确定性与我要的确定性就像硬币和铸锭（lingot）那样，后者是前者的模子那样？不，因为略加反省，就可以看出**这个**确定性与**其他许多**确定性是非同质的。当我问这个确定性**针对什么**时，我无法立即回答。如果，譬如我说我针对的是存有，这个回答会在我思想中唤醒许多疑窦。还有，我甚至无法可以肯定说我能合理地问这样一个问题。因为如此推论到底，确定性似乎与它的对象无法分开了。

然而最初的矛盾在这里又出现了。我如何能找到这个确定性？一个更深的反省应当上场了。

这个我在寻找的确定性，是否只是一个表达的工具？即是说，它使一个在我内心深处某个坚定的信念（assurance）得以向我自己及向别人成为可以传递的东西？或者是否这个内心的坚定观念正是我在追寻的东西？在第二种情况下，我要做的是在面对现实界时我应修正我的态度。在第一种情况时却相反，这种改变不是必须的，甚至可能是做不到的……

考察这个二取一的抉择强制我们能更深入地把握在一个基本的确信和借之它使自己可以知道并证成的行为间有的不同之本质。

再往后推一些，有另一个可能性不应被我忽略。我们能不能同一切**有安慰作用的**（*consolante*）形上学的敌手一起说，我向我自己证明我期望（souhaite）的东西是真有的？此处我们应当对这个基本**意愿**（*voeu* fondamental）的本质及可能条件加以询问：在那个案例中，我们是否在把自己的愿望（désir）的东西看成事实？

愿望的对象外在于我，是我要占有的东西，它能适用到一切模式的"有"。我不应当受骗去估计什么是我有的，什么是我没有的。我还得设法知道我对确定性有的求知渴望（aspiration）能与一个愿望归于同一类。我觉得它更适合归于"希望"之范畴。

勒皮埃克，1943 年 5 月 12 日

当我们对一个研究结果有成见的思想加以非难时，我们假定它应该遵守有关分别存有与非存有的规则保持中立，就像科学家一样。后者从事一个实验时，他被禁止对其实验成果预作猜测。

但我们有充分理由相信这种归类的做法是不合理的，并且对存有及非存有的中立是完全不可能的。这里能否直截了当地说，此处我们必须作个抉择：我们宁可要这一个，不要另一个？这是说：我们不能不投入，我们不能不作抉择？我没有任何理由来否认：在我的研究之内，我常有一个对存有的偏爱。我可能还该说清楚并细述我之所以拒绝别的东西的理由。但我同时要直截了当地反对一种认为我拒绝的东西很可能是真理的观念。我们要注意能让我们估计的是：每一个人都知道在哪些时间点上，他曾倾向于向大家公布**"普遍性的无意义"**（*universel non-sens*）。

如此说来，对原先的关于"确定的存有"之意义的问题应当如何回答呢？而认为这只是为表达大家一直知道的以及它终于

196

找到了一个全新表达方式之想法**同样不对**。更好地说，这个研究
到了这个时刻在假设：非得遵循一个预感（pressentiment）而投
身其内不可。而把这种预感看成是知识的形式之想法对我来说是
完全值得怀疑的。此外，我们无法对知道我们用这个确定性意向
去做什么的问题加以抽象。说知道我们主要要做的是把它宣布
出来是不够的；因为如果我们要宣布它，乃因我们认为这对别人
是很在乎（intéresser）的东西，而这个"在乎"的本质就是我们
要勉力去澄清的。说它将会驱除怀疑或焦虑已够了吗？但这样
一种解释是非常负面的。我们能认为怀疑或焦虑是负面的，或
更确切地说，怀疑介入了我们及我们渴望领悟的一个好东西之
间，关于这个好东西，我们不以视之为"舒松"（repos）来加以
界定。请注意，舒松是个极具歧义的词。在某些个案中，舒松被
视为疲乏及痛苦的中止；在别的个案中，意义更深一些，我们感
到它有疗愈的作用，正因它有如此的功能，我们借之重获自己的
整合（intégrité）。毫无疑问的，我们在这里应当讲的是"真福"
（béatitude）。

勒皮埃克，1943 年 5 月 13 日 [①]

这样一来，是否有危险——在形上学和宗教间发生严重的混淆？我们似乎陷入了一个两难之中：或者是把确定性与宗教意义下的救恩混为一谈，如此一来，形上学就失去了它的独立性，最后也失去整个实存；或者相反，救恩被简化为确定性，而且跌入一种斯宾诺莎或黑格尔式的理性论（intellectualisme）的谷底，他们二人的言说在这方面最为完整。但他们两位是否把人的特殊性随意地不屑一顾呢？

---

① 有关本段日记的概念分析，请参考陆达诚：《存有的光环》，第 29 页，第 33—34 页。陆达诚：《马赛尔》，台北：东大图书股份有限公司 1992 年版，第 291 页，第 296—297 页。——译注

勒皮埃克，1943 年 5 月 14 日

　　我不知道我是否应该取消这类的离题思维。我必须回到"我与确定性"的关系中去，或许更确切地说在"存在"与"确定"的关系中去。无疑地，此处我们应该把"确定性"和"信念"（conviction）对立起来。严格地说，我不在这里为我自己企划一个信念。请注意，信念常随着一个调查（enquête）而出现；在任何调查可能都无法思索的情况下，信念是不会出现的。由于启示（révélation）与调查正巧相反，我在此处不取它的具有宗教特色的意义。

　　然而如果我不设法为自己建构一个信念，我们不就只是像前面说过的那样，我在把我自己局限在整建一套相关的成见里？此处两难论证似乎不可避免地会再次出现。我们无法脱身，除非先进行一个澄清"成见"的观念和"假设"（hypothèse）间之不同的批判。假设我对一个我要去认识的人心存成见，这个偏见或许是我出于矛盾心态，为了制衡听人讲他的八卦而萌生的。这个成

见将显示它的真实性在于它不顺从经验的批判。它有一种使经验削足适履的做法：经验让别人任意地修剪或切割自己。简言之，"成见"本质上是专制的，"假设"原则上不是这样。

但这不正是我被引至面临整体的实在界或这个世界？我不能被指责对所有的可一贯地对"整体"（ensemble）观念非难的思想鼓吹怀疑？"成见"专制地在为预设保留的或属于决定经验的空间中运作。但一旦我们面对超越性，不论它（成见）是如何出现在我们前面的，它都不再会那样嚣张。另一方面，在临在和超越性之间是否有一个紧密的联系？我们能否说临在（或临在之能被体认）只在"不在"（absence）之中或借着"不在"而有，正因如此，超越性的特色就如此这般地显露出来吗？

这样一来，我们或许会说：临在不是当下的（immédiate），但随之而来会有一个这样的结论，如果我们说临在是间接（médiate）的，我们难免会把它想成是一个**推理**（*inférée*）的成果，这样等于主张临在不"自显"（se révèle），所以它不是临在。

基本上我们应该把"**向……自显**"加以反省。或许有人会说只在我自我空虚的情境下，这个显示才能**达成**；这类要求没有必要强加于儿童，他们似乎是一个恩典（grâce）的受益者。

从这个观点来看，我们会试着说：存在对启示（révélation）来说或许是一个阻碍（我更会试着说：只在存在有漏洞的情形下，启示才能发生。但真相是如此的吗?）。因为存在有强烈的不透明性（opacité）。我会说：存在即阻塞（obturer）。还要注意的是：不透明性不会在自我意识面前熔掉。自我中心的意识恰是最高级的不透明性。对什么不透明？还用问吗，当然是对临在不透明。

我所写的并不令我满意。我得加紧一步，为更契合我真要表达的东西。

勒皮埃克，1943 年 5 月 15 日

昨天我写的有欠明确。说存在是阻塞，这样的说法是合法的吗？阻塞什么？为谁阻塞？

勒皮埃克，1943 年 5 月 17 日

　　我觉得遭到阻塞的是流体化（fluidification）的力量及普遍变化（transmutation）的力量。这个阻塞是为谁而产生的呢？

　　但我很清楚地感觉到这个问题问得不够清楚，我们会卷入一个更大的困惑之中。

　　体会自己是存在者（existant），这多少是体会自己是一个囚徒（captif）；我的存在，在此观点下就是我被束缚的整体状况。我被迫承认，真的，在某种意义下，没有这些束缚，我会一无所有，我会失去我的同一性。但从另一个角度看，这个同一性使我厌烦，使我讨厌。当我还想它是我要抛弃的同一性之基础时，有一个我无法完全驱除的矛盾出现了。如此一来，一种对我自己而有的扭曲状况愈形加深加强，而那是我生存条件的主要特色之一。

　　前面写的都不能使我满意，但在 5 月 14 日的日记中有些东西，我愿加以集中地讨论。我在这里看到的是以某种方式我必须

把我自己与之隔开，并使我解脱自己的束缚而终能接近的一切。我为他者（l'autre）变成有"当下"（immédiat）关系者，而他者在这种处境下已不再是一个纯粹的他者。自我与非我的对立荡然无存，或大幅度地减轻。在这种体悟中，读者要设法去了解我说过的在"不在的情况中的临在"（présence dans absence）。为了更好了解前面所说的，我要引用因亲密而导致视而不见的常有经验。我不再真正见到与我同住的人，由于这个共同的生活包含一连串周而复始的动作及响应。结果是：我的家人不再临在于我。我记得在我写的一出叫《别人的心》（Cœur des Autres）的剧本中丹尼向鲁思说：她不是某一个他者。为了我能见到他者，应当有某样东西把他与我隔离，这里是伦理远视的现象。死亡在此处能够扮演的角色是：它使他者后退，使他与我隔离，把他安置在远方，为了我终于能够看到他，为了他能向我自启。但难处对我们来说——临在者乃是有引动之力者。此处问题的关键在于：他者对我是否是一个图像，我固然可以瞻视它，但它如果只是一个图像，它对我不能有任何作为吗？我们是否又跌入数周前我们考虑的同样困难的课题中去呢？

我们真的必须对"行动"这个概念稍加警惕，因为它有含糊的成分。事实上，有一类行动之所以可能，在于有了接触（contact），那是说，在一个我与他者没有相见的层面。我们原则上可说，在此层面，他者（因不在我身边）不能在我身上有何作为。但说除非有接触，不然就无行动，是一种"预期理由"（pétition de principe）。是否更好地设想为：他者在向我自启时，把我多少拖向他；他在我同意下，把我从一个我只把"自己"看成处于别的东西间的"一样东西"的世界中拉拔出来。如果他者已还原成一个偶像，我们很难看出为何它能引发使我上升或使我有所改变的作为。当我说，这只是一个偶像时，我是在用断言判断及宣布——只有存在的"东西"才是真实的；我的亲人与我自己的举止就像"东西"，就在于我们相互调整自己或为个人的好处力求相互利用。

这些思考对我写过的模糊的公式"存在乃阻塞"有无开示可能？不甚清楚地，我觉得我们应当讨论存在的两极性（bi-polarité）。我应该把刚才提及的"存在若东西"（l'existence-chose）和单调无趣（dégradé）日复一日的每天（le quotidien）联系起来。这个联结似乎带来了可以助人理解的开阔空间。

在 14 日和今天，我的思维似乎有了进步。我发现了，也懂了：除非我们活在一个只借自动化（automatisation）才能解脱的有摩擦的世界，否则我们无法获得启示。但我们可以不夸大地说，这就是我们"每日"（courante）生活的写照——或至少每日存在几乎无法避免地倾向在它周围构制一个如此这般的世界——与"乐园"（paradis）相反：此层次的存在之被阻隔的因素，即乐园浸淫（baigne）其中之光明。①

我们能不能说：在我催促自己去看自己并随之要超越我自己、排出我自己，更体认到那个我不断地吸入的因素是一个阻碍时，就是启示的这股力量在作用呢？

---

① 有关本段日记的概念分析，请参考《马赛尔》，第 202—207 页。——译注

勒皮埃克，1943 年 5 月 19 日

我应该重新思考一个概念，根据它，对一个要面对真实而必须先有的中立的本分：因为人们可因这本分之名控告我在作欺骗的勾当。

就在这里，把我从前说过的有关父性的意愿（voeu）作一比较，是颇有启发性的。接受为人之父，是热诚地肯定生命，不是有所保留及估计着经验将会告诉我们这个新生儿会活下去与否。然而我们也有关系，在于我们是否真正关切这个婴儿的存活问题。有人会说，此处问题不是一样的，因为它涉及要求思想去体认那些属于实在界的特色。如此一来，我们在认知的思想及被认知的实在界之间设立一个二元性。我们不能不寻找到在哪个区块（zone）及在何种条件下，这个二元性能确保。举一个典型的例子来看：科学家做实验，把两个物体放在一起，是为了观察它们互动的结果。

我们也可以思考"前判决的中立性"（neutralité préjudicielle），

205

以及为了愿意研究某人的品行而对他有所评价并捍卫的基础公正性。但我们应当注意：不是在这个研究过程中，我们发现或创造借之可以判断他人的品行的价值，这些价值是只能被预设的。

或者我们能设想一个相反的个案。先对某人有绝对的信任，我按其举止建构一套价值系统，事先就宣称他的作为是好的。但重要的是看到，这两种可能性不但是不同的，而且还是不能并存的。从而我们可以得到这个结论：试着把形上学的不可知论者与伦理学的不可知论者搅和在一起，是极荒谬透顶的事。我颇愿能更清楚地表达我的想法。我们姑作一个假定，把我自己置于宇宙前面，或更甚者，虽然看来颇荒谬，试着使它在我面前出现，我要审查询问它的诉讼，那是说，我试着给它作一个判断，分辨它有优势之处究为善或不善；我无法作这个审查询问，除非我自断为具有我可以衡量宇宙的整套范畴：这对叔本华和莱布尼茨来说，是确实无误的。如果相反，我以一种完全信托和崇敬之心把我自己委弃（主动舍弃）于宇宙（或委弃于宇宙体现在其中的最高原理），我能靠着它作出我的判断。但我企图讯问一切价值，**同时**寻求宇宙的实在——此处实在与可理解性之完全意义搅混在一起（se confondant）——简言之，如果，在我宣称我是弱者之时，我同时在宣判这个世界是荒谬的，我停留（m'établis）于一切判断及一切可能思维的这一边，而不存在使我脱离这个无望困境的戏法。这样说还欠缺很多，因为不论哪一种处境，其特色都是可以暴露于外或可以加以界定的，而我在此处的处境无法有此特色，因为没有任何指标，没有任何可以参考的数据。

勒皮埃克，1943 年 5 月 20 日

　　总而言之，我能以世界之名给我自己判罪，或在必要时，以我的要求，此谓按我自己的想法给世界定罪。但同时作这两个宣判，好像什么也不讲一样。更确切地说，我向我自己呈上一个孕育某些价值的人，或至少是一个胸中怀有某些需求的人。我能认出我称之为世界者似乎无法满足我们对正义或真理的要求。由此观点看，我给世界判罪，但同时我不能宣称这些要求毫无意义，而上述两个判决会相互抵消。我无法确定以上所写会把我们引进深入的思考。更好的是，我尝试及界定：与我称之为思想的"前判决的中立性"态度相反的到底是什么。

勒皮埃克，1943 年 5 月 21 日

我觉得我像在荆棘丛生之处闲逛，围着一个本来应当可以直接碰到的证据。一个被瞎的证据就像一座被枯叶遮盖住的井。

勒皮埃克，1943 年 5 月 22 日

回到"前判决的中立性"的概念，我要讲的是这样一个概念，只在排除投身的处境中才成可理解的。我并不认为，姑举婚姻之例来说，在能被理解或证成的婚姻中，配偶双方必须感到自己以某种方式对对方负责，此不只指对对方之幸福而言。把我们与我们应当活在其内的世界联结起来的关系，以某种方式来说，也是婚姻式的。[①]

① 有关本段日记的概念分析，请参考《马赛尔》，第 157—163 页。——译注

勒皮埃克，1943 年 5 月 23 日

回看 5 月 10 日札记的末段，我会说我的探索几乎无法避免地会降低其价值，并译成一套有关贪欲与占有的言语。参考超越者的做法确能起纠正这个走样的图形的功能。这是非常重要的见解。

重读我最后几个星期写的札记，我再一次清楚地看到对自己的临在或与自己的亲密关系是关键问题。[1] 认为无法把这一点看清楚的想法是无法令人接受的。但我确信我尚未达到把它用恰当的词语加以叙述的阶段。

我真的应该从我以前表达过的我为自己构制阴影的概念重新出发思考一些问题：就在那里有我的不透明性。

---

[1] 有关本段日记的概念分析，请参考《马赛尔》，第 135—153 页。——译注

巴黎，1943 年 5 月 31 日

昨天在丰特奈（Fontenay）与让·葛尼耶谈话之后，我要继续写下有关经验的形上意义（teneur）的札记。要注意的是：经验只能被赏识，不能被估价。（这方面它与美学的性质类同；可是后者至少原则上还可与金钱交易挂钩，这与我们目前谈的完全不同。）

一个活出自己经验的人能对自己经验的形上意义鉴识到什么程度？这是非常不容易的事。[1]因为自我鉴赏的行为有可能把它泡沫化，就在于它会将之转变成自负（prétention）；此处一切自负都是空洞的，并且一旦表达，立即会被斥责。

一个活在希望中的生命。但希望也能降级（我要有一个我的**空间**——一个不是平庸的空间）？[2]

一个面向天国（ciel）的生命：就因为自负的虔诚者并不面

---

① 有关本段日记的概念分析，请参考《马赛尔》，第 188—199 页。——译注
② 同上书，第 304—311 页。——译注

向天国，他们把天国看成是一个人人争着去坐第一排的农村剧场。（我们不适合宣称那个门会开到什么程度，因为我们自己都是尘世居民。）

"每日"的囚犯：我们是之，只在如果我们不意识到"是之"的实况下，如果我们很舒服地活在其中，我们还得说相反这种安居（installation）的心态绝非要逃脱"每日"之困局，亦非对之有激忿，而是一种双目望着另一方企图穿过它的能力倾向。但这个另一方是什么呢？这是天国吗？"每日"有一种可能的仪式化（ritualisation），但当后者排列程序不指向超越时，它就会逐渐被淘汰。这种参考绝对不能等同于一种有加色作用的主观心情（disposition subjective）。主观心情，不论存在于何处，常被解释为居住在希望中的灵魂的记号。

有一些不是负担的束缚，但它不干涉生命的某种自由，与可临在的心态（disponibilité）有密切关系。无法临在者是那些没有时间，**忙**得不可开交者……①

我为你希望着，只说你会一直为我临在着是不够的；我不把你同我分开，而为你不存在者也不能为我而存在。共融（agapé）在希望的根源处。② 把天国看成一种状况（état）比把它看成一个地方可能更不真实：但这个对比或许是一个虚构。

---

① 有关本段日记的概念分析，请参考《马赛尔》，第 182—185 页。——译注
② 同上书，第 174—178 页。另外参考《保罗·利科六访马赛尔》，上海人民出版社 2024 年版。——译注

巴黎，1943 年 6 月 1 日

要了解存在的分量是什么，又为何后者（存在）同生命分开后，会与前者（生命）相反。一种防御性的骨架在若干不能或缺的逸乐周围建立起来（绝对不可放弃星期二的桥牌会，或我每周一次的室内音乐会等，建筑在空无之上的桩基）。

要反省一下缺乏桩基的生命是怎样的。

"凝固"（coagulation）是"失去敏感度"（désaffectation）的记号吗？这种敏感度的丧失常与对生命一般性的价值的丧失搭配。这样生命就退化成了存在。

或许我们可以从这里出发去了解何谓价值。我才提及的那种存在趋向建立于低于一切真实价值之处，如果价值是与创造性连在一起的话。

价值可比照"气"和"光"：与"呆滞"及"苍白"全然不同。

"失去敏感度"与在增长中的无法惊讶的情况可以匹配。我应该给大家说明在科技称霸之处，惊讶的能力逐渐减退。[1] 自然可以用一个驯服的野兽来比喻。一切好的东西都行，虽然不考虑它，甚至从某种意义来看是与它相反的。这是从生命里拔除使生命可以活得下去的方法，人们不会再想把一种温馨助援的功能归于它。

"凝固"之外，我必须指出"贪婪"（convoitise）的角色，人们活在赊账中，像被条件绑着那样地活，**等待着什么**。至多人们希望得到他们的机遇。

---

[1] 有关本段日记的概念分析，请参考《马赛尔》，第 126—129 页。——译注

1959 年 1 月 17 日补记

　　重读 1943 年春天及该年暑期的札记，我无法不被其相对的远景吓一跳。前面写的重点都放在存在的凝固性（caractère obturant）一面，而后面一些则在它的变稠（épaississement）及喷涌一面着眼，或用别的话说是一种欢呼（exclamation）。从这个角度来看"存有化"（existentiel）和"存在者"（existant）间的差异是很有趣的。"存在者"的音效是混重的，有一种已被致死的感受。相反，"存有化"的音色充满生气，清晰可闻，相应于"发现"（découverte）的片刻，我们几乎可说，这是存在被触及，且被体会若"你"之片刻。[1]

　　我相信这个说词异常重要，它会允许我们了解后面要谈的反省实际上是前面所谈内容的补充。

---

　　[1]　有关本段日记的概念分析，请参考《马赛尔》，第 126—129 页。——译注

勒皮埃克，1943 年 8 月 2 日

　　"存在者"（existant）对我来说，就像一种在某时段中拒绝消失的东西。这样说，存在者今天它**尚**存在，但有一天它将**不复**存在。这对人类的艺术作品来说是显而易见的。L 先生诞生在其中的房子还存在着或不再存在了。毁损（destruction）显得是一种以某种程度内在于"存在者"之特性。存在之物在我们面前逐渐地消失。

　　此处，"存在者"被看待为"客体"。它是可测定的（repérable），但这个测定是与存在有关，它不界定存在，而存在显得像是一种被忍受或被活过的试验（épreuve）（此处显出其中有一股反抗这个破坏的力量）。这个试验被认为是一种内在斗争（Cutte）的外推，这种斗争在存在的主体（agent）中体现出来（就像这个斗争在物内极低调地进行着一样）。当然，这个或那个自然物（一座山，一块岩石等）并不难与人类的制品作比较。

　　从这个角度看，存在绝不可能与时间脱节。所谓的存在，这

216

是指在时间内继续进行一个没有希望的斗争。此外，传统的在本质和存在间的对立在这里有何进展？这个斗争为了赌注而有使某种形式（forme）保存或消失的作用；当这个形式完全无法识别时，这样东西就不再存在，那是说，在名称及它企图指明的东西间之关联不再获得保证。名称在它指称的东西消失后仍会存留。（但这是只从外面去看及鉴识所认知的：参阅 1943 年 8 月 14 日的记录。）

我们会想：一个"存在者"愈复杂，它就愈经不起打击，更易遭到破坏；相反，它愈简朴，它就愈不易被破坏，因为它的处境**本来**就是要强加于它的破坏性处境；这样它把破坏的因素拒之门外。但这样一个"存在者"存在得像不存在一样。它不披露自己（se signaler）；然而存在即有名可挂，此名使它与其他的东西有所区别。

我在想，在主体本身具有的复杂性有一个什么基础，并且，追问到底，这个主体能否说是毫无含糊地存在着：他者（l'autre）及我存在的问题。我们先暂时不考虑在复杂性内的差异，而问：我们可不可以诉诸另一个涉及我们可称之为隶属于世界之程度的差异？而很可能的是，分析到底时，这两个差异非常靠近，甚至可以重叠。我们姑且说，一个资质聪颖、胸襟宽阔的人士能带给世界巨大的贡献；他隶属于世界的方式要比一个弱智且薄情的人高出无限倍。

"存在"和"隶属于世界"二者之间有什么关联呢？或许此处我们可以试问两个副词（déterminations）"**还**"（encore，still）或"**不再**"（ne plus, no longer）在什么意义下会合法地说成能真实影响存在或存有者。我说：这幅画不再存在，我要说的是：它不再在我们生存的世界中占一席之地。因此我应该放弃看到它的希望，我也必须放弃看到它被陈列在该画家的展览馆内。如果有人给它照了相或复制了一些拷贝，虽然原作已不复存在，我们还能从这些副品中测获一个有关它的概念。或者，如果还有些人在它被毁灭前曾见过它，我们可从他们的描写中多少形成一些它的概念。我们能不能说在这种情况下它还存在着，虽然格局较小。我不这么认为。它不再存在［此处显出存在与自我意识（ipséité）间的共同性］，它存在过。它曾属于这个世界，但已不再是。我们能不能说它仍活着像一个人的遗著一样，像外星人那样的存在于那些曾经见过它或仍记得它的人身上？此处出现了一些难解的问题。这个"它"究竟是什么？我们应该确认这个"它"是一幅画的精粹本质，而这个本质以前是存在的，但当它不复存在时，它只残存在它的欣赏者（amateur）的记忆中吗？破坏的过程只能发生在"存在者"身上，而对本质不起作用。

但有没有一个破坏的第二过程，它攻击这些艺术爱好者的脑细胞，而这些细胞不久以后将不存在（就像照片或拷贝注定有一天会消失不见一样）？

可是我们可以再问：如果我们不随意地抛出一个本质的概念，而把这个本质在渗入某物（incarnation）前已在运作，并在该物被毁后能以某种方式继续用一种不稳定的方式存在着，这些思考是否都只是幻觉使然？我们唯能肯定的是这幅画只在它逐渐被完成时，才有真实的存在；我们只能以一种粗略的、近似的方式声称它是在它完成之前已经存在——同样，那个以前被人观赏过的图像保持的不是这幅画，也不是画的本质，而只是以不完美的方式指涉它而已。

勒皮埃克，1943 年 8 月 3 日

    我觉得此处我必须在"存有"的个案和"东西"的个案间作一分辨，首先考虑的是"存有"的个案。

    一个我为他去世而哭泣的存有，即使从某种意义来说，他不再存在，但他对我仍是存在的——我应当说：**他曾经真正存在过吗？** 那就不能产生他现在不存在的想法。[①] 这样出现了一个难解的矛盾，我们必须对用的词意加以探索。他不再存在，他是不再在此世之人，他不再是这世界的一分子；没有人会再去请教他什么 [然而这乃对一个**"路人甲"**（*on*）而言是真的，但或许对我来说不是如此的：有可能有一个个人的呼吁（appel），一个哀求（imploration）]。**没有人**再在乎他。他是被排除在众人关心的圈子外面的（然而从法律观点看不是如此的，就在于人们还会考虑他的遗嘱，这遗嘱还是存在的，如果它是用书面撰写的话）。

---

    ① 有关本段日记的概念分析，请参考陆达诚：《马赛尔哲学中的死亡和他人之死——兼怀唐君毅先生》，收录于《存有的光环》，第 39—49 页。——译注

如果你们容允我谈谈存在内部的升级问题（promotion），——我们必须先问这样讨论的确切意义是什么——所有的情景都显示这个升级只在借着"（**灵性**）**协议**"（*conspiration*）的支持下才能达成。下面一种想法可谓犯了严重的错误：想象把一种本质移位（transposition）到存在内，而这种移位纯由本质内在的力量之效率而发生作用。我们也应扪心自问："灵性协议"的另一种形式是否被要求为保持那个我们原先以为已离开尘世存在的某人（前面我提到过其间有的矛盾）。

这个原先的灵性协议发生在一个我们还不认识、对他还一无所知的人的周围，然而把对他寄予希望的人的仰慕关切之情集中到他身上。此人的本质就由他唤起的先知性希望所组成。①

我们能否想象曾为大家把"整个的未来"（tout avenir）寄望于他者会否有一天成为"一切都过去了"（tout passé）呢？这种思维有何形上含义呢？这意味着为我或为我们这个存在的形上性格叫我们相信他还存在着，而此刻他那单纯质朴的存在（l'existence pure et simple）已终止了。我说，相信我罢，因为这个存在的本质不是显明的，它是一个秘密，而我们厌恶把这个秘密向一个陌生人公开，换言之，糟蹋它。身为此秘密持有者的我们或许用这个比喻来讲可以把我们的经验传译得清楚一些，譬如说，我清醒地守候在一个熟睡者身边。这等于说，我们希望这个熟睡者会醒过来。守候在一个沉睡者的身边：这意味着沉睡的某人不要受入侵者（intrus）的干扰，使他的睡眠不被中断。但在这里我们应当保全我们爱的人不受什么入侵呢？此处所谓的入侵从各个角度看

①　有关本段日记的概念分析，请参考陆达诚：《从存在到希望》，收录于《存有的光环》，第27—37页。——译注

指"不信实"（infidélité），而"忘了"或"疏忽"，甚至"冒昧"是用得最多的借口。① 我不相信我曾写过能更直接地传达一个如此亲密而经常发生的经验，但这只是一个滥觞而已。

应该指出的是在我们（秘密的持守者）中间有可以发生不同诠释的可能，如我们中的一方在记忆中只看到一个不忠信（infidélité），而另一方却坚持认为是那个"存在者"，即那个真实的"存有"被出卖。诠释的分歧如何能产生？它有什么重要性？

如果上述的情况是可能的话，那是因为我们已经不处在"**存在之为存在**"（*l'existence telle quelle*）的范围内了，在这种情况下，作一个能求证的征询至少原则上常是可以的。我们重取并延伸上面提到过的比喻是可取的。发生的一切就像透过一扇窗帘去看那个入睡者。我们无法确定这个入睡者是否还在呼吸。他已逸出我们的控制范围，他已不可能以任何方式提供给我们信息使我们可以侦察他而能宣告他的实况，或更确当地说，这类掌控（manipulation）只能在逐渐消失的虚拟之物（simulacre）上有其作用（发掘一个尸体）。这个虚拟之物对我们有强制性，除非我们能克服从它流出的纠缠，我们才能持守我们间的秘密，并尊重那个不让自己可以与之分离的誓约。

但是那位满足于尊重一个记忆的人，分析到最后，会向从虚拟之物逸出的恫吓之力（puissance d'intimidation）让步，因为久而久之，他会把那个虚拟之物视为一个正在日益褪色之物，就像我们给放在壁炉上的照片拭去灰尘一样。不过，这只是人们为自己形构的一种自己需要完成及复原的文化本质之不可靠的表

---

① 有关本段日记的概念分析，请参考陆达诚：《生死与价值》，收录于《存有的光环》，第 241—244 页。——译注

象，但同时又感到无法对之加以思索。总之，我们无法在这里只从图像（image）的角度解释一切；即使这个我关切和维护的图像，物质的与否，**是因着我对他的爱使然，那是说，这位我爱的人不应被说成只是一个图像。**[①] 不然，我们将陷入一个荒谬之境。我们的忠信只能在与一个存在有颠扑不破的粘连或贴合的基础上才能建立，而这个存在是绝对不能与图像世界归类的。我们能说的是：一个图像，不论它是多么简陋，对我而言还是必要的，为了我能理会这个粘连或这个贴合。借之它可向我呈示它自己的形态。我们暂时可说，记忆被分成许多图像，以图像的形式切开，但它自己并不因此而成为图像。

这最后的看法不会引起严格的争议。但有一个模糊点还在。这个我继续对他有粘贴关系的存在，是否应当肯定为只是一个**过去的**存在（一个不再存在的继续存在）？但这种讲法含义不明。我们难免要在这里很清楚地分辨一下：

1. 过去作为过去的持续，作为被追念的过去；

2. 借着眷恋一个不可摧残性（indéfectible），我们迎合这些记忆。

如果把这个不可摧残性设想成图像或记忆，那就大错特错了；它是稳如泰山的临在。我爱的人常常在。他在就像我在一样，同我有一样的身份。我之所以存在正因为我与他保持联结

---

① 本段日记可与 1942 年 5 月 19、20、31、6 月 1 日四天的内容相互对照。更详细的说明见马赛尔：《存有奥秘之立场和具体进路》，收录于《存有的光环》，第 290—292 页。——译注

(liaison)；如果这个联结断裂了，我就不复存在。[1] 然而，奇怪的是，并且极不合理的是，这个不可摧残性被记忆遮掩住，甚至被窒息，而取代了图像的记忆就变成了偶像。

从这个角度看，宣称不可摧残性属于过去是毫无意义的，一个如此的隶属会破坏这个不可摧残性。对于有条件的不可摧残性，有些人会说：不，能确定性的与件（ascertainable donnée）只为那些，我不说使它成为相称的，而是从其内心最深处竭力要求之物。

不可摧残性，指在一个彻底的忠信得以保持之处，它是必然在场的；这是说它是一个"**回应**"（réponse）。但同时这个回应不能是自动的，因为如此一来它会使忠信变质，甚至依其本身的原则被摧毁殆尽。这是说，忠信的灵魂应当接受一个"黑夜"（nuit）的考验，他还必须知道由这"黑夜"而来的内在地让自己"被瞎"的考验，这是他不能逃避的一个关卡。这个考验与日复一日的单调每日相联。不可摧残性绝非是一个本质的持久性，或至少它不顺着一个会如此这般的持久性模式而使我们知觉；因为本质之为本质，不论它是那一种，都会无误地给一个顺着某条客观的、可公式化定律的思想呈现出来。而在这里，情况完全不同；关及存有与存有的关系时，上述的境况不会发生。正因如此，我们无法具有获得爱与普遍无私的爱（charité）的技巧。而从主体的角度看，在任何技巧毫无余地之处，一切流弊和赝品就有机可乘。而通过这些大量的错误和变端，我们终能一窥"**不可摧残性**"的间歇地闪烁的火花。我不隐瞒地承认把"间歇性"与"不

---

[1] 有关本段日记的概念分析，请参考陆达诚：《马赛尔哲学中的死亡和他人之死——兼怀唐君毅先生》，收录于《存有的光环》，第 39—49 页。——译注

可摧残性"连在一起有明显的矛盾做法。但就在这似非而是的联结上我们必须予以保留及加以探究。

我们是否应该了解：是"忠信"**产生**（crée）了"不可摧残性"吗？

这里我们必须明确地否定唯心论的解读。忠信的本色不是为了创造什么，但它是为了绝不让步地驱除会遮蔽——什么？——一个图像的云雾吗？绝不：图像以变化多端的方式显示或具体化**"临在"**。那个由于不再能清楚地看到他而为之哀痛的一位亲人，并不因此而少爱他一些。

会不会有人说我在把本体论证拿回来而将它化整为零？另一方面，我采用了支持我的一个点，不是一个观念，但是是一个感性的与件？真相是我的反省运作在一种经验上，对那边的记忆影响到虔敬（piété）的性格；在这个经验的根基处，反省认出一个有不可摧残性的临在，同时它也察觉了这些显示有无法避免的"间歇"（intermittent）性格。

有人问我这类经验依我看来是否有普遍性格？我无法回答这个问题。我能做的只是把我对我的经验反省所得公之于读者。或许我可以补充一下：我发现在我身上还存有"怀疑"（le sceptique）和"不信"（le profane）的余渍，我不能企望可把它们完全克除，我能做的只是震荡一下它们。这可以足够明显地指出我要做的不是一套有关"不死"（immortalité）的严格式的古典证明，甚至没有任何相似的企图。

或许这样做是很有趣的事：回顾昨天对有关客体所写的一段话，譬如说，一幢已不存在的乡下房子。从某个角度看，它可与已成灰烬的尸体作一比较。但把这幢房子看成像一个灵魂那样可以在死后继续存在会有意义吗？我会说，毫无疑问，只要它对某一个"**我们**"组成一个它处于参与（incorporée）其中的中心。它对一种亲密关系（intimité）之构成有过贡献但这个亲密关系反过来把它提升到会朽坏的事物的世界之上，并予以祝圣。但这不等同于说因为如此所以它必有一个本质那样的不变性，反而是一个以某种方式把记忆的脉动按格律朗诵的生命。

基本上，为了解这样一个立场，那就必须要驱除"客体"的概念，它会一直存在着，即使没有人察觉到它。

然而有人会反驳我说：这个不衰（indéfectible）的临在随着一个因之被呼召而出的行动变化。我绝不含糊地回答：不。我们可以说，睡梦中的一个图像与我值勤时看到东西，二者的关系正好相反——而这个临在轮到他被视为若守护者。

通往"我存在"之径。

对"**我是**"之断言，是包含在一个我永远会自问的问题"我是谁？"里。"我是谁"这个"我"自问关于"我"是什么？

但说，我存在，这是说：我是在这个世界上，我属于某一个团体（concert），我与别人有共识（consensus）。别人告诉我说我知道我不是常常存在的。我真的如此知道吗？"知道"在此处有何意义呢？要说明这些事已够模糊，但如果涉及一个无关的将来，那会更模糊、更不确定得多呢。

勒皮埃克，1943 年 8 月 4 日

我愈反省，我就愈觉得这样讲很不真诚：我知道我不曾常存在。这里有且只能有一个"无知"。我不知道是否我参与一个在我诞生前已有的世界，并以什么模式。有一天可能我会偶然地对此问题稍有头绪。当我虔诚地专注于一个至亲的死亡时，我的存有或许间歇地参与这种不衰性。[①] 我的诞生及发生在此前或死后的一切只是一种道听途说的知识而已。如果说我有权宣称这非我家的事，不能说是妄言。

当我说"**我是**"时，我能直接把它译成有关存有的确切性，而几乎立刻可以同样确切地宣称：这里有存有。这里有两个趋向高峰汇合的斜坡。

到这里，我们比较容易了解存在化层次（niveau existentiel）的差异在哪里（这点可以和我讲过的有关人类经验的形上内容

---

① 有关本段日记的概念分析，请参考《马赛尔哲学中的死亡和他人之死——兼怀唐君毅先生》，《存有的光环》，第 39—49 页。——译注

〔teneur〕连通）。或许我们在这里可以用我从前写过的关于"每日"的反省来思考。① 纯粹和简单的"每日"是指某人活在他确切知道他需要的东西可在哪里找到的处境；汤匙和叉子是在这个抽屉里，而为特殊宴会需要标有数字的餐具则在另一个抽屉里。此处显出一种有时可为主宰者，有时可为从属者的经验。但我在思考：一个人因发现什么而感到的狂喜与主从关系完全是不可同日而语的事。

"确定性"很像我可任意使用的资源。但它们在我眼中能贬值，**正因为我对它们有任意使用的能力。**

"不满足"的基本功能。
对闪烁之"无可怀疑者"的笔记

我在这里觉得很有趣的是愿以更深邃的解释来了解存在的确定性有闪烁现象。这个确定性能被日夜必然的更迭事况来象征，因而可以令我们稍稍懂它。我在逐渐了解：即使我体会不到临在，我并不因此而怀疑它的存在，就像被云遮住的太阳并不使人怀疑它一样，因为我们知道为何我们不能整天看到太阳。这与见仁见智的说法**类同**；那是说我了解为何临在按其本质不能常常显示出来，而不能说如果临在不显现，就必是我的过错。真正的实况要复杂得多。也自然的不能有可公式化的客观规则存在着，向我们报告这些更迭，而使我们得以预防。这与临在的主体际性密

---

① 见 1943 年 5 月 17 日的日记内容。——译注

切相关。

有一个不是直接的，但是很重要的问题：我在一个确定的时刻能认出我自己的存在化层次（niveau existential）吗？初闻此问题，我们几乎可以确定地说：我不能。[1]

这个层次应当配合存在的个人断言表达的特色——此断言支持着我在某一时刻有的经验。但这个断言是否依赖我的基本注意力在该时刻聚焦的方式？我们须小心：这里比较重要的或许较少关及客体，对这客体的注意力被集中在一起，使注意的场域依赖的前景得以调度好。我这些反省显得很模糊，应当再予以清楚地说明。以一本书为例，我们必须把此书引发的兴趣加以辨明。（从好奇到爱之不忍释手。）

---

[1] 事实上，不是好像我同时处在若干不同的层次，而我常能从这些层次中分辨：当我处在那一个层次时，我感受到的更是我自己。这里要小心用词。主要的困难是我们很难摆脱"核"的空间联想。

勒皮埃克，1943 年 8 月 5 日

昨天傍晚我在沉思：或许离开了"可全在性"（disponibilité, availability）、透明性（perméabilité）、奉献（consécration）诸概念，我们能更好地了解何谓存在化层次。或许有人会说：那些只有心境的差异而已。但这假定人们用含糊的方式使用心境一词；尤其是思考可全在性时，我们无法取消一个"**参照……**"及一个"**配合……**"的概念。是否应当说存有化层次的不同与"封闭及开放"之差异可以相提并论？我觉得还应更深入地思考，就像我昨天指出的，要反省如何使"**我存在**"之断言得以说清楚讲明白。还要反省：到什么地步我们可以合法地宣称在不同的个案中主体不是同一个。无疑地最好说不是同一个，但它并没有相同的指标。此处还有一个概念需要更精确地加以界定。

说实在，我们最好回到 4、5 月间我写的有关这个差异的初稿。3 月 25 日我写道："对我来说重要的是'无可怀疑者'，当我处于我的某个层次时，它是不能被争议的。如果它绝对不能被争议，那表

示它不重要。"① 对我刚才说的，我可以说得更清楚一些：在生活中有些时刻我在自己的生命中找到一个意义，我似乎甚至能接受最残酷的失意，我甚至能懂得为何它们会发生在我身上。但在另外一些时刻，恰好相反，我无法将我提升到另一个层次，我把自己等同于自生命喷涌而来使我受伤的苦楚和愤怒，我好像受骗于我由想象而建筑的高楼大厦。另一个比喻：有关我对近人、亲人的评估方式；我能感觉自己陷入一种突发的印象：有摩擦、挖苦、激怒的情绪。或者相反，我把这些负面印象排除净尽，而进入一个更宽广和纯净得多的印象，这也是我的一种评估；请参考我去年 3 月 3 日的日记及给贝特鲁（Berteloot）的信，在那里我强调聚焦在自己身上，把自己看成是一个生病的器官的做法；换言之，一种自满或自怜的心情。(请参照梅瑞狄斯②的自我中心主义说)。

然而这里有一个可能有的混淆要指陈一下。有人可能想说，最关键的事是达到客观性。但这个词会误导人。客观地说，我给我的生命一个意义是可怀疑的。我相信我有足够的理由引进"价值"来讨论这一主题。去年 5 月 3 日我的日记的最后一部分显然站得稳，但还不足：太负面。我们必须将存在与价值间的关系作一清理。请注意：价值，或更明显地说"临在"是互为主体性格的。我才读了勒内·勒塞纳③ 写的有关价值的《道德论》(Traité

---

① 3 月 25 日的日记没有类似的字句，但 3 月 26 日的日记有类似的字句："对我举足轻重的却是当我处在我自己的某一境界时，我无法怀疑的东西。"——编注

② 这里提到的应该是英国小说家乔治·梅瑞狄斯（George Meredith, 1828—1909）。其作品中使用的内心独白是后世意识流小说的先导。有诗集：《现代爱情》(*Modern Love*)，小说：《自我中心主义者》(*The Egoist*)。——编注

③ 荷内·勒内·勒塞纳（René Le Senne, 1888—1954），法国唯心主义哲学家和心理学家，曾于索邦大学担任伦理学教授。——编注

de Morale）。其中只一部分叫我满意；他会很成功地申述某样来自我的东西，譬如说一个愿望，与某样来自与人相遇而领受的礼物。这是十分重要的观点，它要把我们从唯心论中最枯燥之处拯救出来。但其价值观并不清楚。我以后要回来讨论在《障碍与价值》（Obstacle et Valeur）中他表达的见解。

翻阅 175 页及后面数页，我觉得里面有些重要的点子，但作者的思想令人雾里看花。在他送我的一本书上他题辞说：**"价值使灵魂得以存在。"**我相信这个格言很美，并且是真的，但也是需要一个更精准表述的方式。我常察觉不易找到有效的立足点。我确信除非同时研究"存在"和"价值"的问题，否则我无法把它们看清楚。

今天试着重温我 8 月 2 日写的日记。应当问的是：我是否可以思考一个"不能摧毁的东西"。提出这个问题的人所关切的对象，限于可定标记的及可以复查的事物，答案必然是否定的。不可摧毁者在此处是没有形式的，我们无法将之与一切可摧毁之物归类。如果无休止的讣闻——我们每一个人在自己短促的岁月中正在编辑的——只是不完美地在说明限制着客体的这个断言，那么没有任何思考余地可让我们说：存在的一切最后注定要消失。如此的话，不论在我们身上有的不死的需求的内在价值是什么，以及它能接受的形上证成是怎样的，我们都应当察觉：如果它试着把自己译成客体世界中的一员，它当下就贬抑自己，并驳倒自己。对这一切，我们明察秋毫，此外我们看不出它能如何避免给自己作这种不稳固的诠释。但从此观点看，"考验"是被撤销了的或会撤销之物，因为随之而来的失败是避免不了的了，除非它还原成一个长期的考验，但这是很荒谬的想法。如果我们不承认

"持续"对事态有关系，我们会对人的生命完全无知。此处我们看到：价值介入了，就像"长度"那样的有独立性。

价值有如存有者的赌注，或更好地说像一个印章。不过我们这样讲会留在一个很模糊的、很肤浅、很模棱两可的名称上。价值是由外而来的吗？肯定不是，它只能不完美地被我们体认。那么它是先被我们体验到的吗？我觉得它只能先种植（être incarnée）于我们的心中，然后才发光发热；这是很重要的看法，因为这样的思考方式把我们立即从心理学的思维模式中解放出来。有人可能还会说：为谁而种植？这样的发问还是可疑的。因为如此的思考会把我们引入一个彻底的二元论中：在种植者与被种植者之间。但观点会大改变，如果原则上我们设定在一个"**我们**"中有某种组合（unité），有一个基本上非孤立的主体，直至"主体际性"的优位的肯定。因为从这个角度而言，我们就避免了设定一个首先纯为种植而来的某样东西，以及另一个处于它外面的主体理会这个种植。这一切可使人明察秋毫，如果他们了解：主体际性实际上是内在于主体自身内，每一个人他自己是一个"**我们**"。除非他是若干，否则他不能成为自己，而价值只在此条件下成为可能的。或许原则上应如此假定：这个内在的主体多元性与外在的主体多元性维持一种最密切但不易探测的关系。我所爱的人们，不只在我身上再现，并且还住在我内，成为我的一部分（单子论有双重的错误：我既非**单独的**，又非**一个**）。

勒皮埃克，1943 年 8 月 6 日

　　毫无疑问的，"**我们**"的内涵远比"**我**"为深厚。无疑，尽管表面并非一定如此，它是更稳定的（请看浪子回头的故事）[①]；而对我而言，重要的是"我们"的不能摧毁性。但这种愿望显得很不合乎理性。如果"我们"可以被一个客观的结构吸收进去的话，还有什么东西比它更脆弱的呢？争吵、各式各样的决裂还不够说明这种实况吗？但如果我们在这里寻找一下这些争吵和决裂是如何形成的，这是很有益的事。它们的发生往往是因为有一个与"我们"相反的"我"在搞怪（兴趣、敏感、成见等）。

　　能不能说：真正的存在化晋级（promotion）常是因为接近了一个"**我们**"，或一个"**我们的**"，条件是这个"我们"变成亲密的原则，且没有强制性。读者会重新看到今天早上我写的有关

---

　　① 参《圣经·路加福音》十五章。——编注

"全在性和全给性"（disponibilité, availability）的片段。明显的，没有比在孤独中祈祷的圣者更接近"我们"；用社会学诠释我上面讲的话会怪诞地扭曲我的思想。

前面讲的话使我们了解为何"持久不灭者"（indéfectible）只能以间歇的方式出现——可能因为这个内在的"我"本身不可避免的也是间歇的。要求它一直在，是企图给予它一种最简陋的客体存在模式。然而一个问题跳出来，它问：这个间歇性能否被我们看成是存在在其顶峰具有的一个特性？

我相信这个问题是出于一个混淆，很类似我在前面驳斥过的问题。存在在其高级的模式中同主体际性分不开，这是说我们不能——我们不能也不应该**愿意**——把我们捧高到主体际关系以上去思考临在：因为实际上我们有可能掉到下面去。我觉得我的思绪今天大有进步。然而我愿意更直接地回答昨天提出的问题，并且把我称之为存有化式的指标方式予以界定。我问我是否存在，意味着我问：是否有某样东西存在着？我能根据一个假设为绝对存在者（天主）问是否我自己是存在的。

但我也能问当我肯定我是存在的或当我问我自己这个问题时，我愿意说什么。

我的存在意识能用这么扩散的方式表示出来，它实比我的存在性，甚至一般意义的（包括植物）存在性少太多了。只有反省能以某种方式修饰这个没有什么而很不明确的状况，因为它是一个纯粹的状况，缺乏作一个断言当有的特性。面对某个被给予或理会的存在时，令我思考是否我的存在属于同一级别，同一范围——是否我存在得比它更多或更少；必然的，这个比较所得的差异来得很迟缓，也绝不可能充分地被接受，因为在我们身上有一样不能在存在与非存在之间接纳的一个中介。如果，举例来说，我意识到我有一个瞬息即逝的性格，因之我就能决定说我存在得比一个能持久存有的存在性少得多吗？未必如此；或许我会说只要我活着，我是绝对存在着的。然而我的存在显得像被某样要摧毁它的东西所侵蚀或啃噬，这无非是说我并非纯粹和简单地存在着。因此我们在这里看到了一个纯粹存在与不纯粹存在间的对立。我们还须知道这个对立是否有一个基础。纯粹的存在不是，也不能成为与件。而不纯粹存在因而也不能成为与件，就像我以前解释过的那样。

我不能不指出来，没有任何理由说一个存在哲学是围绕着"焦虑"而旋转的；我脑海中出现的是探测及寻获（一个国家，一篇乐谱）时的狂喜。这可能是我体验过的最纯粹的喜乐。

很明显的是，一个纯粹存在的概念无法在经验中找到任何保证。还须知道：一个声称可以从"有限存在推论到绝对存在"（像圣托马斯①提倡的）的论证为何是可接受的。但是我们似乎应该比圣托马斯更清楚地体认：当我们谈存在，谈及某个存在者时，我们愿意说什么。今天我觉得我还是被浓厚的雾气包围着，我无法看清楚。

我还要面对第二个问题：存在及隶属于世界，二者间的关系是怎样的？彻底隶属于世界的存有，以某种意义来说，是最脆弱的存有，但也是具有最丰富资源的存有；也许他的脆弱是极有补

---

① 圣托马斯·阿奎纳（St.Thomas Aquinas, 1224—1274），欧洲中世纪经院哲学家和神学家，最重要的著作为《神学大全》，天主教会于 1323 年册封他为圣人，称之为神学之王、天使博士或全能博士，视为史上最伟大的神学家、普世教会的圣师。其思想形式继承亚里士多德，而以基督宗教为内容；以客观性的推理思考，从果到因来证明神的存在。——编注

偿作用的。或许我们可以由此看到：一个存有，他同时忍受无数创伤，但同时，也因这些苦难他具有惊人超量的回复能力。这类双重的性质已经在人身上显示出来，或至少他显出有这类特色的"初稿"。

勒皮埃克，1943 年 8 月 7 日

我不认为我前面写的看法会使读者获益，至少不是直接的。此外我希望读者们决不要重视我关于纯存在和不纯存在的说法；在这里我想象有一个**混合**（*mixis*）二者的可能：把存在转化成**本质性的**特征。8 月 2 日的札记似乎相反，却要保持其旨趣。然而一个难题避免不了。我曾说过，存在是自我显示，这是说：向一个他者自我显示。但我们是否可以说——我想及存在，我会把它想成依赖着那个肯认它的人？但我们首先应该再一次自问：如果我们真的想及存在，这样会将它转变成本质性的特征吗？另一方面，如果我们不这样想它，我们如何能谈它？就在这里我们触及一个难题的焦点，这个疑难我们逃脱不了。我觉得我们应该在我们企图完整地修复的某个原有的经验，以及其已有的愈来愈趋刻板及贬值之表达的模样间，作一个区分。在存在的根基处应该先有一个"我在此时此地"（*eccéité*）的体认："**惊呼**（*l'exclamation*）**可视为存有化体验的灵魂**（*âme* *de l'existentiel*）"；这个观念对婴孩远比对成人的存在感来得贴切。[1] 但这种"我在此时此地"的感觉常被看成是一个"为己存有"（译者按：le pour-soi，萨特术语，指对着客体的某主体）的表达，而后者能几乎完全是一个有眼无珠者。"为己存有"之能被了解，只在它是参与者："所谓存在，乃同在也。"

我参照上面有关"惊呼"的句子，它是有歧义的。我唯一能确切宣称的是：惊呼是，或许我不确当地可称之为"存有判断的灵魂"。我很乐意地说：存在者（l'existant）只是一个**冰冷的惊呼**（*l'exclamatif refoidi*），（或"不存在者"，但在某个个案中，体会到他者之临在带来的丰富感受，而在面对另一个存有时，只有对方不临在的空白感）。有人可能会反对我，说我忽略了"能所相应"中的"所"之一**端**，但它就在惊呼之核心呢！意向性包含了一个"**你也是**"（*toi-aussi*）的断言。这是我前面提到过的"一起参与"（co-participation），我们也可以称之为"互涉"（co-implication）。我相信我在此处参考儿童的行止是很合适的："妈妈，看这只小鸟或这朵小花。"要显示给人、要有一个证人的需求在这里是非常明显的，就像它能给原初的经验更多的分量，更多的**共鸣**。静观者不需要这种来自他者的见证；他在自己身上找到他需要的共鸣。[2]

我觉得我最后写的话有重要的意义，但我此时此刻还无法把它们清理出来。

---

① 有关本段日记的概念，可与形上日记第二本《是与有》第三编《伍斯特论 虔心》对照，参考马赛尔：《是与有》，陆达诚译，上海人民出版社2025年版。相关分析见《马赛尔》，第123—130页。——译注

② 有关本段日记的概念，可与马赛尔有关自我凝敛及第二反省的看法对照，相关分析见《马赛尔》，第188—207页。——译注

如果我没有搞错，我们可以说事物从我们中得到——从我们逐渐地要被经验盖住或阻塞的某个深处——一个我们借之而能宣称它是存在的行为；给它命名的需求是紧密地与这个行为联结在一起的：知道它叫什么。无疑，我们很乐意自己为之取一名，但这个名字会被一种迟疑克胜，除非我们真的知道我们的确"**发现**"了什么，如果这是真的，我愿意说：命名是一种（基督徒）付洗，甚至将以重建。我们一般构思或相信自己构思的一种存在，同这个"**发现的存在**"来比，只是渣滓而已。我们在这里重遇了昨天早晨我所写的关于"探索的狂喜"。[①] 在这种狂喜和随后而来的理解及诠释时有的喜乐间之差异，大到不可想象（就像到一个城市去走一圈而掌握它的地形那样；如此，当我们要给它画一张地图之刻，有某样东西失去了和被破坏了）。

因而存在的本色应是找到自己，启示给自己［辨别（discrimination）一词表达得还不够］。价值依附在揭开自己面纱者的身上；但尽管这**对我**以专属义来说是少之又少，使我觉得有见证的需要，或者也许在某些个案中要保守秘密，但以他者知道这个秘密的存在为条件；这样我就会打扰了他们。下面有不同的个案：我找到了一个我可以直接交流的存有。这样，秘密能够完整地保持着而不会失去它的价值。我寻思着在这种情形中找证人的事，是否取决于为了补足发现者及被发现之物两者间关系之不完美。

从而我要为"它存在吗"这个问题的重要性，在不排除情感

---

① 见 8 月 6 日马赛尔日记："没有任何理由说一个存在哲学是围绕着'焦虑'而旋转的；我脑海中出现的是探测及寻获（一个国家，一篇乐谱）时的狂喜。这可能是我体验过的最纯粹的喜乐。"——译注

及个人因素下，提供一个解释：我要参照一个可能且引人入胜的探索。不存在的东西激不起人任何兴趣，它不会使人的心跳跃。

请密切注意，在发现（découverte）中有一种不是主观的热诚：一样东西给我开显；但这不阻碍傲慢、自大、控制的语气能附带在"给我"一词上。是给我，而不是给你，这样东西开显自己（或许是因着我的坚持不舍、我的勇毅或我的机智：这一切只是促成因素）。

在"发明"（invention）时发生的一切，与"发现"（découverte）南辕北辙，因为后者是在唯心思维的根源处。但从此观之，那些"不再存在者"是那些"不再回应我者"。

能否说：即使是这样被思维的存在，含有一个价值？我无法断定，稍后我再回来讨论。

我愈来愈感到我在此处有了一个"发现"。这里洞若观火的是存在的现象面。主体的心态绝对不能与向他自启的某物区分开来。

有人会说这是一种"存有化的闪烁"（fulguration existentielle）。但会把事相搞复杂的是：我应该与那首先启示自己给我的东西熟悉起来。与一物习惯相处后，使该物具备成为客体应有的价值。自此以后，它就储存到经验的数据库中，直到我觉得有必要把它消除，因为参用它的需要已没有了。但"最初的存有化轰动"（l'éclat existential initial）就在该物被吸收或入库之刻会遭遇褪色的厄运。（我们能说价值还保留在"存有化轰动"得以维持的情况下吗？或它本身就是价值的记号？）

很有趣的是，从这个角度观察得到：一个纯存在（un pur exister）的观念再度取得一个积极的意义，即它是我们无法把它习惯化的东西，它超越一切可能的归类（registration）：我们还应注意，我们常能，唉，用许多非常杰出而富有神学和形上学分量的文字去谈它，毫不注意它们要表达的是什么；因而使我们对自己诠释（création）的细节失去感觉，而不再能对任何东西产生惊讶的反应。[①] 这里有一个单纯的模拟：在一种情况中，我们不再思考，在另一情况中，我们不再看到什么。

现刻我愿把这一切反省与我在 8 月 2 日写的札记直接联系在一起。

我要写的是——我相信我从前也写过——存在的本色是它一开始就被**欢迎**（*salué*），但那个被欢迎的不是存在，而是在**自我启示**的"存在者"（existant）。

---

① 有关本段日记的概念，可与马赛尔《存有奥秘之立场和具体进路》中有关"功能化世界中的人"的看法对照，见《存有的光环》附录一，第 289—294 页。——译注

勒皮埃克，1943 年 8 月 8 日

　　无疑的，或许我应该更清楚地指出：我们在讨论的惊呼（admirative）基本上是赞赏性的，我还要加一句说，那个向我自启，并引发我一阵惊呼的东西常有一个形式（forme），更确切地说，是有一个像烟火中的一束很快消散那样的个人性（individualité）。我现刻看得很不清楚的是，在这一切思考和我从前所写的有关抵抗破坏作用的存在间的关系。这个抵抗力对存在本身或对存在者而言，是与生俱来的吗？

勒皮埃克，1943 年 8 月 9 日

我想：我给让·葛尼耶提供之数据是否可取名为《不死的存有化草案》(*Les Prémices existentielles de l'Immortalité*)，而我目前写的反省都是该文的准备。

我认为：我应该集中我的反省，在一个凭借我肯定我曾认识或爱过的一个存有的行为上。此处涉及的是对曾与我的生命亲密相处过的那份情感，这一位存有不再在这里，但他同我的关系还是鲜活的。怎么说呢？这临在是什么呢？

他不再在，那是说"他不再属于这个世界"，至多我能知道的是他的遗体在那里，但这份信息，不论我有与否，对我来说与有关对象之主要特色完全是无关紧要的，那是说无关系的 (irrelevant)。我们应否说：在这些情况下，留在我身上的只是一个已消失的显现之记忆？与这个可以弃之如敝屣，或像一个我在货物室音乐磁带架上找到的还在我脑中回旋的老调。我能不能想：就像这个音调在我身上余音袅袅，他的显现还在缠绕我？

243

极为重要的一点是，一方面这个比对是**可行的**，但同时我内心的虔敬心（piété）却取否定的立场。有关这种虔敬心，我现在要予以界定，或至少要作一番分辨。从客观的角度看，它像一个保护层，加在它自己无法改变的一个实际的处境之上。但恰好是这个客观评估的有效性，正是我们要控制住的东西。以某种方式，我在出卖不在场的那位的意识，这是从哪里来的呢，譬如我说误解了一次不临在或疏远，而作如是判断吗？我记得雷蒙·萨伏依艾尔（Raymond Chavière）① 在《照明灯》（*Le Fanal*）一剧中说："我有时觉得死亡就像无药可救的衰竭。"这种衰竭究竟指什么？被破坏的是什么？这不可能是出自他者的一个默契（ordre），因为这位他者已被假设为不再存在，并且这个默契不是纯粹地从我发出的，因为"神圣"不为人懂，但很可说是一个发自**"我们"**而仍幸存在我身上的默契。有人甚至可能说：我的一部分以某种方式被影响（affectée）或奉献给那个不再存在的存有；就是这个被影响的我，在反抗那个有"亵渎"（sacrilège）性的因素。此处我应当直接引用我在 8 月 3 日记录的反省。但我觉得我还须更深入地思索一下。在书写上面数段文字后，我立刻感到一种难以承受的疲劳及空洞。在这个没有止境的，常重启的探索中我有着**怎样一种"奢望"**（prétention）！为何不承认这个我还在体验中的临在，只是一种仅在我的虚构中，实际上是已完成和已结束的经验的延长？在虚构或无法实证的世界中，二者不是大同小异吗？在《打破偶像者》（*l'Iconoclaste*）一剧中我已彻底交代了我要说的一切。我没有更多的话要说。

---

① 马赛尔剧本《照明灯》中的角色。——编注

我有在飘荡（déréliction）的感觉。如此说，我怎么还能谈一个永存之物（indéfectible）呢？当然，在讲"时隐时显"（éclipse）的现象时，这恰好是我想讲的要点。但在这时隐时显的过程中，我如何仍觉得有肯定此物的需要和权利？

"奢望"这个词是主要的。就在**我坚定地如此思考**时，我好像把我自己暴露在一个我逃不了的公正的惩罚中，而后被引入一个绝对的气馁的境况里。它还是**公正**的，我会说，但愿如此。然而在这些情况下，如何还敢思考？总之，真是我在思考，是我在反省吗？

勒皮埃克，1943 年 8 月 10 日

我回到 8 月 2 日我的札记，写得更精确一些：如果我考虑"词"的真正用途，我注意到只当我说这样东西或这一个人还"存在"着或不再"存在"，或"存在"指有一个价值时，重音（accent）是放在"存在"这个词上。这个词的强调会消失或大量减弱，就当我说：有一个国家存在着，或有一些人为了……存在着。存在只在前两个例子中才等同于真的显示自己。存在必然不是指施放火花。但在此处讲存在化的辉煌（éclat existentiel）是合法的，这是我讲过的。这些火花在被质问时会熄灭。

我们也注意到，用到"存在"这个字时，有重音不同的相似情况。它能纯粹地意指生命的样子：一个充实的存在。当人们相反地说：**这不是一个活在如此生活条件的存在**，这里对存在的说法包含着某种价值的含义。

在最狭义的哲学层面，询问外面世界的存在，这是问是否有一个存在本身的问题；或许我们可以更确切说：一个"存在为

己"（existence pour soi），而不只是一个为"观者我"观察到的景象（spectacle）。可以确定的是景象就在于它是景象，有一个存在，但这个存在显得不稳定，并且是引申而得的。问下面一个问题可能没有意义：是否我们必须先有一个关于我们自己或上帝的存在性保证。因为事实上是自判最缺乏此类保证的意识，才会提出这样的问题。我觉得必须聚焦在我写过关于"奢望"，关于"**我不客气地说要去建立的东西**"。为何这个奢望一碰到存在就变得那么嚣张？当它的关注点只涉及某个顺序或某个客观的定位时。（我负责把您带到该处，在必要时另一人也可以把您带到那里。）

是否"存有化"在它的充足的意义中，真的只向主体启示自己？它是否可与"无法证明的"（l'invérifiable）混为一谈？我上面提及的间歇性在这里有解释的作用。一个启示不会随人的意志重现。在每一个领域都是如此：在重听一首叫我刻骨铭心的乐曲时，我全无把握我会再次大受震撼与否。

如果我们要作一个结论说，那会是我的一个荒谬的做法：宣称自己是一个神恩（don），一个圣宠（grâce）的受益人。但是存在如果就像我理解的那样，现在的反省是可以成立的。（请参阅 8 月 7 日的日记）。

勒皮埃克，1943 年 8 月 11 日

或许这里很适合强调存在与神恩的关联。一切存在或许以其词义的本色，我们不说它是一个与件（donnée），而说是一个赠品（offerte）。（平庸的表达：向我呈现的景象。）此处我们找到数天前我提及的在创建（construction）和发明（invention）两个观点之间的对比。这种说法在此处带来的困扰是：一件是指向一位特定人士，而此处提到的赠品是给非特定的人的（为某位知道如何可借之得益者的礼物）。

勒皮埃克，1943 年 8 月 13 日

昨天我没有写什么。今天早晨我想作一个分类：存在的问题在下面五类中有不同的意义：

事物、存有、价值、世界、上帝。

对于事物，它引发的问题最少。因为我们无法认真地怀疑它们的存在。但也针对它们，我们知道最少关于它们的存在。它们的存在向我们呈现：但这只是其景象的存在吗？不，因为它们对我们有抗拒性。

对存有本身来说，其内在性只能被人认知和爱戴；因为若是主子，应被别人服从，若为工具，则被应用而有，严格地说不能称为存有。

此外，与那些用模拟诉诸理性为解释对他者（autrui）的存在之信任相反，我应当说，除非我对他者的真实性有所认识，否则

我无法建构自己若有内在性者。

事物的存在既然被公认为不可反驳的真，甚至是存在的模型，那么我们怎么谈"诸有"（êtres）的存在呢？一方面，我可取类似否定的立场，另一方面，我可以用这个否定来铺张一个唯心论诡辩的资源。这对有关上帝的种种更是真实。我可以取无神论立场，此刻我想到的是《漂亮朋友》（*Bel-Ami*）中的英雄[1]，我最近在重读该书，无人会设想有比他更彻底的无神论者，不论书内人物持哪种意见，人们常有从理论角度辨明这个实践性的无神论的可能性。

---

[1] 莫泊桑（Guy de Maupassant, 1850—1893）的长篇小说，中译名《漂亮朋友》或《俊友》。——编注

勒皮埃克，1943 年 8 月 14 日

今天早晨我在想：祭祀对那个身处此活动来观察的人来说，似乎必须是被简化为保存或复兴一些印象而作的活动，简言之，只是一个纪念性的活动而已。（与亡者）共融对无此体验的人而言，只是一个彻底无法理解的说词而已。

我想：在个人性的**存在**（l'*exister* personnel）与非个人性的**存在**间之区别，能否给我们提供一个比较清楚而有用的出发点。"它存在"关及某样我们要为它界定或提出界定方向的东西：一个国家存在在那里……着重点不是放在它的独特性上，而恰好相反。另一方面，有个人性的存在包含自我性（ipséité），参照着活过的实在，这包含两端："尚"（encore）及"不再"（ne plus）。一道光"尚"亮着，或相反，它"已"熄灭。由是观之，我似乎实际上只允许我能说此物尚存在或此物不再存在的东西存在：这会把价值及数学的本质全然排斥掉。我与来自拉罗什（la Roche）的 J 有个约会，我给他看我写的关于"永存者"（l'indéfectible）的札记。

她认为我写得不错，但我迟疑着。难道不是因为我们偏爱记忆而还保持着那些图像吗？然而我觉得我们只在给记忆一个本体性的价值时，才能如此肯定；这样一来，大家与我的立场完全衔接起来。在"追念"（commémoration）的根基处，有一个在大部分时间无法予以联结的（s'articuler）断言，如果这个追念是指向一些不确定的人物，如"在大战中的亡者"，其不可联结性就变得更大。① 比如这种情形在一个像我们住的小村庄，村民都互相认识，要记得其中几个人就毫无困难了。

令人称奇的是：有人那么轻易地承认对亡者的祭祀只是一种记忆的仪式，或你愿意如此想的话，为**"不再存在者"**（*n'existant plus*）作个标签（application），这是说，如果该人不同意我称之为"不存在者"的见解的话。

---

① 有关本段日记的概念分析，可参考《马赛尔哲学中的死亡和他人之死——兼怀唐君毅先生》，收录于《存有的光环》，第 39—49 页。——译注

勒皮埃克，1943 年 8 月 15 日

我觉得我有关追思亡者的形上学基础的文字写得很不贴切，中气也不足。

现刻我注意到对我从前认识而不再在世的一位，我想到这些人时，不能不有一股情绪被唤醒，就像一条条汇合并流向处于中心的蓄水池的沟渠；我也会询问这个情绪是否使我想起已悠然而过的我的大半生。我会发现我习惯有的，但同时叫我生疑的自怜（attendrissement sur soi）。然而，坦诚地说，这会使我感受到的情绪走样。他者的又在与又不在（presénce-absence）似乎在我身上开了一个流血的伤口：为何好像我那已流失的生命一再地伪装着（camoufierait-elle）来纠缠我？……

不，不，我可以确定地说，刚才我写的并不符合实况。我无法忍受的是把 E 及许多别的人当作生命的叛徒。我要问：被控诉为生命叛徒的意义是什么。我没有权力肯定它不是及它不能是：但我如何有此权力？它的基础是什么？这是一直在我心中纠缠不

253

息的重要问题。

刚才在去车站的路上，我在想：他们的在场或许会协助我们去记得他们，并在另一光明中看到他们。[1]

我也想：在我们的时代，人们习于活在形而上之不正义称霸的时代，一个人们真会被人贬为叛徒的时代，而把这种假设的不正义化入他们的生命之中。

---

[1] 有关本段日记的概念分析，可参考《马赛尔》，第 251—260 页。——译注

勒皮埃克，1943 年 8 月 16 日

如果我能确定他们是在平安和光明中，我不说我的乡愁会消失，但它会失去"消耗"（consumant）的特色。

被人认为是叛徒，这意谓什么？这里有一些被泛泛（diffus）的希望吸引而活着之意；我们难以想象他们只是被牵引到一个他们生前惧怕去的地方。真的，"**被牵引**"。这个词实际上究竟有什么意义？我们只能想象在有一个意愿或有一个近乎意愿的力量之处才能赋予它一个意义。但我们是否应该，或我们是否有权利去想要形成一个个体生命的结构的事件的后续，是被某人或某物所意愿的吗？

我应该继续思考的路是分辨若干个案。如果我应当想我自己是被意愿的，就像我被一股精神力量召唤而活的话，我能相信发生在我身上的事本身也是被意愿的吗？是否也有可能我之所以在这里只出于偶然？这是一个会引爆很多别的问题的问题，它与个体化的问题和其基础是有联系的。

勒皮埃克，1943 年 8 月 19 日

在什么条件下我可考虑自己是被意愿的？小说中的一个角色能够自认为曾被想象过他的小说家所意愿吗？这个问题是荒谬的，这样的问题无法向我询问，除非我自己是另外一样东西及多于一个角色者。小说中的某角色是为己（pour soi）的，但这是一个"表象的为己"（pour soi représenté），如果可以这样说，是一个"为他者的为己"（pour soi pour autrui）。它不能脱离把它封闭在内的视野体系，除非它否认自己是一个角色而转变或被吸入小说家的生命中去，就像当代某些作品如：《伪币制造者》（les Faux Monnayeurs），《对位法》（Contrepoint）那样。

勒皮埃克，1943 年 8 月 20 日

我觉得非常清楚的一点是：当我说"我"是被天主所意愿的之时，我不知道这个**"我"**（ce me）意指什么，是指**"此时此地"**（*Hic et nunc*）的"吾是"吗？但这个"我"一无独立的存在，或是它指我应当成为的那一个吗？此处**"应当"**一词意指什么？是否指一个我应当所是的"我"？或一个我注定要成为的人？这种无法确定的反应（indétermination）足够使上述的模糊问题得到些许理解。

今夜，我与 J……有了一个冗长的形上学和神学的谈话。我的脑海混沌一片！原有的确定性云消雾散！此刻，大批的难题同时出现，我的思想不再清明。我非回到不朽／永恒的问题（immortalité-éternité）不可。虽然拉贝托尼埃神父 [1] 完全配合一个传统，对我来说，既模糊且意义不明确。他太怕自己显得要证成布朗希维克的批评和讽刺。

---

[1] 拉贝托尼埃（Lucien Laberthonnière, 1860—1932），法国教会社会思想家，天主教司铎。思想跟随布洛岱尔（Blondel），趋向现代主义，而发展较为实用的牧灵伦理神学思想。——编注

勒皮埃克，1943 年 8 月 22 日

艾提安·伯尔纳①要我寄给他有关"恶"的札记。看来我必须回到 1942 年 6 月 26 日②提出过的问题：我们实际上在期望什么，并且原则上我们从"恶"的哲学理论中期望得到什么？能否对"恶"有一个清楚明白的解释？这里我们要探讨的是在现实生活中的"恶"的临在？只在把"恶"看成同化入一个功能的缺陷时，我们才能稍稍理解它。③

可分两点来谈：

第一，或者是关及事物本身的功能。

---

① 艾提安·伯尔纳（Etienne Borne, 1907—1993），法国哲学家，亨利四世中学哲学教师。——编注

② 本册日记并无 1942 年 6 月 26 日内容，该年 6 月仅有一日记录，其后接续者为 1943 年 1 月 23 日以下记录。——译注

③ 马赛尔关于"恶"的思考，可参见其《存有奥秘之立场和具体进路》"步入正题谈奥秘"之内容，收录于《存有的光环》，第 299—302 页。——译注

第二，或者是关及思考事物之思想的功能；思想本身颇同视觉或听觉类似，一个感觉有故障时，一定可以查出底细，但不一定可以把它治愈。一个眼科医生能同一个病人说：你的视力弱化了，因为视网膜出了毛病；他不保证他有治愈这个视网膜的能力。

上述两点很重要，至少对第一次看到的人：在第一类的情形中，我在现有结构的世界中发现一个缺点，或一个扰乱因素；在第二类的情况中，我说：如此这般的世界不能招致任何责备，但若它处于一个知识的客体的位置上时，情况就变了。**请密切注意**，此处的知识相似于一个与它注意的景象（spectacle）不同的工具。但我们要知道的是以这种方式看待知识是否毫无意义。实际上，两者取其一：或者我把世界看成一个景象（spectacle），这样，善与恶的问题毫无疑问地不能再被提出；对一个纯粹的观察者，假定这些话有一个意义的话，善与恶都不见了；或者，我把世界看成大于一个纯粹的景象，这样，景象及观察者之区别亦因世界本身的变化而随之改变。如果我不以一个在观察景象的人的方式站在世界之前，那是因为我多多少少参与世界中去了；这也是因为每一个在我身上的缺点多多少少也是世界本身的缺点。结果是第二类的个案实际上被还原到第二类的个案；然而我们应该知道，在这样的情景中是否还有未彻底解释此语的问题。一个要作解释的思想，不能被认为是它没有想要解释的缺陷的。这是以某个它察觉到并与之同化的规格（ordre）之名，它才能思考混乱，并体认它的实质是什么。这些思考在病原学（nosologique）的范围中是显而易见的。恶能与一个真实的疾病作比较吗？这个可能性假设思想先能察觉（concevoir）到有一个健康的世界。但这样讲还嫌太少了一些，"察觉"一词很可能会误导我们。病原学种类虽多，但都出自对一个健康的有机体而有的经验。想象在我们的个案中有一相似的经验是荒谬的。此处专有的心情是强烈的向往（aspiration），存在性的迫切需求（exigence），对这些渴望，我们一无把握能确实地得到满足，对它们的对象亦茫然无知。换言之，针对一个他应是或会是的存有，我们提出一个实际的他与他对立。但这个对立只在针对意识时才会明确起来。我知道（或我感到）我必须如此这般地进行，但我无法阻止自己完全不如此地进行。在这个运气不错的个案中，"解释"能以上面细述过的方式来介入吗？我很怀疑。但我应该更深入地加以思索。分析到底，关键点不在于我做什么，而在于我是什么。当我想"我不应如此做"，是否我心中在说"我应当与'我是'不一样地'是'"。但这样讲有意义吗？或许有，如果我用一个模糊的方式强调在我内心深处我同我外表显示的我是不同的。这样，这个"我之当是"伏在一个"我是"之上。不然，我们停留在不真实的世界中，或许只是在玩语言游戏。对这些观念，我还得深思一番呢。

勒皮埃克，1943 年 8 月 23 日

　　昨天我脑海中出现了一个思想，虽然它可能不会常留，但我愿意试着把它说明。"恶"或许不能在世界任何地方找到一个"**处所**"(*Ground*)，即可为大众活动或游戏的地方，或者说，一个客观思想的地区。其结果是世界上的一切病原学都是荒谬的。它只能在一个主体是主体，在我的世界之为我的世界的远景中才会显示出来；更确切地说，"恶"会常常像似从身为主体的我的观点看有人给我挥的一拳，好像加诸吾身的一个损伤 (lésion)。这并不意味它是一个空想 (idéalité)，因为这是可能发生的：这个远景比一个非个体化及已被非个体化的思想 (une pensée dépersonnalisante et dépersonnalisée) 还真实一些。

　　上面写的我不甚满意，我尚不能清楚看到其中是否有一个矛盾、一个陈腔滥调或一段无聊的话。我应当在陈述时取用这个或那个不道德、这个或那个残酷行为作为例子，而我本身并非这些行为的牺牲品，但我的反应不会像我自己忍受了恶的那么强烈。

确然，我肯定此处的恶的"存在"，是最狭义的恶。留下要考察的是这个真正的恶可否与不良教育、可与一个结构性或可窥察及可定位的恶加以比较。我无法再次把握我昨夜有的洞察。我应当追溯到它初现时的样子①，所以我应当回溯，要细察昨天最后写的一些话，但它们对我现在显得同样可疑。

如果说"我应当改变我的做法"，那是说"我应该成为不是我现在的自己"。这是我昨天写的，我觉得写得不离谱。但接下来的却是可疑的。说"我应该成为不是我现在的自己"有何意义呢？很明显的可以说这样的说法只在极狭窄的区块中有意义。说"我应当成为一个女孩"是颇荒谬的——即使我确信这会给我的家庭带来幸福——或我应该成为聪明绝顶的人，等等。总而言之，在我的本性中我有一个底线，它限制着我。就以我现在的样子来看，譬如说我有某些知性天赋，我就应当成为一个做事的人。但这是否等于说"我应当有不同的做法"？或许不是。这是指：有如此这般的才能，我似乎不缺另一个素质，但那另一个素质我确然缺乏，就像我没有那个天赋一样。而在此处，在这个关节点上，责任上场了，但同时我常有办法否认它，把这个缺乏的素质说成是上天没有把它赐给我。但就这样，当我在把其实质是一个拒绝的东西看成对拒绝的评价时，我在扭曲事实。

我们现在应当察看上面的见解应用在"恶"的哲学上能有什么后果。我对自己不工作如此辩解说：我太忙，或天气太

---

① 我只想简单地说：任何诠释性的理论都是按照一个它恶不再会被体认为恶的背景下发展出来的。结果是它使它的对象在它开显时消失。诠释思想（pensée explicative）由于它的本质有"去个体化"的特色，无法响应一个与它没有类似点的经验。

好，等等。但我提供这些动机是为了使我免去作一个意志的抉择
（vouloir）。解释显得好似意志的托辞。这里有一个我在上面的脚
注中批判的误会。我只在放弃解释和吹嘘的情况下，才能意识到
在我身上的恶。这种判断是否亦适用在我身外之恶呢？但我们一
开始就问"定位"（localisation）在此处是否适用？有人告诉我在
几千公里外某处发生一件暴行。我毫不迟疑地会同诉说此事的人
一样宣称行暴者是这件恶事的凶手。但我是谁，给人贴这样的标
签。我的判断只在针对行动（acte）本身，有一些正当性；但判
断的作者只在指向一个完全及被激发的无意中才有其正当性。这
里定位与归咎（imputation）重叠并混淆不分。

　　把昨天写的略予补充。很明显的是这样一个特殊的恶能
够提供一个解释并能看成与一种不良相似的运转。这是我昨天
提到的关于恶在其整体性的看法。此外，从解释的这一边看，
当我们把恶说成有内在一致性的原则时，我们已经进入操纵
（manipulation）的企图中去了。

勒皮埃克，1943 年 8 月 25 日

我要完整地书写昨天我记录过的思想。有人告诉我有一个才华洋溢，家人疼爱的年轻人过早地病逝。如果我对这个恶不勉强自己对它抛出一些励志性的老套话，我得承认他的死亡是个恶，大家对之无法释怀（frustrés）。这个事故以它本身而论，在我今日称之为固着化（facticité）的情况中，有可解释之处：一个或许我们可以检查其原因的疾病。一个可解释者在此处同时夹带着不可解释者。"不可解释者"在此指现实界夹带一个决定论的可能，它的专业是使价值受损。（我在这里用叫我颇不满意的语言。）我能解释在现实界有的这个瑕疵，而借着它一个如此这般的决定论会乘虚而入吗？我能把它比拟成机器内一个结构上的瑕疵吗？我还得思考下去。我能设想有一个可与完全正常运作的机器作比较的完整的世界吗？我注意到：在机器的个案中，须分两种情形来谈：一种是如此这般的样品，同另一种较好的比较之下，它是有缺陷的；另一种是不作比较而它本身就有缺陷的。毫无疑问的，

我们必把第一种放到一边，因为我们的世界不是一个可与众多样品中的某一个作比较的东西。现在让我们察看第二种情形：机器的缺陷有何影响？机器原为提供好的服务，为提高收益，今其被发现的缺陷减少了其效率。因此我们应当放下要实现一个目的的想法，而去寻找避免这缺陷的方法。这个判断无疑来自一种技术性思考，即使我们在必要时也不能说，是这个技术性或编造者的思想引发了这个判断。[1959 年我加个注：这个看法还须在"头脑工学（cybernétique）"的透视下再予以斟酌。]但就在我今天的"小抄"（note）开始谈到的例子中，我们无法想象作一个如此这般的思想的操练。而我清楚知道为什么及为怎样的目的这里有这台机器，我们却绝对无法宣称我为他去世而哭泣的存有出现了。我没有任何方法决定使他能够再现的条件。

勒皮埃克，1943 年 8 月 26 日

昨天写的我觉得很差劲（faible）。从现象学角度来说，我看不到我们试图想象那被我们称为实存者（le réel）像似一个不完备的机器。一个我们爱的对象的存在并不以某种机能形成的效果向我们呈现他自己。我们的想象力颇有二元性，它试着去把实存的再现看成无足轻重的，并对这先呈显，后又失踪者具有敌意。

勒皮埃克，1943 年 8 月 27 日

我想我选了一个太特殊的例子来陈述很不恰当。可是我相信没有比它更有意义的例子了。这个真实世界向我们陈示该存有在其中出生、成长及吸取他本身所需要的一切优质的氛围。我们能否想象这个氛围，即使只是模糊地但确实在乎过他，或相反，对他只有漠不关心的关系？这个问题是难以用简明的词语回答的。然而我不觉得我们可以把它归于一个类似意志的氛围，因为它在自身没有任何一致性，就在于它只是一个氛围。

临在与不死

（1951）

我们每一人都可能有过下述的经验：在某些时刻感受到这个世界被安排成势必在我们身上激发出的一种绝望的诱惑。就在这个诱惑侵袭我们之刻，我们真实地感受到从四面八方兴起此诱惑的刺激因素。这就是我想说的，也是我以前写过的，我们是被绝望包围着的可怜虫。但我们不该回应说，这些时刻是疲劳和泄气的时刻。它们有时，嘿！显得以最冷酷的清晰面貌出现。在一些我回忆得到的时刻里，我觉得自己突然被抛出去，或发现那幅遮住我、在生命中靠着它得以有励志错觉而苟活的薄纱，全被撕破。我可以说：生命突然向我呈现一个令我恐惧的美杜莎（Médusa，恐怖女神）的面貌。而这个迷人的力量似乎要把我的正直意志，我的拒绝它扩张的意志，收为己用。这是一个有悲剧性的伤心时刻。虽然它在必要时输入一个英雄主义的哲学，但它也能引发自杀，或在面对一个会逼人发狂的世界前弃械投降。我的作品大体来说是在寻求是否可能不要再陷入一个能抵抗这类迷思的谎言，是否可能砍下那个女妖的首级。我可以乐意地说，如果对于萨特，他的神话偶像是俄瑞斯忒斯（Oreste）的话①，我要说我的偶像是珀尔修斯（Persée）②。我这样说是一般性讲的话，没有稍问谁是安德洛墨达（Andromède）。③ 但事关重大的是要说清楚对我来说什么是绝望的真实的性质。此处我不想用心理学来分析它，但要直截了当地问：绝望的本质是什么。也许它并非全然的是一个思想，亦非全然的是一个表象。它是一个"混血儿"：这是一个在演变成表象过程中的思想，或相反。这里有一个"发生的系列"（succession des génération），与空间和功能有思想的关联，在这里有决定性的角色。

我乐意把这些观念稍予具体化地表达：回忆我在学习做公证人的课程时感受到的莫可名状的忧郁，它比走近坟墓时而有的心情更恶劣，或许因为桌上累积的卷宗给我们呈现一种永恒的可笑及伪装的替代品的面貌。

就我个人来说，这些图像呈现，只因它们在我 4 岁时我的母亲突然去世所引发的哀伤，使我产生了对"他者之死"的绝望性的强调。我毫不迟疑地会宣称我的整个生命——甚至我灵魂在演进的过程中——是在"他者之死"的标志下逐步发展的。④ 这是在我和列昂·布朗希维克之间于 1937 年笛卡尔纪念大会时激发

① 萨特的剧本《苍蝇》（Les Mouches）改编希腊神话复仇的王子俄瑞斯忒斯的故事，强调俄瑞斯忒斯的意志与自由。——译注

② 在希腊神话中，珀尔修斯割下了美杜莎的头。——译注

③ 在希腊神话中，珀尔修斯王子拯救安德洛墨达公主并与她结婚生下多名子女。——译注

④ 本段概念分析可参考陆达诚《马赛尔哲学中的死亡和他人之死——兼怀唐君毅先生》，收录于《存有的光环》，第 39—49 页。——译注

争执的原因：当时他斥责我，远超过他所强调的自己的死亡，我立刻响应说："重要的不是我的或你的死亡，而是我们切爱的人的死亡。"换言之，此处的问题是设定在爱与死亡间的冲突。如果我有不会动摇的信念，那就是：一个废弃爱的世界只能沉没在死亡的深渊中；但同样，哪里有爱，哪里的爱就会克胜一切要使它腐蚀的东西。死亡绝对逃脱不了被彻底克胜的命运。

在这样一个视野中，我们可以聚焦于我曾写过有关希望的反省，而这实是我一切作品的核心概念。[1]绝非偶然的是，我在1942年年初，第二次大战期间，如果我没有记错，我发展出这个"希望的现象学"。德·吕白克神父[2]（我在此前曾多次拜访过他）曾邀请我给富维哀（Fourvière）[3]作一次演讲，我立即答允，我说："我要谈希望。"希望，说真的，在那时主要的是指"解放"。我的思想首先转向在德国集中营无法估计的囚犯。但很明显的，我一分钟都不能不顾这样一个问题的形上回响，而我必须在解放的希望与不死的希望间找到一个联结。

依我看来，这整个研究只依赖于一个发现之时才能连接起来：发现有一个甚至连很多伟大的学者也忽略的、在"欲望"（désir）和"希望"（espérance）之间的差异。

"欲望"本质上是自我中心的，它的趋向是"占有"。"他者"

---

[1]　本段概念分析可参考陆达诚《从存在到希望》《存在、存有与形上希望》，收录于《存有的光环》，第27—37页，第73—95页。——译注

[2]　参前注。德·吕白克神父写过五本有关德日进神父思想的著作，译者曾尝试用马赛尔的存有化概念（l'existentiel）诠释德日进之"宇宙性基督"，参见陆达诚《从存有化角度来看德日进宇宙观的基督论》，收录于《存有的光环》，第169—184页。——译注

[3]　这是耶稣会在法国里昂的神学院。——译注

只从与我有什么关系的角度来思考。如果我有欲念，能满足我的是"他"，或一般性的服务，"他"能提供给我。"希望"却恰好相反，不是自我中心的：希望，就像我在《旅途之人》（*Homo Viator*）一书中讲的，它常是为"我们"而希望的。我说希望绝非是一种只想而不做（velléitaire）的心情，后者的表达形式是"我颇愿意那……"希望包含着一个先知性的肯定，真正地像自己的甲胄那样，不让自己崩溃：首先是自己内在的崩溃，但亦指投械，这是说认输或堕落。我们怎能不在此处回忆起贝玑在他的《第二个德行之谜的门廊》（*Le Porche du Mystère de la Deuxième Vertu, The Portico of the Mystery of the Second Virtue*）一书中找到的颂扬希望的美妙重音。[1] 而哲学家的角色就是把目前只是前知识（prescience）和颂歌（chant）的灵感提升到周密的思想层次。

玛德莲·德吉（Madeleine Deguy）为她写的出色的剧本《被判刑者》（*Les Condamnés*），邀请我写一篇序，我名之为《圣者之言》。我强调：人们在没有一个**个人的**希望所支持，而能为一个理想去面对死亡的事实时，才能把这种呼召（vocation）无异议地显扬出来。这里有一个与绝对者的联系（ordination），此联系使人能超越本性（nature）而显示出他的不可化约的独特性。我又说，从这个角度看，倘若无信仰者在纯意志和面对危险的路径时，在对知识和爱之追索中，能超前他们的对手，那我们是否还能说，信徒超过不信者呢？此外，很明显的是信者和不信者的对比与一套过分简化的程序相符，这不是，也不能与现实相符。信者不会是彻底的信者；如果说信者从未有过在某些时刻与不信者

---

① 贝玑（Charles Péguy, 1873—1914）是著名法国诗人，此诗表达三超德中的第二德"希望"与第一德"信仰"、第三德"爱"的关系。——编注

一样、感受到不确定性和焦虑，必言过其实。相反，不信者倒可能被一种信仰（croyance）激励、支持，但他们无法把这些感觉引发成充分的意识。这是在我的哲学作品和剧本中常常出现的主题，凸显我们中每一人无法确切知道我信什么及靠何物而活的实况。

但在这种情形中，哲学的功能以新的"助产术"的方式得以保留：把反省而得之领悟、思维生命之内涵，更好地说，有信仰的生命——这生命一般而论隐藏在意识的阴暗面，得以光显。我故意用"助产术"一词，它颇相符我的苏格拉底式的思想，这是我在《存有的奥秘》（*Mystère de l'Être*）的前言中强调过的。

我有一个俄国哲学家朋友，他和我的思想特别相契。我与他谈及我的新助产术，他说："对啊，我们要带入世界的是一个永恒之子。"这种说法初听之下似乎会令人惊讶，但稍一反省就会觉得它很符合我在讨论的问题。但这个永恒之子究竟是什么东西？分析到底，那是"**存有**在我"（*l'être en moi*），此存有虽不能全然地抵达此尘世，却力求从"有"的专属范畴中得到解脱，这是欲望、私爱及惧怕的范畴。但我们很容易地辨识这些思维多么接近我们的主题，当我们发觉这些范围分析到底都聚焦在"我**体**"上时。那些即使不太熟悉我的《形上日记》的读者，也会知道在第一次世界大战后我的思想发展过程中，"吾体"一直是我对"所有"采用的标记[1]，这个标记本身含有不小的含糊性，或，如你愿意，包含一个内在的张力。这可适用在一切"所有"的情况上。我之"所有"以某种意义来说是我的一部分。这是为何别人不论以什么方式劫取它时，我会有扭伤的感觉。但另一方面，

---

[1] 本段概念分析可参考陆达诚探讨马赛尔"身体主体"哲学的内容，《马赛尔》，第135—157页。——译注

我的"所有"并未真正成为我的一部分，因为我能失去它而继续存在，并保持我之为我的身份。然而这个矛盾只是一个生命超复杂处境的简化描述，它的这些范畴是无法被精确地予以说明的。但就像我前面所说，我与吾体的关系已充分地呈显出这个特殊点和这个双重性：一方面看，我很想把吾体看成我占有之物，我能随意地这样或那样地安排它；但另一方面，深邃得多，吾体反抗这种被处理的方式，而这种反抗以一种非常模糊的哲学方式表达出来，但它像是一种出自我心底的抗议：吾体不是一个我所拥有的东西，**"我乃是吾体"**。此语之意只能用否定方式加以澄清。如果说我乃吾体，这首先指：我无法界定此二"端"——我在一端，吾体在另一端——二者间的关系模式。举例来说，吾体是我的工具，或进一步说，把我和它如此表达对我来说是很方便的，但更深刻的反省向我指出这个反省不等于实况：因为工具的概念把我们送回身体，因为所有的工具都是身体能力的延长，结果是如果我把这些能力工具化，我就会陷入永无止境的回溯中去。

"我乃吾体"实际上是一个"断言中心"，一个基准点，它只能部分地按着我会逐步采用的观点得到澄清，但它们中任何一个都不能看成最终的及绝对的。就在这样的见解下我陈述"道取肉体"（incarnation）的奥迹，这绝对不是神学观点下的产品。

现在我们设法在这些一般性概念及"死后余生"（survivre）之现象学分析间建立关联。我们可以原则上这样设定：我与另一存有相联的关系愈是占有性的，这个存有之去世愈像丢失一样东西那样。丢失的东西真的可说：在某些特殊的情况下，可以找回来，但我们完全无法给它具有**"存在**性格"（caractère *présentiel*）的肯定；我还要更深入地交代"临在"的确切意义。

但当状况变了后，我们要在这里重取著名日内瓦精神病科医生斯笃克（Stocker）提供的绝佳的差异：我的爱不是占有性的，而是"**奉献性**"（*oblatif*）的。我们稍停一下，来观察这对差异。大家都同意可以这么说："占有性的爱"是自我中心的爱，相反，"奉献性的爱"是以别人为中心的爱。这里我们与瑞士神学家尼格忍（Nygren）对情欲（*éros*）和圣爱（*agapé*）的著名的分析靠近了。但在我目前的研究中，我应当加上这一点：人类之爱——这个表达应以其广义来看，为了亦可适用在友谊（*philia*）上——包含一种足够广大的相互性，为了使"为他性"（hétérocentrisme）增加一倍，为了使每一个人变成他者的中心。这样就促成了一个我有关"道取肉体"讲过的，有一个不亚于它、那么神秘的联结。在这两个奥秘的接头上，"生育"（génération）的奥秘得以定位。有人问我："临在的概念不是显得模糊透顶了吗？你在谈的临在是哪一种的？把你写的文章冠以《临在与不死》，你似乎在追念一种超主体性的临在，一种亲人在去世后的真实临在。但另一方面，把在'占有性的爱'与'奉献性的爱'之间的差异带入，你是否要停留在主体意识的内层？你有效指出的是：我失去的亲人在我内心有的临在，如果我对他曾有过'奉献性的爱'，它的深度远远地超过我为我自己而爱他、那种'占有性的爱'引发的临在感。但是否可以走得更远，而宣称这种临在不只是在记忆的层次，更是**真真实实**（*réelle*）的临在？"这里出现了一个关键的问题，我们绝对不能轻忽它的难度。我认为我们在这里重提一下"第二反省"是非常适合的①，那是说，要强制反驳者收回他

---

① 本段概念分析可参考陆达诚探讨马赛尔哲学"第二反省"与"临在"的内容，《马赛尔》，第 165—207 页。——译注

假定的公设。此指把有关感觉及客观性世界的范畴以"临在"加以调整。我想做的，就是指出我们必须排除这些范畴。

意大利哲学家彼德罗·普里尼（Piétro Prini）在他对我的思想所做的深邃研究中，把我的方法论称为"无法实证者"（invérifiable）。这是非常正确的，因为从我最早（约 1912 年及 1913 年）写成而未出版的作品里，我一直操心的是：界定一个积极及具体的"无法实证者"，要指出它是爱与信的原动力。或许今天我不会再多用这个词，我当时用它，是为了把它看成与很狭义的自然科学的对立面来说的。但词义多年来的变更，是我们为了接近临在必须要克胜的，那是我们为任何一个客体及其结构性条件所形塑的概念。

我在《存有的奥秘》一书中说："为了摆脱把临在的客体分开精神特色的差异，我们可取一些极简单及当下的生活经验作出发点，哲学家一直到今天都倾向忽略它们。譬如说，我们有很强烈的体认：某某人在同一室内，离我们非常近，我们可以看到他，听到他，碰到他，但他并不临在，他与我在千里外的，甚至已去世的亲人比较的话，他是无限地不与我同在的人。这个在这里失去的临在，究竟是什么？如果说我们无法同这个（在空间上）这么接近的人交流（communication），这是不正确的，因为他不聋不瞎，也不愚蠢。在我们中间固然有一个物质性的交流，但除此之外一无所有，这可比拟打电报的两端，一个发，一个收。二者间没有真实的交流。我们可说这是一种没有共融（communion）的交流，也正因如此，这是一种不真实的交流。他者听到我说的话，但听不到我，而我甚至有种极不舒服的印象：他送回给我的这些话是被他反省过的，已变成了我不认识的话。

由于一个奇怪的现象，'他者'插在我和我的自身中间，他把我多少变成一个陌生者，我不再能完全了解我自己，最后，我与我自己的话分道扬镳了。……但一个相反的现象也会出现，如果我体会到他者是临在的话，他会使我灵魂复新：这个临在乃有吐露实情的功能，那是说，它使我自己变得比我没有此经验时丰富得多。"（《存有的奥秘》〔*Le Mystère de l'être*，I, pp.220—221〕）

这样的经验我有过数百次，我认为这是经验中最有神秘感的之一，而哲学家对之视若无睹。我们却可以宣称这是名副其实的存在性（existentielle）经验。因为此处攸关的不是某人讲的话，不是他讲话的内容触动了我：而是"**讲这些话的他本人**"，此指他以他整个的"是"在支持他说的话。我们再应注意：这些经验呈显出一种本质上是无偿的（gratuit）性质。我用这个词不是以人们一般性的使用方式，如一个无偿的善行；此处指的是"恩宠"（grâce），用消极的方式来说，它不是有一套为得到它**应采用什么步骤**的法门，它也无法像客观知识那样是可传授给后辈的东西。要想从别人处学到临在于人之技巧（l'art），则完全是幻想。我们能传授给人的只是矫饰的举止（grimaces）和动作姿势（gestes）。这里讲的技巧是一种恩宠，而倒过来说，如果没有它，则是粗俗（disgrâce）。

但坚持主张临在有非客观的性格，并不是说它只是主观的现象。实际上我们此处应该讲的是"互为主体性"。[①] 只是这个词的意义常能被人误解，因为行动的世界是客体的世界，其后果是我们自然而然地把"互为主体性"解释成一种有客观内容之物

---

① 本段概念分析可参考陆达诚探讨马赛尔哲学"互为主体性"的内容，《马赛尔》，第 150—153 页。——译注

的传送，是独立于传送者以外的东西。但这样的解释歪曲了一个绝对无法用这类语言表达的事物。互为主体性本质上是"开放"（ouverture）。我常常提到柏格森（Bergson）在《道德与宗教的两个来源》（*Les Deux Sources de la morale et de la religion*）一书中介绍的开放（l'ouvert）与封闭（le clos）的对比，这个对比无疑地具有作者本人都无法置信的重要性。但我还得往更深的里层挖掘，使它的含义得以展露。我认为它的含义之展露只在一种"光的哲学"中才得以实现。[①] 我在这里采用此词非常接近《约翰福音》谈到的光，但以目前我一直保持的观点来说，那不单可能，并且必须不越入基督教启示的那一端去。更确切地说，要守在自己的地带内。这些地带无疑受到过神学的照明而显出启示的影响，但我们不必局限于采取有关这个启示核心的明晰意识。我们可以畅谈知识之光，我甚至可说，我们应该如此做，不然，知识论要干枯掉，并会变质。但在反省的某种层次明说此光，不必溯探其源。

我们可以说，互为主体性是我们在光内合而为一的事实；在此处及一般情况中，或许是：以消极方式思考，反而会使我们易于接近积极的本质，这倒是反省应该运作的方向。如果我与另一人在一起时，我的脑海中溢满了有关他的种种揣度（arrière-pensées），或，如果，还是同样意思，我把我对自己的揣度投射到他身上，必然后果是我们二人不在光内。我退入阴影之中。当下，他停止对我而有的临在，而且相互的情况发生了，我也不再临在于他。

---

① 本段概念分析可参考陆达诚探讨马赛尔"光的哲学"的内容，《马赛尔》，第 251—260 页。——译注

上面的话似乎颇能澄清我曾想说的，当我说我们必须超越客观性范畴，譬如一个医生在检查一个病人时，（揣度）会引发其病的因素。我把精神科医师暂放一边，因为那会引起许多无法解决的困难。

但是我们不应当隐瞒对我们探讨的问题的观察，不应轻易地让它过去：这里我们预估有一个严重的反驳会出现。有人会问我："在你谈论的个案中，临在与不临在的感觉，不管怎样，是被一个客观的关系支撑着的。临在于我的一位是'**在那里**'（là），他是客观地'在那里'，而有人居然敢把临在及客观性彻底地分开，他岂非太任性，甚至不合法呢？因此我们有理可说，既然客观地说，那位亡者已不在，或，在同一意义下，他只留下一些枯骨或骨灰，缺少了不可或缺的基础，那么临在不是要被还原到一个纯主观的情绪中了吗？"

但排除了偏见，被询问的经验清楚地给我们指出我们不可能在一些简略的断言及意见上固执不放。一个由心电感应（télépathie）严密地建立的事实足以给我们指出：有一种无法被还原到在我们每日与人交往的并列模式，它是共同临在（coprésence）的模式。那些深刻地对心电感应有所反省的人，我想到的是卡林顿①及普莱斯②，都体认这类的现象假定在人与人间有一种另类的联结。

我还有话要讲：如果我们更加以反省，我们难免要问"临

---

① 赫里沃德·卡林顿（Hereward Carrington, 1880—1958），著名的灵学研究者，著书百余种，内容包括超自然及心灵研究。——编注

② 哈利·普莱斯（Harry Price, 1881—1948），英国灵魂学研究者及作家，以调查灵异现象及揭发假灵媒闻名。——编注

在"与"客体性"的问题。此处我们要引证一些在灵修生活中有非常不同向度的经验来佐证。我特别想到的是创造性活动，尤指戏剧或音乐的创造。① 只要想想一个旋律浮现的方式就够了，譬如说，它突然出现，它控制了我的脑海，它从哪里来的？它从我自己或别处来的？反省能使我们这里出现的这个差异显得是完全没有意义的。它在假定一个虚幻的地形学（topographie illusoire）；因为实际上要承认我在建立一个有划定范围的领土，并询问是否这个概念源自这个领土是没有意义的事，就像思考一股清泉源自边界的这一边或那一边，没有意义一样。实际上，"我—领土"（moi-territoire）是一个虚构的概念，当我们引入一个潜意识（subconscient）的概念，把它看成是一个下方的补充物或这个领土的基础时，我们从它那边无法取得任何可资加值的信息。唯心论，至少在它的主观形式里，很不幸的是太多次地求救于这样一个神话（mythe），没有它，单子论是无立足之地的。② 我还要加一句说，不少真实的与不真实的哲学家对超心理学的现象（phénomènes métapsychiques）表示强烈的反感（mauvaise volonté）③，就因为他们紧抱着这个虚拟之物，而这些现象确实使人产生出巨大的兴趣，要强制任何自以为诚实地如此思维的人，去击破其思想的范畴。这里有了一个汇合，一边是超心理学经验，另一边是独立的反省，后者本质上是在思辨的层次上把"后

---

① 本段概念分析可参考陆达诚探讨马赛尔哲学有关戏剧与音乐等存有媒体的内容，《马赛尔》，第 50—61 页。——译注

② 本段概念分析可参考陆达诚探讨马赛尔哲学对单子论的批判，《马赛尔》，第 63—120 页。——译注

③ 有关马赛尔对超心理学现象如灵媒的反省，可参考陆达诚《马赛尔》，第 13—20 页。——译注

笛卡尔哲学"加以询问，以它狭义的方式，聚焦在"吾思"，而只有借着批判"**自我**"（moi, je），我们才得以开启一个有拯救性的形上学大门。这里出现了一个细腻的问题：超心理学研究对我们目前的问题，暂不谈人死后"死"或"不死"，而在谈"幸存"（survie）的问题上有什么用途呢？从我自选的角度来看，这个问题显得十分尖锐，因为如果我们以为经验在此处能够教导我们什么，我们不是有将某种我们一直想将之超越的客观性重建起来的危险吗？我似乎要以下面的话来回答：

首先，我不认为我们能挑战有关"幸存"问题的重要性。有相当多的明显的事件，在不接受随着我们称为死亡而有的"幸存"的整体目的性（entéléchie）的假设时，是非常难以解释的。这个假设大体上看来是极为简单及轻松的。我们可以期望达到一个证成的初步。可是它还只关及一个假设。而我在宣扬的临在是"超假设的"（supra-hypothétique）。它在一种不屈不挠的信念（assurance invincible）中脱颖而出，它与"奉献性的爱"相联接，它以如此的断言表达："我确信你对我还是临在的！而这个信念是与一个事实相联，此即：你并不停止与我在一起，可能你能比你在世时或比在世时的方式更直接的与我在一起。我们一同处于光内；更好地说，就在我摆脱自己，不把自己变成阴影的时候，我愈能进入**你的**光内。我并不说你是这个光的本源，但你在这个光内焕发，并且你也有助于使这个光照耀在我的身上。"我还要说，对一个像我这样尚未解脱的人来说，这个不屈不挠的确信**间接地**是被无数见证，或更好地说被无数的缺口（brèches）加强的，这是当我在客观与件前自我催眠而立刻被囚于牢狱中的缺口。我说我"被加强"（renforcé），不说"被建立"

(fondé)。这里和他处一样，我碰上了我们的条件的暧昧性，它一面参与这个事物的世界，一面又超越这个世界，并且知道自己超越它。此外，我们在这里碰到自由与恩宠的交界点，后者在我的思想中像是我精神活动的中枢。我们的世界有这样的结构：我能在我周围发现太多的可令我失望的理由，看到死亡好像是歼灭（anéantissement），或像我被抛入无法理解的存在时而有的可怜的关键词。但在更深刻的反省以后，这个世界的结构同时这样显示出来：我意识到我有力量可以拒绝这些表象，我可以否定死亡是我们的终极实在。这里我用过的"无法实证者"（invérifiable）一词的意义逐渐明朗起来。死亡的实质和意义不是与我对它的判断不相关的。更好地应说是受制于我们的分析量度的。再者，由于我一直不要篡用启示和《圣经》的加持，而留在形上反省的范围内，我从后设心理学收集到有助于我的比较自由的研究需要的担保，因为我愿停留在一个批判及有争议的反省中思索，相信它如果不能克胜自己，就会愈来愈被"失望"及"空无"磁吸。这些记号恰好为善尽其本分而有功效；如果它们是证据的话，我的自由在死亡前会一笔勾销，就像一些幼稚的通灵者（spirites naïfs）那样，同时生命一如死亡会被视为失去其严肃性，而祭祀（sacrifice）失去其悲剧性的终极庄重。此处我们衔接上彼得·伍斯特[①]的杰出灵感：危险的形上价值就像达到了其神秘特色的人类存在的条件。

我本来该在此处走得更远，指出"不死"之概念无限地超过"幸存"的概念，但到了这一步，我们无法把狭义的神学弃之不

---

① 彼得·伍斯特（Peter Wust, 1884—1940），德国天主教学者，存在主义哲学家。——编注

顾，那是说，我们必须攀升到一切光明的根源，那是指：天主及祂对所有的受造物之爱。到此阶段，我们投入的范围已远超过一般意义的"临在哲学"，我们不可能不诉诸由圣者的启发而撰写的教义（dogme）。我故意把自己留守在围篱的这一边，为了一般的哲学家能够跨过本来他们不易跨越的门槛。

老实说，我不怀疑有些人会对这样一种尝试加以抗议——对这样一个努力思考超越客观性，而企图献上由启示而得之若干具体进路之思想的价值及基础。此外我们要清楚地宣称如果"桥"（pont）的形象无法避免地窜入我们的心灵中，我们应逐之于门外，因为一个狭义的哲学不适合侵入启示的领域以内。然而我坚持认为我必须向大家指出：当反省在它的一切层面中拓展自己的时候，它才变成还原性的反省，不能抗拒地把自己带向一个超越自己的断言。但这断言会照明反省及反省的本质。

《无底洞》
未完成剧本（1919 年 3 月）

陆达诚　徐嘉俊　译

献给让-雅克·伯尔纳德（Jean-Jacques Bernard），我永远最亲密的朋友。

——G. 马赛尔

登 场 人 物

- 罗柏·勒席瓦利哀（罗柏）
- 古斯塔夫·勒席瓦利哀（古斯，罗柏之弟）
- 塞卫雅克神父（塞神父）
- 爱蒂特·勒席瓦利哀（爱蒂特，罗柏之妻）
- 乔洁特·勒席瓦利哀（乔，罗柏的幼弟毛利斯之妻）
- 勒席瓦利哀夫人（罗柏母亲）
- 莉丝·白勒东（莉丝）
- 方欣·瓦笃（方欣）
- 邵郎琪（女仆）

相 关 人 物

- 毛利斯：罗柏的幼弟，在战场上失踪
- 罗柏·安德·方济：毛利斯与乔夫妇的婴儿，夭折
- 苏珊、耶谷、路易：罗柏与爱蒂特夫妻的三个孩子
- 雷奈：莉丝的丈夫，在参谋部
- 雷恩：方欣的丈夫，先在 402 部队，后在 328 部队
- 贝利哀：为罗柏治病的医生

勒席瓦利哀公馆。巴黎巴克路一幢相当阴沉的公馆的客厅。
1919 年春天。

第一场

爱蒂特和乔，二人都在织毛线。

乔：总之，你还是发现他变了？

爱蒂特（稍停一下）：不，只是外形稍瘦一些。

乔：是啊，在我看也是这样。但在战争前，我不太认识他。想
　　想：他只为了我们的婚礼来过这里。此外，只剩下一些我们
　　不再能信任的记忆。

爱蒂特：你无法如实评论他，尤其他那时候不是他自己。

乔：他那时确实显得很焦虑，你相信他预感到战争将至？

爱蒂特：他是这么说。战争是必然会发生的。可以肯定的是，从那个星期开始，他一直非常悲观。（静默）

乔：在可怖的四年之后重回此地，他一定感到一切都不一样。

爱蒂特（支吾地）：我们无法了解他有些什么感觉。

乔：巴黎在他看来似乎已变得不一样了？

爱蒂特：我不这样认为。况且，你认为有什么变化？陆军总部的墙上有几个弹孔，那里，就在旁边。此外……

乔：我，我承认巴黎还是很凄凉。我知道一般人不会同意我的想法。但似乎有不少外国人感到很失望，不想留下来。

爱蒂特：他们期望什么？

乔：我们不能期待他们了解。

爱蒂特：有那么难吗？

乔：有些法国人没有直接受到打击，他们中真正理解的有几个？

爱蒂特：我不懂你讲的"理解"是什么意思。

乔：好吧，他们中"了解"的有几个……你高兴的话。

爱蒂特：我们可以坐火车。我有一个朋友去汉斯（Reims），当天晚上就回来了。她看到了。实情是，你所说的那些不愿意去理解的人，正因为他们看到的会让他们不舒服，因为他们不敢再安于他们战前的舒适生活。

乔：我想你讲的有点不客气；他们中有一些需要花点力气才……

爱蒂特：你真宽容！

乔：很多人觉得，因为那些年轻人，他们没有权利把自己沉溺在忧伤中。（激动地）至于我，你懂的……

爱蒂特（同情地）：是，我知道。

乔：其实，我向往的是住到乡下去，专心从事一个职业。举例来说，如果我的母亲愿意……在德军占领区，（帮助）所有的孤儿。

爱蒂特：你太年轻了。

乔：如果我可怜的毛利斯回来……罗柏怎么说的？他相信人还能

有希望吗？坦白告诉我：说谎有什么好处？

爱蒂特：他不比你知道得多。他甚至不知道毛利斯失踪的情况。
毛利斯失踪的情况。

乔：他应该还是知道那里是否还有被秘密囚禁的犯人。

爱蒂特：他没有听说过。但他怎么能什么也不肯定？

乔：当我想到1870年战争之后 ①，十年之中还有上百、上千的俘
虏留在那里呢。

爱蒂特：那时我们是被征服者。

乔：你真能确定我们是赢家吗？我不知道。我印象中他们还是很
强，而这些混乱，这场革命，只是假象。

爱蒂特：你讲话真像一个小孩子。

乔：失踪人口调查局的职员相信还有数千个囚犯被关在堡垒里，
可能在俄国。（静默）你不相信？

爱蒂特：我怎能有意见？

———————
① 指普法战争。——编注

乔（辛酸地）：说实在的，你从未有过抱持希望的念头。我记得，当他失踪的消息传到维利耶尔（Villiers）时，你就像毛利斯的父亲一样。然而我那时多么强烈地需要有人支持我。

第二场

前场的两个人，方欣和莉丝。

莉丝（向爱蒂特）：我们来了解情况。你知道那天你的电话实在无法满足我们。

爱蒂特：你们真体贴。你们认识我小婶，乔，是吧？

乔：我们有次在哈诺瓦路上见到，那时我们去拿翻译好的电报。

方欣：那么，他怎么样？

莉丝：他没有受太多苦吧？

方欣：讲同样故事的战俘不会超过两个。

295

莉丝：他们声称没有受到虐待。

方欣：除此以外，我们读到的报导都令人不寒而栗。前几天，在《自由时报》（*La Liberté*）……

莉丝：雷奈说这应该是言过其实。

方欣：他会知道些什么！……（向爱蒂特）但你先生说什么？

爱蒂特：直到现在，他没有说过什么了不起的大事。

方欣：四年啰！想想看！好可怕。这是真的：你们应该几乎找不到任何可以说说的东西……就因为发生了太多的事情……

莉丝：他有收到邮包吗？

方欣：我先生的侄子罗道是从那边来的，他声称在德军占领区的人什么也不缺少。

莉丝：我干儿子讲的恰好相反。

乔：我们什么都无法知道，什么也不能判断。

莉丝：不过你先生对他们的心态有什么印象？他们意识到自己输了吗？

爱蒂特：他认为我们太早签署停战协议。再 15 天，他们就垮了。

莉丝：雷奈也这么说。

方欣：参谋部总是宣称第二天必有凯旋。我们在 1915 年 4 月 16 日已经见识过了。雷恩说这是幻想。

莉丝：洛林将有一场大规模的浴血苦战。但好像在我们前面什么也没有，完全没有。

方欣：我不相信。

乔：这还是够可怕的，想到还要再忍耐……

方欣：说得容易。还是会失守。和坚守一样多……

乔：但经过这么多牺牲……

方欣：正是如此。这可能够了。

爱蒂特：我的小婶最后或许会同意你们的。

莉丝：你的先生，夫人？

方欣：他回来了吗？

乔（模糊地）：他在俘虏营。

第三场

同样四位，罗柏。

莉丝：我们很高兴能和你握手……（她看着他）你没有变很多。

方欣：可能瘦了一点。

莉丝：面孔吧。

爱蒂特：你不遗憾我们没有再等一下才签署停战协议吗？

罗柏：我觉得他们太急了。（转向方欣）你的丈夫还好吗？他现在在哪里？

方欣（颇得意地）：上尉在 328 部队。

莉丝（向乔）：你先生一定饱受折磨。但他很快就会回来的。

罗柏：谁会折磨他？

莉丝：你弟弟在等待回国期间。

爱蒂特（活泼地）：那当然。（向罗柏）你有收到我寄去哥本哈根给你的卡片吗？

罗柏：没有。（大家听到邻室有个小孩在弹贝多芬的奏鸣曲，弹得很差）

莉丝：你离开德国时有什么感觉？还有你回法国途中经过海岸时在想什么？

罗柏：你知道吧，那一刻总是没有我们想象中来得令人兴奋……如果只因为我们高估了这些快乐……

乔：唉，对你的家人来说，他们一定很开心吧，就像你刚才说的那样！

罗柏：你没搞懂。我要说的是：确实地考虑到我们所有的心情。没有什么会遗漏的，甚至只是预期的东西。就像借贷一样。你事先兑取的费用最后都要从你的所得中扣除。

爱蒂特：好可怜！唉，你的心跳常常过快，都是因为一想到要回国……说实话，你还是很疲惫。（向其他人）他回家时胃都坏掉了。

罗柏：我们在丹麦被强行喂食。

莉丝：不管怎么样，你说的也算没错；一般而论，从前线回来的人并不像我们想象的那么快乐。

罗柏：所有的厨师都会说，有些菜必须趁热吃。

莉丝：和平也是这样。

方欣：你怎么看这个协商？他们好像已经陷入泥泞之中，寸步难行。

莉丝：只要我们不让自己被盟国摆布就好！

乔：克里蒙梭 ①……

莉丝：我先生说，克里蒙梭不是协商的最佳人选。他比较中意白里安。②

---

① 克里蒙梭（Georges Benjamin Clemenceau, 1841—1929），医师出身的政治家，1909 年出任法国总理，一战时再度就任，因作风稳健得到"法兰西之虎"、"胜利之父"的称号。一战后作为巴黎和会三巨头之一，主张严惩德国。——编注

② 阿里斯蒂德·白里安（Aristide Briand, 1862—1932），法国政治家，1909—1929 年当过十一次总理，为国际合作、国际联盟及世界和平努力不懈，1926 年获诺贝尔和平奖。——编注

爱蒂特：但自从兰肯事件以后……

莉丝：好像大家根本不清楚到底发生了些什么。

罗柏：什么是兰肯事件？ [①]

爱蒂特：我会告诉你的。

乔：要讲的话，太骇人啰……但你不觉得这样会错过四点的晚报吗？

爱蒂特：那里会有关于协商会的消息。

乔：谢谢！那就像天书一样，我们是看不懂的。我甚至都不看了。代表团没完没了的接待活动，一大堆关于形式问题的争辩……

罗柏：然而，那里就是决定世界命运的地方，至少和昨天的战场一样。

乔：他们无法取得互信。

---

① 第一次世界大战爆发后，比利时遭到德国占领，法国与德国之间的联系以始于 1917 年 1 月的拉根事件（L'affaire Briand-Lancken）而闻名，是一战期间最后的和平尝试之一。德国的代表、比利时总督冯·德·兰肯（Baron von der Lancken），与法国外交官白里安谈判，但比利时、法国、德国彼此的立场无法调和。——编注

方欣：真的。

罗柏：从索姆（Somme）[1] 和凡尔登（Verdun）[2] 来的那些最悲壮的消息，还不如小报里那些连你们也不看的花边新闻来得重要。大家陶醉在土地的占领、失去、夺回……

莉丝：你在那边还能明察秋毫吗？

罗柏：我们有所有的晚报。

方欣：你确定自己能分辨真相，即使德国佬的报纸谎话连篇？

罗柏：他们没有说那么多谎。基本上，他们晚报和我们晚报上的消息从来没有过真正的矛盾。我还要吓吓你们，我们新闻里报导的那些正是我们最怀疑的东西。

方欣：太可怕了简直！你被德国佬下了毒。

罗柏：没有的事，但过度误导人的细节掩盖了叙述实情的意愿。譬如说 1915 年 9 月。

---

① 1916 年 7 月 1 日至 11 月 18 日的索姆河战役是一战期间规模最大的战斗。——译注

② 1916 年 2 月 21 日至 12 月 19 日的凡尔登战役是一战时期破坏性最大、时间延续最久的交战，伤亡人数仅次于索姆河战役，称为"凡尔登绞肉机"。——译注

莉丝：那还是一次大凯旋呢……

方欣：不要和我先生说这个，他在圣玛莉阿比（Saint-Marie à Py）受了伤。是他告诉我的。

莉丝：各人自扫门前雪，人人只看自己的得失。

爱蒂特（向罗柏）：但你所谓"误导人的细节"是什么意思？

罗柏：一切有关编号、壕沟、堡垒的说明都隐藏了一个野蛮的事实：我们闯入了完好无损的第二线。

莉丝：你们突破了？

方欣：如果这可以算是一个突破！我先生在第402部队，他没有被俘真是一个奇迹。

莉丝：我先生在参谋部，他说如果我们没有犯一个离谱的错误……

方欣：当然啦！讲那么多"如果"！……什么错误？

莉丝：不是所有人都同意。我无意间听到我先生和他的一个朋友讨论这件事。我啊，对这些一窍不通。雷奈说大家都怕死伤太多。

方欣：我认为这里头有点道理。

莉丝：雷奈说如果我们有足够的勇气做一次彻底的牺牲……

方欣：当你们在那里时，为什么不一次解决？罗杰将军看着黑卫士的火车开过时说①，这个冬天要做个了断。这是雷恩告诉我的，这些话传了下来。

莉丝：真倒霉，在战争中，人道主义的成本太贵了。（转向罗柏）你不发一言。

罗柏：我在想你们是怎么活过来的。有些战友在到达兵营时，和我们说："她们才是最值得同情的。"

莉丝：一点不错。

方欣：这要看情形。我可以肯定，有许多女人很能忍受这次战争。她们在丈夫或爱人休假回来时，穿着打扮得很有魅力。

罗柏：我无法想象，像这样从前线回来八天是什么感觉。

---

① 黑卫士兵团（Black Watch）或简称为黑卫士，是英国陆军的一支步兵部队。1914 年第一次世界大战爆发后，英国向德意志帝国宣战，并筹组英国远征军，黑卫士主要部署到欧洲西方战线的战壕。1918 年 11 月 11 日签订康边（Compiègne）停战协议（l'armistice de 1918），第一次世界大战停火。四年中黑卫士有大量伤亡。——译注

爱蒂特：十天。

莉丝：不算到家的那一天。

罗柏：从恐怖中短暂脱离……以后又得回去。

爱蒂特：这让我想到一本小说：《这场战争，夫人》，可以送给你读，里面正是叙述一个人从前线休假回来的故事。

乔：对我们来说，所有这一切都令人难以置信。

莉丝：一场梦魇。

乔：你们会看到，大家都会忘掉这一切。

方欣（指罗柏）：他们也忘得掉吗？

乔：他们毕竟是从战争中逃过一劫的幸存者……需要听到的应该是其他人。就因为亡者不出声，一切总是从头来过。

莉丝：或许人们不太记得更好。这是自然的安排，让巨大的痛苦很快就被人忘掉。总之，我们还得再见到他们，也还要到他们那里去。

方欣：我们，去德国佬那边？绝不！

莉丝： 不然你想怎么做？这行不通的。

罗柏： 说到底，你们对我们的事不太有兴趣，大概因为我们就像很蹩脚无趣的备忘录吧？

乔： 罗柏，你有没有写日记的习惯？

罗柏： 为什么写？

乔（声调略变）：让这些事保存下来，让大家知道。一切都在消逝中……好可怕。（对爱蒂特）亲爱的，请原谅我。很晚了，我本来早就该离开的。不必送我。（对站起来要送她的爱蒂特说，说话时饮泣，声音颤抖）不，不，不用麻烦。（她出去了）

第四场

同样的演员，只少了乔。

方欣：可怜的年轻太太！

莉丝：对不起；我太晚才想起来……（向罗柏）你弟弟失踪了？

罗柏：是的，在 5 月 27 日那次进攻之后。

莉丝：但有他的消息吗？乔曾说他被俘虏了。

爱蒂特（局促不安地）：我们没有确切的消息。我可怜的小婶愿意相信……在无法相信的情况中。

莉丝：太令人悲痛了！她有一个婴儿，不是吗？

爱蒂特：孩子没有活下来。（静默）

方欣：而她假装……？我不会有她那样的勇气。

爱蒂特：或许那个不是勇气。

莉丝：每个人都尽其所能。我们也该告辞了。家里有人等我们。
（她起身，方欣也站起来）

爱蒂特：谢谢。（她陪她们）

第五场

爱蒂特，罗柏。

罗柏（非常烦躁地）：终于都走了！这些太太真令人厌烦。

爱蒂特：我看得出来，她们把你搞得很火。看你的手就知道了。

罗柏：有什么办法，我总是无法控制好我自己。你不觉得苏珊今
    天弹奏鸣曲已经够久了？

爱蒂特：她只弹了半小时。但如果你不喜欢，我去叫她不要弹了。

罗柏：好啊，这种声音让人欲哭无泪……

爱蒂特：她弹的是贝多芬。

罗柏：什么贝多芬！弹成这个样子！……喔，我忘了她才九岁……

爱蒂特：我去和她说了再回来。（她出场。罗柏走到窗边，吹口哨，两手插在裤袋里）

爱蒂特（回来）：好了，你可以享受安宁了。

罗柏：很好。现在，你说：为何乔用这种态度说话？她总不能骗自己到这个程度！

爱蒂特：这我不清楚。我很小心，不和她说太多。

罗柏：在那里时有人和我们说：法国有些人相信……但我认为这是在一种完全不同的氛围中才有的事。至于我，我不再对毛利斯寄予任何希望已经好几个月。当你写信告诉我：他被列入失踪的名单……你又告诉我，他同连的一个伤兵所说的情况……

爱蒂特（紧张起来）：乔不知道这些。

罗柏：但是究竟为什么你不告诉她？

爱蒂特：你在说什么！你期望什么？我没有勇气。

罗柏：好，你犯了个大错。她在折磨自己。我相信她离开这里后一定大哭一场。没有什么比这种不确定性更糟的了。从长远来看，真相才能让人恢复平静。

爱蒂特：能不能让我表示异见。如果有个领域你不能一概而论……你晓得我那时在负责协寻失踪的士兵。

罗柏：你有这个想法真怪。还有很多工作你可以去做的。

爱蒂特：不错，有一大堆人宁愿什么都不知道。

罗柏（思索着）：我猜，那是对悲恸遭遇的一种特别的胃口吧。

爱蒂特（发愣）：什么？……啊！罗柏，你怎么能？……

罗柏：我不知道。我在试着理解。你有孩子们要照顾……据我所知，还有许多缝纫厂，诊所！

爱蒂特：有时候感觉你是在故意让我难受。就像刚才，你讲你回来的事。她们能想得到吗？

罗柏：如果只有这个让你担心，那还不太严重。

爱蒂特：讨厌！你有意识到……

罗柏：你要什么？我不大稳定，是真的。我才去看了贝利哀医生。

爱蒂特：为什么不叫我一起去？

罗柏：我宁愿单独和他相处。女人擅长把一切变成悲剧。

爱蒂特（含着泪）：罗柏，我也是这样吗？

罗柏：抱歉，亲爱的。

爱蒂特：那么，他和你说什么？

罗柏：嗯，很显然，我的胃报销了。他给我开了新处方。我告诉他上次他给我开的药对我没啥作用。

爱蒂特：你几乎没有试用过。四天！

罗柏：你这样想？对，其实，你说得对。

爱蒂特：接下来你打算怎么办？

罗柏：我要混用。

爱蒂特：你真可笑。

罗柏：贝利哀和我讲到小朋友的事。我都不晓得这次的肠炎如此严重。总之，没有人告诉过我。

爱蒂特：你因为我不想让你担心而怪罪我？

罗柏：没有什么怪罪的问题，我只是叙述一个事实。其实……

爱蒂特：什么？

罗柏（急促地）：你发现我变了，不是吗？对，我瘦了些，我晓得。这不是我要问你的。

爱蒂特：你变得容易生气。在你经历那些事以后，这很自然。

罗柏：我们没有受那么多苦。在壕沟里那群可怜的家伙旁边……你知道吗，或许我只是一个微不足道的军人。在欧蒙（Hautmont），我第一次看到两军交火……

爱蒂特：我知道。这证明什么？

罗柏：显然，这不证明什么。你说对了！但人们迫切需要相信：我们经历的痛苦是为了在今天支持我们。这点令我们颇不好受……抱歉。

爱蒂特：我不懂。对不起……你们全都被俘了。

罗柏：我们团里有些人找到办法逃走了。其他的就关了进去，或许……我本来应该逃的。

313

爱蒂特：从西里西亚 ① 逃出来！罗柏！

罗柏：我不在莱茵兰 ② 真是走运，嗯？但毕竟，有些人重获自由了（gagner la Bohême）。（静默）

---

① 西里西亚（Silésie）是中欧一个历史地域的名称，目前大部分地区在波兰西南部，小部分属于捷克和德国。——编注

② 莱茵兰（Rhénanie），旧地名，德国莱茵河左岸地带。——编注

第六场

上一场的两人，罗柏母亲，古斯。

罗柏：早安，妈妈。嗨，古斯！

罗柏母亲：你弟弟在午餐后出现令我意外。

古斯：我会在这里待二十四小时。

罗柏母亲：这个可怜的乔从我家出来时，心情……我还是很困惑。她该不会……但她自己没有意识到。可怜的孩子！我们又不能问她在考虑什么……

爱蒂特：您和她说了什么？

罗柏母亲：我不知道是什么事情把她弄得这么伤心。（向罗柏）刚才她讲到毛利斯，你的表情。她以为你知道些什么。

罗柏：我？

爱蒂特：乔要您去问罗柏什么问题吗？

罗柏母亲：不。但她吓到我了。我想或许她是对的，你向我们隐瞒了一个坏消息。

罗柏：我可怜的妈妈……但我讲的都是实情。我们不能自欺欺人。想想吧！停战协议已经在 11 月 11 日签订。①

罗柏母亲：但有人告诉我还有一些士兵不能回国。毕竟，现在我们还不清楚确实的情况……

罗柏（向爱蒂特）：但是不管怎样，爱蒂特……

罗柏母亲：两天前住在隔壁的男人回来，他被俘时一直无法给家人写信。

罗柏：你知道他的名字和军营地址吗？

---

① 1918 年 11 月 11 日签订康边停战协议。——译注

罗柏母亲：我可以去打听。

古斯（说教式地）：好消息的可能性极小。然而我们不该失望，在还没有得到任何确切的消息之前……

罗柏：爱蒂特，我不懂你说的……鼓励我们可怜的妈妈保持这种希望，没有什么意义。

罗柏母亲：你伤透我的心，乔是对的。你没有人性。还有，我想到……

罗柏：想到什么？妈妈？

罗柏母亲：他那么爱你，那么心疼你……爱蒂特，你记得有一次他休假，在夏房松的花园里，他站在那里说："可怜的罗柏！被关在铁丝网后面！"他心疼你到无法衡量的程度。他说："我啊，我无法忍受这种生存处境。还好，他比我更勇敢。"（饮泣）

古斯：坚强一些，妈妈，不要让自己陷进去。

罗柏母亲：当他知道你参与报复行动，你记得他的信吗，爱蒂特？"这些土匪，"他说，"我要杀了他们，杀了他们……"他怕你回不来了。我不知道如果你死在那里，他会做出什么事。

罗柏：可怜的妈妈！你会想让他做什么？

罗柏母亲：然后你还维护他们！

罗柏：我维护他们？

罗柏母亲：他们杀了你的兄弟，而你却维护他们！昨天晚上……

罗柏：我说了什么？喔！有关审讯！然而非常确定的是，我们的所做所为和他们也差不多，我们用尽一切手段让囚犯开口……不是每次，但是经常。

罗柏母亲：就是这样！你把我们和这群怪物相提并论。

爱蒂特：妈妈，如果您过来给孩子说声晚安，我肯定您会平静一些。

罗柏母亲：对啦。至少他们不会伤害我，他们不会。

第七场

罗柏、古斯，（稍后）爱蒂特。

罗柏：我们可怜的妈妈有根筋不大对。

古斯：从警报施放那时起就更明显。

罗柏：但她立刻要去维利哀（Villers）。

古斯：德军架设大炮对准巴黎的头几天她留在这里，她甚至还一直担心我的下落。你知道国防部是他们的首要目标。还有毛利斯的失踪！你似乎不大注意讲话前先考虑要用什么字眼。你回到的是一个正在复原的国家。

罗柏（冷冷地）：谢啦。（协奏曲的琴声又传了过来）挺好的，音乐会又开始了。我相信我看到我们的国家似乎有一个蛮愉快的复原期。

古斯：你还想要什么？生命的确应该重上轨道，即使单从经济角度来看。这不阻碍我们继续思考和受苦。

爱蒂特（返回舞台）：回来了。妈妈很明显愿意单独和孩子在一起。（大家听得到罗柏母亲在隔壁房内大声数着：一，二，三，四；不要那么快，苏珊。）

古斯：你有某种教育工作要去做，你们不可避免地都要。

罗柏："你们"指谁？

古斯：从德国回来的所有的人。这里，我们过了一段充满焦虑的日子……我向你肯定地说，我啊，我不再认识自己了。

罗柏：奇怪！我啊，我很认识你呢。

古斯：你这么认为？但慢慢你会看到我改变了多少。我们经历过极度焦虑的时刻，在圣日耳曼大道！不，你无法想象。举一个例子来说，3月21日，当我们知道他们已突破时，我必须奔向总司令部。不，你无法想象我们当时的处境。对你们来说，这一切必然比你所经历的要轻微得多。然而这里却大不一样！不是吗？我们甚至是在这场大戏的中心。有一些时

刻，我还会嫉妒那些在战壕中的士兵，我讲的是实话。他们
只看到自己的防区，他们并不惊恐，而我们其他人，我们知
道从俄罗斯回来那些人的遭遇。

罗柏：我们也想象过，你知道。

古斯：是的，可是你们不清楚我们部署了多少兵员，我们。训练
有素的兵力。当然，我不是说这对你们其他人是滑稽的事，
但……首先，至少，你们并没有什么责任。

罗柏：哇噻，你的理想就是没有什么责任？

古斯（没在听）：那真是可怕极了，你知道……

罗柏：你是否背负过沉重的责任？我一无所知。

古斯：多得你无法相信，老兄。有太多事只有到后来别人才
知道。

罗柏（站在舞台远方）：我一直以为你只是一个传送员。

古斯：有很多传送的方式，你知道，而我记得某些与香堤伊
（Chantilly）的通话……

罗柏：这张照片上的人是谁？是毛利斯吗？

爱蒂特：这是他一位朋友在他最后一次休假时拍下的。

古斯：在他失踪前三个星期。

罗柏：我看这张照片时会怀疑是他。战争把他改变成这个模样？这是那个活泼可爱的小伙子的照片吗？

爱蒂特：没有人想过寄毛利斯的照片给你吗？

罗柏：一定有人怕德国人会没收它。但我觉得也好。照片上的他看起来像个战士。我回想他从前那个瘦小的样子！甚至他的眼神也变了：他是那么的坚定。他以前常逃避直视，还有些忧郁。这张照片里的他生气勃勃……有种喜悦感。

爱蒂特（沉重地）：毛利斯在部队里一直很高兴。

古斯：不得不说他有一群了不起的伙伴和一个杰出的指挥官。

爱蒂特：除了几个残酷的阶段，特别是在凡尔登，也或许是在索姆河，他为自己的好运庆幸不已。

罗柏：真的吗？

爱蒂特：我确定如此。

罗柏：这些讯息我都不知道，因为我们没有得到许可和外界通讯。妈妈和你，你们给我写的是：毛利斯很好……毛利斯得到勋章……毛利斯受了轻伤：这是几个星期里的事情。这些话能使另一个人了解某人的生命吗？

古斯：爱蒂特没错。毛利斯不只非常有尊严地活着，他还很走运，一直到 5 月底那该死的事件。

罗柏：谁会料想得到这样的事呢？他在我们三兄弟中最不像是当兵的。你们不会从他那里收到很多信。他极少写信。我不是说他妻子会收到的那些。

爱蒂特（简捷地）：毛利斯给我写了很多。

罗柏（惊讶地）：给你？

爱蒂特：他常常会委托我为乔做件差事……特别因为乔那时怀孕。

罗柏：是的，但到底，除了那个……

古斯（看挂表）：我要告诉妈妈如果她还要留下来，我不能等她了。（出去）

第八场

罗柏，爱蒂特。

罗柏：就这些?

爱蒂特（勉强的声调）：毛利斯不想告诉他太太有关他的近况，免得她害怕不安。他给我和他母亲写了较长的信，当然，尤其给我。

罗柏：当然? ……你没有给我看那些信。

爱蒂特：如果你坚持要看，我可以给你看几封。

罗柏：为什么不给我看所有的信?

爱蒂特：不是所有的信都……有趣，并且有些信我不知道我是否有权利给你看。

罗柏：开什么玩笑!

爱蒂特：这不是玩笑，相信我吧。

罗柏：但既然这个可怜虫写到我，还带着关心……

爱蒂特：这不是一个理由。你……（她打住了自己的话）

罗柏：什么?

爱蒂特：我发现你讲毛利斯不像你应该讲的那么多。有时你作弄他，想到你开他的玩笑，我觉得很不舒服……即使现在，我也不觉得你对他有……为了纪念他……表示足够的敬意。

罗柏：究竟什么东西让你放不下?

爱蒂特：我想到他活的那些岁月，并在那个梦魇结束前不久经历这个恐怖的死亡……曾经有过的想法……

罗柏：这样想太幼稚了。难道我那时能预见他要变成……一个英雄?

爱蒂特：不要用那个字，不要用那种声调，请你别……是，我们的确能这么怀疑。

罗柏：多大的赞扬！（静默）

爱蒂特：当然，我不会让你看他的信。你有一种挑剔的本领，叫我无法忍受。非常不幸，你没有认识毛利斯，真正的毛利斯，但……

罗柏：这些信倒给我一个机会可以好好认识他。

爱蒂特：风险太大了。

罗柏：什么风险？

爱蒂特：我重复一次。我无法原谅你的某些言论。而你无法向我保证你不发出这类的言论。你太不容易自我控制。我知道，这不是你的错，而我也不会因此而责备你……古斯的缺乏敏感叫我受不了。

罗柏：他是愚笨透顶：至少在这一方面，大家都同意。

爱蒂特（稍停一下）：请原谅我，罗柏……

罗柏：原谅什么？

爱蒂特：你应该首先重获生命的喜乐，我们的生命。只在那之后，人们才能要求你活得像样……在此之前，你有自行思考的一切权利。

罗柏：除了阅读毛利斯信件的权利以外……让人觉得你努力不懈地提醒自己那些你加诸给我的痛苦。你紧紧把它抓住，像抓住一块石头使自己不要跌倒……这真令人难以忍受啊。

爱蒂特：不是这样的，这不是那种努力。

罗柏：对，对，这就像你按一个钮，当你觉得你对我忍无可忍之时。

第九场

同样的人，罗柏母亲。

罗柏母亲：我和孩子们度过了一段美好的时光。苏珊弹得不错，但她分不清楚音节。耶谷好可爱，至于鲁鲁……

罗柏（生气）：啊，不，请你不要叫他鲁鲁，他叫路易。

罗柏母亲：所有的人都叫他鲁鲁，习惯这样叫，就行了。

罗柏：不，应当改正。

罗柏母亲：专制霸王！

爱蒂特：您知道我也不喜欢这些小昵称。

罗柏母亲：路易，听起来像会计师。（转向罗柏）我警告你，你会吓到他。

罗柏：无聊。

罗柏母亲：依玛对这看法很肯定；还有，昨天午餐时我和她谈过。你要小心，有些印象留在人们的心田会比我们所以为的深刻得多。例如我记得瑟拉芬阿姨……为鲁鲁过生日，我要给他什么礼物呢，爱蒂特？

爱蒂特（转向罗柏）：后天他将满五岁。

罗柏母亲：我要代替毛利斯给他做一个蛋糕。（情绪激动地）毛利斯那么爱他。他把……转给了他。（向爱蒂特）孩子们有时讲到他吗？

爱蒂特：常常，特别是耶谷。

罗柏母亲（转向罗柏）：你无法想象他对孩子们的重要性。每次休假回来，他都全心全意与他们玩在一起，就像他们的父亲……有一次他坚持要带苏珊去看眼科医生……

爱蒂特：这样讲有些夸大。但他的确以为自己有责任这样做。

罗柏母亲：他休假时带孩子们去散步！他一直是喜气洋洋。

罗柏： 毛利斯喜气洋洋？好出奇……

罗柏母亲： 他为这个家付出了那么多！当娃娃去世时，我毫不犹豫地要说，他比乔更伤心难过。

爱蒂特： 那是因为她筋疲力尽，又有病在身……谁在那种情况下都不再有感觉。

罗柏母亲： 你记得他在娃娃诞生前写的叮咛。他对每件事都有关照。他非常希望乔亲自给孩子喂奶。然而，他错了。她的健康！……还有他选的名字！（向罗柏）他发来一个电报，叫我们在"安德-方济"前加一个"罗柏"。

罗柏： 我不知道。

罗柏母亲： 你没有写信告诉他？

爱蒂特： 当然，我写了。我好像听到有人在摇门铃？

罗柏母亲： 那可能是塞卫雅克神父。

爱蒂特： 什么？

罗柏母亲： 他写信给我说他要来看我们，他也想认识罗柏。

罗柏：他是谁？

爱蒂特：毛利斯那个部队的随营司铎。我记得，我曾和你提过。

罗柏母亲：这是一个圣人。

爱蒂特：妈，不要这样讲；您会让他在罗柏眼中显得可笑。

第十场

同样的人，加上塞神父（穿神父的长袍，有勋章，南方口音很重）。

塞神父：夫人，你好！

爱蒂特（低声）：神父，好可惜您没有早一些通知我您的光临。我给您介绍我的丈夫……我相信我们这里的气氛有点混乱。我多么希望我能与您安静地谈谈。至少您要留在这里用餐，一定的，一定的，应该如此。

罗柏母亲：总之，不是我要扰乱你们的气氛；我先走一步了。

爱蒂特：喂，妈，我不是指您那么说的。（把罗柏母亲送到门口）

罗柏（向神父）：神父，我知道您和我那可怜的兄弟毛利斯很熟。

神父：我们非常亲密，先生……三年多之久，我们天天见面，他的失踪带给我极深的悲伤。

爱蒂特（带着她的三个孩子回来）：快给神父问好。

神父：啊，夫人，他们都变了！（向路易）我可以肯定路易已经不认识我了。我最后一次看到他时，他还好小好小。夫人，你记得那次我经过沙奉松（Chavançon）？应当已有一年了吧。

爱蒂特：是的，就在我的小叔休假那时。

神父（向罗柏，指着耶谷）：先生，他太像你啦！他有和你一样的额头。这个小女孩模样靠妈妈最近。她有一双如你一般美丽的黑眼珠，夫人。

罗柏（明显地被触怒）：嘿，爱蒂特，小鬼们今天还没有散步过，或者我带他们出去走一圈？

苏珊：喔，妈妈，我比较喜欢留下来和神父在一起。

神父：再说吧！

小路易（指着神父的十字架）：它就像我叔叔毛利斯的一样。

神父：啊，你的记忆超好！

罗柏：走吧！

爱蒂特：罗柏，你健步如飞，不要把他们弄得太累了。

罗柏：我保证不再像从前走得那样快。你放心好了。（他和孩子们一起外出）

第十一场

爱蒂特，塞神父。

爱蒂特：塞神父，可以看到您，跟您谈谈，真是再好不过的……

神父：在嘈杂的里昂火车站，我们根本无法谈话。大家听不到彼此的声音。

爱蒂特：我有一大堆的事要和您说……

神父：你的信给我讲了一些。你提到这个返乡者，他参与了上尉生命的最后阶段。而他可怜的太太乔，现在怎样了？她如何忍受这么一个打击？

爱蒂特：我没有和她说什么，神父……而我很愿意您给我解释一下为什么。

神父：但你为何要这样问我？你担心会伤害她吗？

爱蒂特：如果她知道实情，或许还能少受点苦。不，我知道这一切比那更复杂。

神父：是你自己太复杂，夫人，我在沙奉松已和你讲过了。

爱蒂特：这不完全是我的错，神父。

神父：我不知道。我相信这些纠结让你很不舒服。它们帮助你度过这段时光……爱蒂特夫人，我们这个时代，女人有太多的空闲。她们忙着刺绣及缝纫，或甚至于……但同时，头脑也在动，正面的和反面的思想都会出来！（他的牙齿格格作响）你最好学会不要思想，行吗？心灵的休息是灵魂健康所必需的。我看到从这里开始你要向我倾吐一些可怕的事，从你脸上可以读得出来。

爱蒂特（低声）：我在受苦。

神父：我蛮肯定你在宗教实践上并不够精进。我知道，这听起来很愚蠢。但请你看看，一个像你这样的女人，一个想太多的女人，精进修行是很重要的。

爱蒂特：因为它们阻碍我思考。

神父：你很清楚不是这样。如果你愿意，用它们疏通一下思想。请不要说它们会让你变成机械化的祈祷者。

爱蒂特（悲哀地微笑）：我没有说什么。

神父：太自由、太蹦跳的思想里有危险的因子。

爱蒂特：神父，我的思想不是蹦跳式的。

神父：蹦跳的人，颈上系着缰绳，像只草原上的小马。这对我们有些丢脸，我知道……我用了很长的时间才明白我对你说的这些。我想是巴斯加向我透漏的……然后一样，这个生命在恐怖的战场遭遇不测。即使你机械式的祷告，也一定有它的价值，请相信我。

爱蒂特：我愿意相信您，塞神父，虽然我听不太懂。

神父：这是唯一的方法使我们记得我们是有灵魂的……当小家伙太累或不乖，大声哭个不停……你可怜的小叔知道得很清楚。我记得有天晚上在克勒利（Cléry）附近，我们知道部队将在夜间发动进攻……（他未讲完）你为何用这种眼神看我？

爱蒂特：神父，我在受苦……当我没有受苦时，情况更糟……请告诉我，您从未回答过我，大约在两个月之前我在信中向您提出的一个问题。

神父（单纯地）：这是真的，我不想回答你。

爱蒂特：您还清楚记得我问您的问题？

神父：记得。

爱蒂特：您本来可以回答我？

神父（有点生气）：我相信你在胡思乱想。你以为你的小叔会向我吐露心事……而你假定我会一五一十地告诉你。

爱蒂特：所以，您剥夺了我试图去了解他在最后几个星期中可能在想些什么的权利。

神父：承认过失而心怀内疚，哪怕只有一瞬间，也已在这个英雄的灵魂中萌芽了……

爱蒂特：求您了，请不要使用这些贬低人的词语。

神父：我说"承认"，你不需要去了解我说的；你应该首先控制自己的念头。他对你有的情感是一种手足之情，他一再向你证明……

爱蒂特：您不懂：这不是知道他是否为我经历过您所谓的内疚感的问题。重要的是知道是否他爱过我，就是这么一回事。神父，我们在谈的是一个亡者，他不可能在我身上再激起什么不洁的东西。

神父（难过地）：你这样想，但我，我不确定。大家只谈及活着的人，而你要问的也是活人。我们为亡者祈祷，那完全是另一回事。

爱蒂特：我无法形容您的话让我惊吓到什么程度……您邀请我作的这个祈祷，在我看，似乎把我祈祷的对象放逐到无限遥远的地方；在他们与我们之间，它不仅拉开扩大了空间距离，它还把神也放了进来。我们只能为那些真正缺席的人祈祷……但您又无法认为死亡是一种缺席！有些时候，神父，他比他活着的时候还更直接地临在于我。在他与我之间，不再有对彼此怀有不洁思念的可恨惧怕；不再有第三方令人不安的形象……也不再有第三方。请不要用那么严厉的眼神看我，神父，我很清楚您并不懂我的话。然而，您应该记住，您应该明白……

神父：我知道你的小叔是一个非常正直的人，我知道他就像善良本身一样……你有权利，和责任——我所赋予的责任，为他保有一个深刻的感激之情，因为他在你丈夫出征时留下的空位上，仁至义尽地负起了手足照顾的责任。

爱蒂特：但现在他的替代工作已经结束了……神父，为什么您谈这一切好像在谈死去的事物一样？用伤人的话，讲什么责任和感恩，在这里有何意义呢？……他对我很得体的情感、所表达的感谢，和正常的友爱，您为何要称之为有过失的激情呢？这一切都很离谱，这一切和我所经历的、活过的实情完全相反。

神父：说到底，其实很简单，你不会因为我坦率地告诉你我的真实想法而生我的气吧？期待太久的重逢会让情绪动摇，并且一开始就觉得受到辜负。

爱蒂特（小声）：亲密之人的去世不会在我们身上唤起那种缺席的感受，这种感觉我却在我的丈夫身上体会到，强烈到令我不寒而栗……他一直离我好遥远——这还不够说明——因为空间的距离甚至不会把两个亲密相爱的人拆开。他和我不在一起，我们不在一条船上；我们……我不知道如何向您解释……唉！就像两个东西放在那里，彼此靠近，却永远是在彼此的外面。然而您可以想象，我多么渴望我们的关系不是这样！

神父：但从前……在大战前……

爱蒂特：我们小两口相处得还不错，是的，神父。但又怎样？而且，"小两口"这个词本身确实的意义又是什么？在我们之间从来没有过什么能记得起来或可以拿出来说的争吵。我回想那些年，我的思想陷入灰暗……我的丈夫全力以赴地投入工作。我的两个孩子又十分难带，自从生了耶谷以后，我变得体虚力弱……我的生命就只有这些。如果没有那些难以忍受的意外，我们会变得怎样？我们需要那些来填满我们贫乏的人生。没有那些……

神父：爱蒂特夫人，你让我害怕。

爱蒂特：有时候，我看到自己那么清明，也会害怕起来。

神父：或许你正处于极度折磨自己和他人的时刻。但是，得了，让我们看一看！如果你那时更操心的是你的丈夫，还有他那四年的可怕岁月是怎么过的，而不是沉溺在自己的得失……即使这些遭遇稍微改变了他的性格，这难道不是很自然的吗？

爱蒂特：要是您知道我是怎样体谅他的就好了！我太体谅他啦。一个人那么容易地去体谅，就最能证明他没有……

神父：你还要说什么？爱蒂特夫人，同样的事我不想听了。

爱蒂特：我能向您告解吗？

神父：勉力去讲一些话，相信这些都是正确无误的，这不是告解。有些话我们不应该说……况且，究竟这一切有什么意思呢？重要的事只有一件，就是尽好你的责任，这是非常清楚的。你要用力驱除那些不良的思想。这些思想会毁掉你，置你于死地……你告诉我你正在经历的这种感觉不是罪，你和丈夫坦白过吗？

爱蒂特（直截了当地）：我仔细思考过。或许最后我会告诉他。

神父（明确地）：你会犯一个不可弥补的错误。

爱蒂特：怎么会？

神父：你这样做会犯一个大错。你会让你的丈夫痛苦不堪，而对你自己来说，你会让这种痴迷更强烈、陷入更大的烦恼。你的感受，没有任何外在事物可以回复你。它是否继续发展，或像发烧一样升温；或者相反，它是否慢慢消退，都取决于你。我知道你会回我什么：你就是喜欢这种感受，你不要它消退，你向它投降，怀着一种秘密的喜悦。这不就是欲念吗？

爱蒂特：我和您说的不只是这个，神父。您和我说没有任何外在事物可以响应这种感觉。我不知您要对我说什么。或者不如说，我想我懂。（边讲边饮泣）其实，对您而言，亡者已经不在；您和那些没有信仰的人想法一样。不论您赋予他们的存在以何等的光荣和难以置信的色彩……对您，他们不再是活人。但对我……真正的亡者，只是那些我们不再爱的亡者。

神父：还有他的夫人……你会这样告诉她？

爱蒂特：我知道她不会了解我。她宣称自己持有一切；就好像在那个世界还有份额似的，好像还有什么特权！

神父：你有什么权利用你那自我标榜的睿智去拒绝她？

爱蒂特：或许正因为我们在世上并不相属，所以我才能这么清楚地理解……

神父：你是一个神秘家，爱蒂特夫人！

爱蒂特：是什么让您鄙视我？

神父：你为此蛮得意的。

爱蒂特：您试图从您的经验给我一个定位：看起来您在设法接受我的观点，就像让船顺利前行一样。

神父：但看看你的表达方式！很显然你太习惯在所有困难和危险的事情上强词夺理。

爱蒂特：请不要给我任何道德赞语，我求您了，神父；没有人知道自然的状态能发展到这么复杂的结果。推理的能耐就只是把小事化大……

神父：在你刚才说的话中，没有一个字是与基督信仰相关的。

爱蒂特：正统派的心灵是可以靠我自己得到的吗？

神父：你认为信仰所加持的意志无力对抗正在损害你的恶吗？

爱蒂特：我觉得，您设法提供给我的东西，就像没有生命的幽灵一样。

神父：你把宗教说成幽灵！

爱蒂特：您用来反对我的宗教只是一种道德；但，对不起，这种道德，我完全不能接受。对我唯一有价值的宗教，是引领我进入另一个世界的宗教。在那个世界，一切将血肉之人分隔开的悲惨障碍，都在爱和慈悲中云消雾散。对啦，他和我，我们是紧密地结合在一起的；是的，我感觉到他和我在一起，离我越来越近。而若要把这种感受看成是罪恶，我要坚决反抗。因为这是生命；其他的一切在我眼中都只是……

神父：其他的，你称之为"其他"的东西就是考验。不论那种联结众生到另一生命中的纽带是什么……对我们其他尚在生活中奋斗的人来说，从今天起就要知道这个危害是能置人于死地的，这个预许的极乐（强势地）和所有的迷信正是你所面临的危害。

爱蒂特：我无法像您这样思考……请不要挥舞教条来打击我，神父……您讲考验、选择、危害。那么是必须通过会考的窄门，我们才能进天国？功德真的那么重要？您方才徒劳地向我召唤的信仰，我灵魂深处不可抑止且根深柢固的信念反抗这个唯一观点。如果功德已够，如果只有功德有价值，那么，我们在沙奉松的那位可怜的老师是对的……我们不必相信天主。

神父：爱蒂特夫人，你不觉得吗？你那……严重道德沦丧的……

爱蒂特：您跟我谈迷信，您控告我道德沦丧……我很确定您不了解我。然而，您曾见过那么多人死在您的怀里……为何您的思想不曾追随他们的脚步，到那个超越我们见闻的彼界……？为何您半途而废？……

神父：我对无限仁慈的天主有信心，祂会接待一切的灵魂，给他们救恩。

爱蒂特（铿锵有力地）：把一切推给祂，对您来说就够了，您就完成任务，您就可以洗手不干了。当那些垂死的人咽下最后一口气，留给您的，我不知道是否就像是一天结束时，认真完成任务的公务员在成堆的文件前面心满意足地搓手……但，和他们一起活着，从他们那里汲取可以安慰和支持自己的鼓舞，这些，您说是迷信，这……（她痛哭失声）

345

神父（忽然温和起来）：原谅我吧，爱蒂特夫人……我意识到自己对你讲话太粗暴了。因为我对你有恐惧感。

爱蒂特（讽刺的口吻）：对我的灵魂？

神父：请告诉我：你相信你和你的小叔有着幽冥相通的关系吗？

爱蒂特：您要假设什么？您想象我在一些孤独的夜里把手放在一张通灵用的神桌上？……

神父：没有比这更危险的……甚至没有比这更荒谬的。（爱蒂特打了个寒颤）

爱蒂特：我以一种确定的方式想他——非常温和、集中、凝敛——它在我身上引发一种更丰富、更深邃的生命，我知道他也在其中。这个生命不是我，也不是他：是我们两个。我要向您坦承吗？我希望您也能有参与这种无言交往的经验，其中的美妙……（情绪激动）为什么我觉得我在向您讲这些的同时，我在违反一个神圣的约定呢？我们不该向局外人说这些。（严肃地）说到底，是我辜负了（这种经验）。

第十二场

同样的人，罗柏。

（罗柏看到神父时，毫不掩饰地露出惊讶的表情）

爱蒂特： 我觉得你在外面待了很久。

罗柏： 没错。

爱蒂特： 孩子累了吧？……你看起来很苍白。

罗柏： 你知道我已经不习惯走太多路。

神父： 你被俘那几年的严酷岁月肯定重重摧残了你的身心。喔，当然，或许你并不同意我的想法；我知道你很坚强。令弟和我说过，所以我对你并不陌生。

罗柏：我的弟弟可能对我的情况不尽了解，就像我对他的看法一样。

神父（惊愕）：真的吗?

罗柏：别人和我说的有关他的事，与我记忆中的他差别很大。

神父：我相信过去他一直对你抱持着胆怯的心情；他对自己全无信心……

罗柏：您说的这些对我来说是一个真正的启示。所以，您看，神父，所有这些迟来的发现都让我很不舒服，所以我请求您不要再透露他的消息。我可以想象我太太和您谈的是一个她非常了解的人，我想，她一定感到很满足，至于我……

神父（站起来）：我很理解你。不过，我在这里待得太久了。

罗柏：可是，神父，还有其他的话题可以聊。

神父（没有回答，向爱蒂特）：再见，夫人。（爱蒂特起身送客）

罗柏：你留下，我来送神父。

第十三场

爱蒂特，罗柏稍后进入。

罗柏：终于！……啊啊！告诉我，毛利斯也变成这种虔诚信徒
　　了吗?

爱蒂特（酸酸地）：毛利斯在最后这几年非常虔诚，这我可以
　　确定。

罗柏：这种虔诚他向你吐露了多少? 我不懂，五年前你与塞神父
　　长谈了一个半小时：是怎样的长谈！当我回来时，我以为我
　　看到……

爱蒂特：你真的以为五年前你对我的思想了如指掌?

罗柏：拜托，不要装出这种神秘兮兮的样子，我向你保证，我非常不耐烦去容忍这些。战争能改变很多事情，但它肯定没有抹掉我的记忆，你当时的样子我现在还一清二楚……在这次梦魇以前。

爱蒂特：样子……或许你是说我的外表。但……还有别的呢，罗柏。对那些，我不相信你会有什么印象。

罗柏（带着某种沮丧）：似乎，说实话，你们所有的人都试图在我周围制造一个真空……我不知道这是不是为了让我感觉自己更像是一个鬼魂。

爱蒂特（同情地）：罗柏，听我说……

罗柏：不，最好不要解释。如果你要跟我说我错了，只会给我火上浇油。如果你承认我有道理……我太清楚了，这只是同情使然。我更喜欢的是你刚才毫不留情的谈吐，还有你的沉默。

爱蒂特（难过地）：所以，我离开比较好。（她慢步走向门口，就在她握住门把时）

罗柏（突然地）：你认为这种情况会一直持续下去吗？告诉我……因为如果那样的话，会让我逃开，或者，我不知道，我……

爱蒂特：但无论如何再想想吧。如果你不坚持把所有我讲的话和没讲的话作出如此解释，如果你把我讲的话看成是来自⋯⋯

罗柏：当大家对某个人固执己见太久，爱蒂特，有一天又见到他时，应该重新解读所有他说的话和全部的举止。因为大家已经习惯把他说的话、做出来的举止当成另一个意思⋯⋯我知道你不懂。这不重要。

爱蒂特：不，亲爱的，我愿意了解，并且我会去了解。

罗柏：所以，当我们重新发现这个变得不同的人⋯⋯特别发现他是不断变动、无常不定、难以理解的。

爱蒂特：我们会为此前的陈腔滥调感到懊悔。

罗柏：即使懊悔也不能了。陈腔滥调也已不可得。在我们等待之时，陈腔滥调还能派上用场⋯⋯但是当没有什么可以等待的时候⋯⋯

爱蒂特（痛苦地）：可怜的罗柏！

第十四场

同样的人，加上女仆邵郎琪。

爱蒂特：邵郎琪，那是什么？

邵郎琪：一封给您的电报。（她出去）

爱蒂特（看电报）：康士坦丁。这是爱伦阿姨寄来的。（念电报）
"欣闻罗柏终于回国，这是天大好事。我们与你们同欢。"

附录
《无底洞》剧本导读[①]

林静宜[②]

《无底洞》揭露一战后法国人的心境

法国籍耶稣会士、著名黑格尔专家加斯顿・费萨德（Gaston Fessard, 1897—1978）曾说：马赛尔对形上学的直觉寓居于戏剧

---

① 本文有关马赛尔生平与哲思资料，参考下列书籍与影片：马赛尔：《是与有》，陆达诚译，台北：心灵工坊 2021 年版。陆达诚：《马赛尔》，台北：东大图书股份有限公司 1992 年版。马赛尔著，项退结编订：《人性尊严的存在背景》，台北：东大图书股份有限公司 1993 年版。陆达诚：《存有的光环：马赛尔思想研究》，台北：心灵工坊 2020 年版。吕格尔：《吕格尔六访马赛尔》，陆达诚译，台北：台湾基督教文艺 2015 年版。由两位法国人士伊莎贝尔・克拉克（Isabelle Clarke）与丹尼尔・科斯特尔（Daniel Costelle）为纪念一战爆发百年拍摄的纪录片《启示录：第一次世界大战》（*Apocalypse: World War I*），2014 年开播。
② 作者在写作本文时就读于辅仁大学中文系博士班。

之中，了解此直觉才能领悟剧本的深义，在品味剧中人物对话时，才能明白《形上日记》内完全而真实的意义，这些形上思想在角色口中好似首次盛开的花。本文将透过《无底洞》各场戏的角色对话，略窥人物心境与马赛尔缤纷怒放的思想。

马赛尔在 1919 年 3 月写出的《无底洞》，描写该年春天法国巴黎巴克路一幢相当阴沉的屋子——勒席瓦利哀公馆的客厅，家族亲友相聚在此，展开关于一战前后众人生存处境的交谈。置身满目疮痍的首都，连最真诚的对话都无可避免地冒出火药味。

1918 年 11 月，战胜的协约国、战败的同盟国宣布停火，翌年 1 月，在巴黎凡尔赛宫召开会议，经过七个月的谈判，于 6 月签署条约，第一次世界大战正式结束。1920 年 1 月，《凡尔赛条约》正式生效，迫使德国承认发动战争的全部责任。而一战后的国际政治格局则由美、英、法等主要战胜国领导，深深影响未来的国际关系与世界局势。

勒席瓦利哀一家人劫后余生，在客厅重聚的日子，正是巴黎和会召开期间，也是马赛尔写《无底洞》的季节。战争四年中马赛尔也在被炮击的巴黎居住，剧中人物的心情与他自己的处境分不开，他和亲友在战前战后的经验催生这些角色，甚至可以说剧中人物与马赛尔在同一时间、同一地点一起活着。

《无底洞》角色心境分析

第一场戏

大嫂爱蒂特与弟媳妇乔这对妯娌都在编织毛线，比手上的结更复杂的，是彼此心中的纠结。

爱蒂特与小叔毛利斯的关系透过数年频繁通信加深，毛利斯担心病弱的妻子乔忧虑自己安危，很多事只告诉大嫂，而爱蒂特的丈夫罗柏在俘虏营中待了四年，对小弟与妻子心意相通的情况全然无知。身为大嫂的爱蒂特竟然比乔更知道小叔毛利斯的情况，那是连罗柏也感到陌生的弟弟。

乔的婴儿已经夭折，剧烈的痛苦使她感觉麻痹，开始幻想毛利斯跟大哥一样被关在某个监狱里，在等待丈夫返家期间她打算去照顾战争遗孤。乔一方面认为生还的罗柏很清楚哪里还有未获释的俘虏却不告诉她，是向她说谎，一方面认为大嫂不支持自己有关毛利斯在坐牢的推测，批评爱蒂特对毛利斯生还从未抱持过希望，使她感到辛酸，她希望大嫂和她一起等待毛利斯回家。乔不知道爱蒂特已从毛利斯的队友那里得知毛利斯已阵亡，并且爱蒂特还不敢告诉乔这个秘密。罗柏对爱蒂特向乔隐瞒小弟死讯的行为感到讶异，因为这对乔而言并非最好的做法，罗柏已对毛利斯生还不抱任何希望，他认为"失踪"代表的"不确定性"终究只是带来折磨而已。

与乔同样处在困惑与混乱状态的爱蒂特，满脑子想的却是毛利斯死后比生前还深刻地留在自己身边，她焦急地写信去问小叔的挚友塞神父：毛利斯生前是否表态爱过自己，并等待回音。

战前的罗柏已对战争爆发有预感，并表现出焦虑与悲观。但他不能预知小弟毛利斯的死亡，以及妻子对毛利斯虽死犹在的特殊感受，那是这对夫妻无法跨越的鸿沟。战祸冲击罗柏的身心，返家后身边的人只发现他外形变瘦了，虽然妻子察觉罗柏变得易怒、无法控制情绪，或是不发一言，却不愿向乔透露这个事实，因为战前乔已不理解也不信任罗柏，恐怕引起更多对毛利斯情况的猜测。连爱蒂特也不理解罗柏内心发生的变化。罗柏发现自己和家人对彼此内在的认识有太多落差。

第二场戏

爱蒂特的朋友莉丝、方欣来访，向妯娌二人打听罗柏和毛利斯的近况。

几天前爱蒂特已给莉丝打电话告知罗柏活着回来了，但不能满足两位军眷想听新鲜事的渴望。莉丝、方欣迫不及待要来"增广见闻"，她们想亲耳听听罗柏这个待在敌营四年的俘虏怎样提供"第一手报导"。由于莉丝、方欣两位"包打听"各自得到的消息都与对方立场相反，她们需要罗柏的言谈证明自己从丈夫在部队听来的情报才是正确的。直到两人上门前，罗柏都未告诉爱蒂特四年牢狱生涯的情况，夫妻找不到话题可说，顶多提到1918年11月11日法国太急着签署康边停战协议而已。健忘的莉丝早就知道毛利斯失踪，却又不经心地问起乔"你的先生在哪里"，方欣又加问一句"他回来了吗"，乔只模糊答道"他在俘虏营"，猜测毛利斯跟罗柏一样成为俘虏的想法，使乔心里比较好受，两位太太却不知道自己问了不该问的事情。

第三场戏

罗柏出来接待客人，也问候莉丝与方欣的丈夫。方欣的丈夫活着并且待在精锐部队享受战胜的光荣，使她得意洋洋，她不加收敛的愉快与乔思念毛利斯的痛苦形成强烈对比。乔只感觉消逝的一切人事物都是战争造成的破坏，即使百般不愿意，她夭折的婴儿和失踪的丈夫都让死神无情掠夺。莉丝见状赶紧安慰乔，说毛利斯不会太晚获释，但她还是没想起来毛利斯已经失踪将近一年的事实。爱蒂特为了打圆场，故意表现热络活泼，附和莉丝所说"毛利斯正等待回国"，明明在第一场戏中她对乔把丈夫想成俘虏的念头保持沉默，使乔因不受大嫂支持而感到辛酸。

此刻乔趁机向罗柏打听毛利斯的情况。莉丝、方欣是外人，只看出罗柏面孔消瘦，未察觉他对访客和战场的话题感到不耐烦；而罗柏的九岁女儿苏珊在隔壁房间把贝多芬奏鸣曲弹得零零落落、魔音传脑，也只有妻子爱蒂特发现他开始无法控制情绪。但莉丝、方欣却正要打开话匣子，问罗柏被囚禁的感受、在战场的经历，等等。乔以为罗柏生还就能从此与家人开心度日，罗柏却回答：在他想象中重获自由的兴奋程度，远比他到家后亲身经验到的还多得多，因为在监狱里对获释后会有的喜悦指望太高，人被关久了感情就麻木了；反而战场上的一切影像、声音、血腥味与尸体腐败的恶臭、幸存的残破身躯都会保存在脑海里，延续在日常生活中，并不因返家就消失。

爱蒂特却把罗柏的异常解读为：丈夫因为想到能回家，期盼过度、血气上涌导致心跳过快，伤了身体；加之长期受损的胃无法吸收营养，常令他疲惫不堪。众人都没有意识到罗柏有创伤后遗症，还要追问更多细节。当罗柏说出自己的经验，如德军并未虐待俘虏，还使囚犯饱餐，并且审讯手法德国与法国同样凶残时，真实性却受到质疑，不为在场众人理解。甚至罗柏批评法国的报纸比德国的报纸更使他怀疑、祖国报章宣传不能尽信、法军向人民掩盖的丑闻同时也是德军的捷报，等等。方欣忍不住指责罗柏思想被德国人下了毒。

罗柏在战场被俘虏，所以知道法军吃下败仗乃因错误的战术使然，但莉丝与方欣的消息来源都是丈夫和报纸等"事后诸葛"，她们高谈阔论：法军怕死伤人数太多、没有足够勇气彻底牺牲、要一次与敌军做个了断，等等；这些不必到前线牺牲性命的太太们，仅靠道听途说就对战术品头论足，使罗柏认为她们活得相当可悲。两位太太并不知道：法军将领的战术有时只是要下属白白送死而已，有些士兵察觉战术无效而拒不服从，甚至直接被上级以叛国罪枪决。法国子弟不是死于敌人枪下，而是被控不爱国，死于祖国之手。[①]

两位高级军官的太太仍不相信这位身历险境的当事人的说法。罗柏已经对肤浅的两人感到烦躁与不耐，但莉丝、方欣却毫无所觉，方欣甚至调侃许多女人很能忍受战争，因为她们在丈夫或情人休假回来时，会将自己打扮得很有魅力。罗柏则难以想象从恐怖的前线返家，短短八天休假究竟有何感觉，毕竟收假后自己很可能成为下一具尸体。[②]

乔问逃过一劫的罗柏战场记忆的问题，问他写不写日记，保存这些战祸中消逝掉的人事物，好让别人知道这些悲惨心情？她认为死者已不再能发言，幸存者则会忘掉一切痛苦重新开始过日子。但罗柏当然不会写，以免每次回忆时都要再经历一次创伤。

---

① 士兵生命陷于危机，却还以为自己在为国家冲锋陷阵；然而当整个系统为了自身运作，可以全面排除与背叛这些士兵。关于法国士兵在战争中进退维谷的处境，以及战争体制的荒谬，读者可参考斯坦利·库布里克（Stanley Kubrick）的电影《光荣之路》（*Paths of Glory*），该片在法国长期遭到禁演。——编注

② 电影《未婚妻的漫长等待》（*Un long dimanche de fi*）对这种休假的荒谬性有生动的描述，读者亦可参考。——编注

乔在失望中痛哭离开。如果罗柏被囚四年有狱中日记，乔或许可以借此与幻想中的俘虏丈夫同在，继续痴痴地等待毛利斯回家。乔不知道毛利斯在前线给大嫂写的信比写给自己的还多，知道的话恐怕忍无可忍，因为毛利斯是"她的"丈夫；爱蒂特也因这点，向神父批评弟媳妇对小叔有的只是一种占有性的爱。

当时法军上级唯恐士气遭打击，军中惯例是报喜不报忧，士兵叛变的消息更是严加封锁，以免震动后方。成为敌营俘虏则片纸只字都遭查禁，以免泄漏敌情。罗柏无论在祖国或敌国都不能说真心话，何况留下文字记录。这是乔所不知情的。

罗柏的情绪变化爱蒂特都看在眼里，连九岁的女儿苏珊弹的不协调的贝多芬都成为欲哭无泪的噪声。从未去过前线的妇女们不明白：战场上的枪炮地雷毒气……即使没有杀死本人，爆炸产生的巨大震波、高分贝巨响的冲击也能使士兵身心受创。

由于法国始终对1870年普法战争后德国夺走阿尔萨斯和洛林的耻辱充满怨恨，因此想通过1914年的大战收回两地雪耻并复仇。法德两国不只在1870年结下梁子，双方过节也牵动两次大战的发生。法军制订"第十七号计划"要抢回阿尔萨斯和洛林，在其中一役取得小胜后，法军举办庆祝游行并拍摄宣传片，刻意放大阿尔萨斯人热爱法国的印象，不过数天法军就被德军反攻驱逐，当地居民再受德军戕害。妇女们从法国政府的各种宣传品中看到的只是胜利的表象，却不知道前线的家人在法军将领战术失败时只能受到惨无人道的屠戮。这就是抽象文字和具体经验的对立。

抽象与具体更残酷的对立，仅以毛利斯参与过的凡尔登战役为例，1916年德军决定打下凡尔登以通往巴黎，仅2月21日数小时内德军就以一百万颗炮弹轰炸法军阵地，加上火焰喷射器与

致命毒气等攻击。法军总司令霞飞（Joseph Jacques Césaire Joffre,
1852—1931）任命贝当（Henri Philippe Pétain, 1856—1951）为指
挥官，采取防御策略继续挖掘壕沟并死守阵地，阻止德军前进，
使战场一变为屠宰场。罗柏的二弟古斯就在霞飞手下奔波，毛利
斯则在贝当手下进行壕沟战。交战双方为活命而挖掘壕沟自保，
分为三条线：第一线壕沟承受敌我彼此的炮击和爆裂，每当进攻
的哨音响起时就必须爬出壕沟，闯入猛烧的炮火之中。毒气弹制
造的浓雾使人死亡、失明或内脏灼伤；法军的防毒面具技术落后
于德军，没有保护效果。一张张俊美的法国脸孔被大量喷射的榴
霰弹或是打爆脑袋或是终生毁容，幸存者头颅与面骨的缺损惨不
忍睹，医师不但对肉身的伤口束手无策，还有各种精神伤害的后
遗症如恐惧、颤抖、瘫痪等症状无法缓解。可想而知这些人即使
返家也很难受到欢迎与理解，失去的青春与爱情更无法补偿。罗
柏正是一个有着这样后遗症的幸存者，毛利斯则已死在战场上，
连尸体都没能找到。罗柏在欧蒙战场初见两军交战之残酷，曾动
过当逃兵的念头，在第五场戏中他向妻子坦言自己的一些队友已
脱逃，而他和其他人没办法离开，遂成为战俘。在凡尔登战役中
被德军俘虏的法军有四十多万，当中不乏暗中庆幸能够远离壕沟
地狱之人。少有法国人能像戴高乐（1890—1970）那样在战俘营
中不断尝试越狱。罗柏因成为俘虏，缓解了他在战场精神崩溃的
速度。1917 年参与战争的各国都有士兵叛变，因为早已厌倦无意
义的白白送死，在俄国与德国陆续爆发的革命更影响战局。

　　由于凡尔登战役死亡人数太多导致兵力不足，仅仅是战马一
天就要损失七千匹，军方建立轮调制度，迫使法国各军团都进入
"凡尔登绞肉机"。马赛尔写于《无底洞》之前一年的剧本《一个

正直者》就透过士兵宾纳与平民雷蒙的对话，思考"人"在无意义的残酷杀戮中面临的种种问题。宾纳与雷蒙对叛国与忠贞的争论引导马赛尔思索、深掘：何谓"忠信"。

1916年4月凡尔登因大雨成为沼泽，炮弹炸出的坑洞大量积水，壕沟中满是泥流寸步难行；法军在勉强向前推进一小段防线后，为宣传爱国的不屈不挠形象，摄影师拍下士兵搭建有刺铁丝网的身影，未入镜的却是德军天黑时剪断铁丝网逆袭杀死法军的事实。1917年夏天对德军的进攻也在大雨中失利，躲在弹坑中的伤兵因水位高涨活活被淹死，幸存者要在尸体中爬行以免被德军射杀。罗柏在狱中阅读德文报纸，从而得知英法两军因高层错误决策丑态百出；预计数小时内攻下的德军防区费时三个月才成功占领，士兵徒然丧亡——这是无数曾爱过也被爱着的生命。但莉丝、方欣、爱蒂特、乔等女眷只接收得到政府的正面宣传，认为罗柏被德军洗脑。这也是抽象与具体之间的落差。

在双方炮火攻击的间歇期，士兵在潮湿的壕沟中除了等待还是等待，累了去睡觉，或是写信、玩牌，每天忍受不洗澡不换衣服的恶臭，天黑就遭老鼠和跳蚤攻击。恶劣卫生条件下的污秽，造成严重腹泻。拥挤在坑道中的人们不能随意离开，但士兵需要吃、喝、拉、撒、睡；曾有人急于大小便爬出战壕，却遭到射杀，队友连前往收尸都不可能。剩下的人记取教训不敢轻举妄动，屎尿就放在背包里。旷日费时的凡尔登持久战期间甚至要用手承接屎尿，睡觉的地方则充斥痢疾导致腹泻的秽物。壕沟内没有水，渴了就喝自己的尿，或是把军方提供的廉价劣质酒当水喝，借此麻痹恐惧死亡的感受，再加上军中神父提供的宗教慰藉，以便在进攻前打起精神。毛利斯和随营司铎塞神父之所以能成为挚友，就是因为打仗三年多他还侥幸未死，两人有"时间"慢慢交往。

士兵在第一线驻守一周后才由第二线的支持部队前来换防。伤兵则由炮击生还者从狭窄通道运往第三线的预备处，在此第一线的军人可以盥洗和休息，重新体验自己是人，暂时忘记那种彼此相残的动物性杀戮。当时欧洲的阶级制度使权贵不必进壕沟，而由农民、工人等为将领们送死。士兵没收德军战俘的信，才发现对方跟自己一样绝望，开始认为战争是愚蠢的事，被迫上阵的德军跟被迫上阵的法军一样是受苦的可怜人。

坑洞中的日子并不好受，1914 年就开始的战争，持续到 1916 年仍陷入胶着，后方的法国人根本无法想象士兵在壕沟中的生活，因此第五场戏中罗柏告诉妻子自己"在壕沟里那群可怜的家伙旁边"并没有受那么多的苦。不但沟里有很多咬人使人不得安眠的大老鼠，连食物和武器都被吃光、啃坏，人在沟里活得比老鼠还像老鼠。法军里有人已想离开壕沟当逃兵，继续待在坑里只有两个原因：前进会被德军射杀，后退则会被上级视为临阵脱逃枪毙。当时军方为确保士兵执行进攻计划而设立督战队，只要发现士兵怯战就予以处决。

敌对双方互相攻击却也难有进展，于是前线继续僵持，后方则努力运用人类特有的智能，研发怎样能使对方死得更多更快的武器。兵工厂和资本家大发战争财，遥远的美国在参战前也向欧洲出口战争用品而获利。1915 年 12 月，法、英、比、俄、意在巴黎附近的香堤伊（Chantilly）开会，决定英法两军从索姆河攻击德军，却被德军抢先进攻凡尔登，在第七场戏中古斯告诉大家他记得某些将领们有关作战会议的通话，感到庞大压力，就是因为法军误判凡尔登情势，减少驻防人数，却没料到德军近在眼前。1916 年的索姆河战役碍于当时的通讯效率，无论前线形势如何变动，传到指挥部的消息都已过时；同样，无论指挥部发出什么指令，传回前线时也不再适应当下的战局了。索姆河战役之目的是减轻法军在凡尔登的压力并削弱德军，无论索姆河或凡尔登都是血腥、惨烈、恐怖的消耗战，交战双方超过百万人伤亡，而如此庞大的牺牲也没能突破德军防线。毛利斯即参与过两地战斗并幸存下来，对于命运的眷顾感到庆幸之外，也对生命更加敬畏。来自英国殖民地的澳洲、加拿大、印度、新西兰、南非、辛巴威等地士兵，以及法国在西非殖民地如塞内加尔的士兵，都是默默无名的年轻生命。特别是从非洲出发者，经过艰辛的长途旅程，一抵法国就被送上战场，不但从未打过仗，也对现代工业化战争的残酷杀戮始料未及。他们被抛掷进去，旋即被世人遗忘。毛利斯终究是特例，许多人不觉得自己生还是幸运的事，因为无意义的战争还要继续打下去。1917 年交战国双方的男丁不是死了就是滞留在壕沟里，后方的老人无法工作，只好由妇女们和伤残的退役士兵顶替兵工厂缺乏的劳动力。

第四场戏

第四场戏开始时，乔已不在客厅，乔离开前流的眼泪使莉丝终于想起毛利斯是失踪状态而非等待归家的俘虏。

莉丝继续向爱蒂特追问毛利斯的下落，早已知道毛利斯死讯的爱蒂特表现得局促不安，只说毛利斯坐牢的想法是弟媳妇一厢情愿。莉丝以为乔还有一个婴儿，抚养遗孤多少可以得到慰藉，但爱蒂特说乔的孩子已经夭折。两位太太打听完需要的情报就告辞了，她们的来访看似体贴，其实漫不经心的谈话已给罗柏和乔带来折磨。

第五场戏

两位妇女满足求知欲后离开，罗柏、爱蒂特小两口相处，但无任何亲密感可言，罗柏在烦躁中说了更多真心话：访客与女儿的琴声都是令人厌烦的干扰，即使只有半小时他也度日如年，内心安宁求之不可得，弟媳妇认为丈夫是俘虏的想法自欺欺人。

罗柏对小弟生还不抱希望：妻子在信中已说小叔被列入失踪名单，加上毛利斯同队伤兵的证言，他质疑爱蒂特为何不对乔实话实说？没有人知道爱蒂特对毛利斯有特殊情感，只有塞神父为此不伦之恋感到害怕。爱蒂特参加寻找失踪军人的工作使罗柏感觉古怪，妻子既不在家照顾三个小孩，亦不选择缝纫厂或诊所的工作，是否对失踪家属的悲恸有特别喜好（说难听点就是幸灾乐祸）。爱蒂特因被丈夫误解而难受不安，当她得知丈夫宁可自己单独去看病也不愿妻子陪同时，更觉伤心。她无法理解自己的关切造成罗柏更多的压力。马赛尔在另一剧本中说过：妻子希望丈夫的惊悸能被医生治好，可以像人们拭去矿工身上的污秽和煤屑一样容易，是想得太简单了。此剧没有明示罗柏患有创伤后遗症，但他有不少情绪变化上的症状已出现。

罗柏从医生处第一次听说自己的孩子有严重的肠炎，他感到又被妻子蒙在鼓里，爱蒂特却认为隐瞒孩子病情不增添丈夫的焦虑才是对的。罗柏在战后变得易怒，爱蒂特认为这是在俘房营中受苦的关系，罗柏却说自己和身处壕沟的部队相较并没有受那么多苦，他只是个第一次在战场看到两军交火的微不足道的军人而已。爱蒂特和大多数平民一样，认为法军受苦是为了祖国牺牲，但其实士兵中有不少人想要叛逃，并且不乏成功者。罗柏坦承自己也有此念头，不想送死的他在祖国军营或敌军监狱都只是一个不自由的俘虏而已，但后方的妇女们不可能懂这种心情。

战时逃兵的下场是被祖国枪决，这些被宣判胆怯畏战的军人可能身心原就已遭受重创，然而创伤后遗症只会被当作懦夫的借口。叛兵被处刑后家属也领不到军方的补助金，只能等待家破人亡。执行枪决的士兵更可能是被迫射杀自己同队的战友，自己人杀自己人的后果就是刽子手也精神崩溃。

罗柏离开德国战俘营，在一战中立国丹麦的哥本哈根等待返乡，当时丹麦也有许多德军逃兵。罗柏战前已有的悲观，战争期间在死亡的强迫性恐惧下被激强化，无怪乎他对小弟生还不抱任何希望，而妻子更无法理解罗柏不想参战却被迫卷入国际争斗的心境。叛逃的德军和叛逃的法军心情都一样：战争中非正常死亡的下场是不分敌我的，不消灭敌国（而为此送死），自己就成了祖国的敌人（而被枪决）。

1916 年法国经历凡尔登与索姆河两场伤亡惨重的战役后，尼维尔（Robert Georges Nivelle, 1856—1924）取代霞飞成为法军总司令。尽管他在凡尔登战役中被指控强行进攻德军防线造成法军大量伤亡，却无意改变作风，1917 年发动尼维尔攻势（Nivelle Offensive），认为法军可在四十八小时内获胜，伤亡控制在一万人左右，但两项预估都错误，士兵无谓牺牲，英法两国付出了数十万人命的代价才换来占领德军一小块阵地。军队意识到：与敌军交战前自己就被判了死刑，听命前进无异死路一条。1917 年春天，尼维尔攻势的主要战场贵妇小径（Le Chemin des Dames）之战悲惨地失败后，数以千计的法国军人拒绝前往战场投入自杀式袭击。该战法军死亡十八万七千人，德军死亡十六万三千人，阵亡者包括从法国殖民地塞内加尔调来的非洲士兵。

如同监狱的壕沟，即使抽烟也很难抵消大量腐尸的恶臭，士兵们无法忘记一起参军的亲友死在克拉奥讷村的凄惨样貌，一首充满反战情绪且质疑军方高层指挥能力的歌曲《克拉奥讷之歌》（*La Chanson de Craonne*）开始哀伤地传唱，人人都是被将领推出去待宰的羔羊，日复一日徒劳地进攻，大量伤亡有增无已，战争却看不到尽头。

开战以来的种种压力——休假申请被长期搁置无法回家、后勤部门贪污军费导致前线无法获得补给品、令人筋疲力竭却无助于作战的演习——使濒临精神崩溃边缘的士兵瞬间暴动；他们只要和平不要战争，开始出现个别逃兵或集体失踪或枪杀上级的案例，法国军方逮捕不服从者予以处决，在此兵变危局中改由贝当取代草菅人命的尼维尔担任领导，以避免法军在接下来的进攻不堪一击，甚至崩溃。贝当暂停无效自杀式攻击后，着手镇压反叛者，以终止兵变，并开始改善军队饮食质量及相关待遇。数千名叛兵的处罚包括长期监禁与死刑。士兵向家人报告近况只要被视为抗议或厌战，不但信件会被拦截没收，甚至要遭军法审判；然而后方妇女们不知道战场实况，始终相信军方高层的正面宣传，因此《无底洞》第三场戏中罗柏说女眷们"才是最值得同情的"一群，因为她们完全被蒙在鼓里，男人们只能认命，继续看不到尽头的漫长战争。

马赛尔有位深信和平主义的同学在1917年春天被牵连入叛变事件中，这位献身哲学的友人鼓励叛变，导致许多士兵被枪决，马赛尔因此悲剧性的矛盾思索了长达一年，反省的结果就是写于 1918 年 4 至 5 月的剧本《一个正直者》，来年春天他又写出《无底洞》。

罗柏向四位妇女指出法军高层错误的精密预测，被怀疑是在俘虏营被德军洗脑，才说谎诋毁法国。莉丝与方欣以为法军没有足够的勇气做出彻底牺牲、质疑为何不一次解决敌人；莉丝甚至说"在战争中，人道主义的成本太贵"。罗柏因妇女们的无知和愚蠢不发一言，毕竟多说无益。各国将领好大喜功，为争权夺利而漫无目的地以牺牲士兵性命为攻城略地的代价，此中真相妇女们不可能知道，假使有人胆敢说出真相，就会视同叛国而遭到枪决。

1917 年军队因厌战而发生叛变的情形不只发生在法国，春天时俄国爆发革命推翻沙皇，法国有所忌惮，对不愿作战者加以处罚。当美国远征军在德军潜水艇威胁下横渡大西洋参战后，美籍非洲裔士兵就接替伤亡惨重的法军作战 [①]，而法国有些女子则以美国大兵为结婚对象。

第六场戏

罗柏、爱蒂特夫妻与母亲共进早餐，本该是温馨愉快的劫后余生同欢，却又因为毛利斯的失踪引发母子之间的冲突。

罗柏的二弟古斯第一次出现在舞台上，母亲看到乔伤心的

---

① 美国远征军总司令潘兴（John J. Pershing, 1860—1948）坚持美军独立作战，不并入英法两军，却将美籍非洲裔士兵交由法军指挥。由于美国实施种族隔离政策，非洲裔士兵原本在军中担任非战斗职务，但与法军共同作战之后，其英勇的表现受到法国人的敬重，袍泽情谊反而使非洲裔士兵感到惊讶。——译注

模样受到惊吓，怀疑罗柏对自己隐瞒了什么坏消息。罗柏再次向母亲表达家人不应活在毛利斯还生还的幻想中。罗柏母亲也相信毛利斯还在某处当俘虏的说法，罗柏才发现爱蒂特没有告诉婆婆毛利斯队友传达的实情，责备妻子让母亲保持希望是没有意义的事。罗柏母亲感到伤心，说罗柏没有人性，开始向大儿子叨念小儿子的种种好处：当罗柏被俘囚禁，小弟为他打抱不平以至哭泣的程度。毛利斯认为大哥坐牢失去自由的处境是自己无法忍受的，衷心以为大哥比自己勇敢，并害怕罗柏不能生还。罗柏母亲不能接受罗柏所说德军与法军的审讯过程同样残暴的事实——德国就是伤害毛利斯、害他失踪的罪魁祸首，而罗柏的发言听来像是偏袒德军，使她气急败坏。她指控罗柏维护敌人，令他觉得纳闷。罗柏母亲怨恨已深，对大儿子的真实经历置若罔闻，罗柏俨然是个不爱国不爱家不爱兄弟的人。

三兄弟都从军，但命运大不同。母亲非常担忧三个儿子的安危，特别是小儿子在战场上失踪后，更对德国人深痛恶绝，以致关于德军的任何平衡报导都会引起她的愤怒，在她眼中，德军是不折不扣的杀人魔；他们除了是杀死爱子的刽子手以外，什么也不是。但她忘了自己的儿子也在战场上杀人不眨眼，儿子军服上披挂的勋章，也是杀死德国母亲的爱子换来的。

爱蒂特出来打圆场，请罗柏母亲去看三个宝贝孙子转移注意力，对罗柏母亲而言，德军和大儿子罗柏都是带给自己内心重创的人。但罗柏何尝不觉得家人联合起来孤立他？

第七场戏

母亲离开后，罗柏与古斯两兄弟谈起各自在军中所负任务的艰苦。

古斯在国防部担任总司令部的传令兵，当时法军总司令是霞飞。1914年，德军执行速战速决的"施利芬—小毛奇计划"，攻入法军防备薄弱的边境；9月，霞飞领导法军在马恩河一役成功阻止德军，保卫巴黎，但此战亦导致西线长达四年的持久壕沟战。

古斯必须随时收发军情最新动态以供将领沙盘推演，局势的一得一失都造成他莫大压力，因为贻误军机是要被枪毙的，这被上级处死的压力竟使他羡慕起壕沟战的部队生活。成为俘虏的罗柏还以为二弟的任务很轻松，兄弟两都不能理解对方作战时的恐惧与忧虑。

罗柏不明白为何母亲对德军有那么深的敌意，古斯解释：第一个理由是巴黎国防部成为德军首要轰击目标，被德军架设大炮对准，而她的二儿子在此服役，每次施放警报罗柏母亲就焦虑爱子安危。第二个理由就是小儿子的失踪，这也是德军造成的恶果。古斯认为大哥讲话前并未顾及母亲的感受。罗柏只注意到大女儿走音的贝多芬协奏曲又开始刺激自己的情绪，并嘲讽法国人看似愉快的战后复原。古斯以说教的口吻回道：生命应该重上轨道，这不阻碍法国人继续思考和受苦。他不知道罗柏已经高度敏感到无法思考和受苦了。

爱蒂特把罗柏母亲送到孩子房间后回来，那是老太太和孙子们共处得到疗愈的时刻，本来这种疗愈也属于罗柏和他的三个孩子。大家能听到罗柏母亲大声数着节拍，耐心陪伴苏珊练琴，但罗柏耳中只接收得到噪声而已，心灵受创的他比女儿更像个小孩子，更需要家人的耐心陪伴。

古斯说罗柏有教育工作要做，因为大哥是从德国回来的俘虏。留在巴黎的人经过一段充满焦虑的日子，古斯说自己已不再认识自己。但罗柏未察觉话中深义，很轻率地说出"我很认识你"这样的话。事实上罗柏也不再认识自己了。

古斯解释自己为何极度焦虑，他在国防部负责随时传送最新军事情报给总司令，而此地被德军大炮集中火力进攻。古斯任重而道远，必须自我要求，确保军事首脑根据战况实时作出有利的军事判断；每当战况吃紧或落败时，他恐怕自己无法使命必达，一旦失误就会影响大局。1918 年 3 月 21 日德军的大炮持续攻击巴黎塞纳—马恩省河码头（Quai de la Seine）15 分钟，法军以为是齐柏林飞船进攻，但巴黎上空并无飞船出现，于是猜测德军可能藏匿在附近，却又不见踪影。古斯在此时狂奔于圣日耳曼大道，就是误以为德军突破防线，必须向总司令部紧急传送情报。即使只是个传令兵也要背负沉重责任和高度压力。他甚至嫉妒战壕中的士兵，因为只要固守防区就好，不像巴黎是法国的心脏，时时都处于惊恐紧张之中。3 月 29 日德军瞄准巴黎的大炮［德皇威廉二世的秘密武器巴黎炮（Paris-Geschütz）］击中圣杰维圣波蝶教堂（St-Gervais-et-St-Protais），造成严重死伤，并成功威吓法国军民。罗柏的母亲忧虑古斯的安危，留在巴黎没有前往外地避难，空袭警报使她严重精神紧张。此外，古斯也知道东线的俄罗斯在 1917 年列宁发动的 10 月革命后退出战争，沙皇尼古拉二世遭共产党软禁。德军集结所有兵力往西线要击溃英、法、比利时联军，对古斯而言，知道每一次要部署的兵员，都意味着接下来要死伤的人数，并且法国已无多余战力可供消耗。1918 年法国福煦将军（Ferdinand Foch, 1851—1929）要求美国潘兴将军把兵力投入战场，但潘兴不想让美军在壕沟战中白白牺牲，因此让美国、法国、加拿大的飞行员以战术在空中与德军缠斗，当时他们要面对德军的王牌飞行员，也是击落最多敌机的"红男爵"里希特霍芬（Manfred Albrecht Freiherr von Richthofen, 1892—1918），直到 4 月 21 日里希特霍芬在法国上空被地面部队击落阵亡。这位德国飞行员赢得敌手的尊敬，安葬于法国，享年二十六岁。此事也使德军士气深受打击，战场上开始蔓延西班牙流感（Spanish flu），青壮年由于免疫力最强，反而引起强烈免疫反应而死亡，导致各国军队无力作战。流感期间马赛尔正在写剧本《一个正直者》，反省他的友人因提倡和平主义而导致法军叛变及高层镇压的悲剧。5 月正是毛利斯在战场上失踪的关键时刻，他可能逃不过流感的侵袭。11 月 11 日签署了康边停战协定。如果早一点停战，许多人可能生还。

以上都是在俘虏营中借德文报纸获悉时局的罗柏所无法想象的危急，他早已远离前线了。古斯并不知道罗柏见识过壕沟战的恐怖，也因此罗柏自认受俘的他已经比战死壕沟的那些士兵少受很多苦。罗柏没有说出来的是壕沟战后的幸存者可能面临毁容截肢的惨况。在伤愈后这批没有脸、没有手、没有脚的人们，还要进入兵工厂，与妇女们合作赶制各式杀人武器，在"爱国"的名义下苟延残喘。

毛利斯失踪前三个星期，也是最后一次休假所拍的照片，罗柏竟然认不出来：战前活泼可爱瘦小的弟弟，逃避与人直视，还有些忧郁；照片上的人却变成了眼神坚定的战士，生气勃勃，焕发喜悦的光彩。反观自己，则是个曾有过逃兵念头的蹩脚军人。妻子与二弟在罗柏面前描述毛利斯：爱蒂特沉重表示毛利斯在部队里一直很高兴，这沉重来自她对小叔心态的掌握多于家中任何人，毛利斯知道自己随时有可能死亡，所以全力以赴，在家庭或战场都尽心尽力。古斯则称赞小弟的部队有杰出的伙伴和优秀的指挥官。爱蒂特指出：经历凡尔登和索姆河两次残酷的战役，毛利斯都幸存下来，他悼念无数阵亡的弟兄，也庆幸自己活了下来。命运的眷顾让他更加坚定地投入生命。

毛利斯的部队骁勇善战，使他立军功、得勋章、获光荣；关于他的一切，罗柏成了什么都不知道的局外人，因为德国监狱不允许俘虏与外界联络。母亲和妻子仅仅在几周内写信提到"毛利斯很好""毛利斯得到勋章""毛利斯受了轻伤"，罗柏说这些轻描淡写的内容不能使自己了解小弟在战后转变的生命境况。爱蒂特与古斯向罗柏强调毛利斯活得非常有尊严，直到在战场上失踪为止。这更刺伤了罗柏的"尊严"（他曾想逃亡）。罗柏料想不到小弟有此悲惨结局，因为毛利斯在三兄弟中最不像是个当兵的，体型瘦小的他在精神上已成为巨人，罗柏望尘莫及。瘦小畏怯的毛利斯为何能够快乐地从军？马赛尔没有明示，但参考一战开打时曾因瘦小而被法国陆军拒绝入伍的某位凡尔登空战英雄的经验，飞行员可凭智力与技巧进行战斗而不受限于体型，化身为国奉献的楷模并荣获勋章。毛利斯被称为英雄也得过勋章，也许他在大战中扮演以智取而不以力斗的角色。毛利斯在军中还体验到比手足之间更深刻的袍泽情谊，如在军中结识日日相伴的塞神父以及其他人等。罗柏判断小弟不会给乔以外的人写太多信，爱蒂特却干脆宣布"毛利斯给我写了很多"，这使罗柏大为惊讶：常在生死关头的毛利斯，为何给大嫂那么多信，甚至超过写给妻子乔的？

爱蒂特只解释道，这是小叔委托自己为怀孕的乔做事而已。她没有告诉丈夫：自己对毛利斯怀有特殊感情。

第八场戏

毛利斯在前线得知大哥被德军俘虏时，由于生死未卜，不是大哥先死于德军虐囚行为，就是自己先死于壕沟战中，因此他每次回家，即使只有短短几天，也都尽心尽力照顾嫂子和侄儿。毛利斯也拜托大嫂照顾自己怀孕的妻子乔，常常写信与爱蒂特保持联络，为怕增加乔和母亲的忧虑，很多使人害怕不安的事只向大嫂透露，因为他不敢保证下次休假自己还活着，特别是从凡尔登战役死里逃生后。

罗柏获释回家，因心灵创伤和战争压力，性格大变，他被迫成为一个局外人。当知道小弟给爱蒂特写很多信，并且妻子从未给自己看时，他质疑为何不能看那些信？信里写的如果是战场见闻或各种负面情绪，罗柏也不感到意外，毕竟毛利斯战前就给人忧郁和没自信的印象，也避免与人目光接触。

爱蒂特不确定是否有权利给罗柏看毛利斯的信，若丈夫坚持非看不可，倒是可以拿出几封来。罗柏对妻子这种将他排挤在手足交情以外的行为很反感，明明母亲说小弟信里都在关切大哥的事情。此时罗柏仍把毛利斯看成是一个在前线面临死亡威胁不知所措的"可怜虫"，这引起了爱蒂特的不悦。从战前罗柏就爱作弄小叔、开他玩笑，现在毛利斯已成为亡者，罗柏也未曾表示足够的敬意。但爱蒂特对毛利斯的挂怀与纪念使丈夫感到困惑，妻子对小叔之死有什么好放不下的？爱蒂特差一点就要说出心中的秘密："当我想到他活的那些岁月，并在那个梦魇结束前不久经历这个恐怖的死亡……曾经有过的想法……"这个隐晦的叙述，要等到第十一场戏爱蒂特情绪激动地告诉塞神父什么是"当我想到他"的意思时，观众才能稍稍明白这是叔嫂之间的幽冥相通、无言交往的美妙经验，但并非神父所误会的通灵交鬼迷信行为。

罗柏当然不知道妻子内心在想什么，只感觉她想法太幼稚，他反问她：自己在战前怎么可能预见小弟要变成一个英雄，尊敬他，并加以大大的赞扬？

战前的毛利斯忧郁、没自信，对大哥有些胆怯，罗柏叫他"活泼可爱的小伙子"，常嘲讽他，这教大嫂看不下去，二弟古斯也被罗柏视为愚笨透顶，缺乏敏感。

罗柏没说出口的是毛利斯瘦小好欺负，何况手足相处又不一定要"兄友弟恭"。爱蒂特决定不让丈夫读信，因为她无法忍受罗柏对小叔的轻浮，并且战后的罗柏已经失去自我控制能力，如果他读信后开始挑剔这个毛病指谪那个错误，是对爱蒂特心中有关毛利斯的美妙回忆的亵渎。因此她说："你没有认识毛利斯，真正的毛利斯。"但罗柏反而觉得读信是一个好好认识小弟战后心境的机会，毕竟自己在德国当了四年俘虏，对家族的记忆有了断层，被隔绝在众人之外。妻子不但拒绝给他看小弟的信件，还教训说："你应该首先重获生命的喜乐。"罗柏何尝不想找回战前那样平安无事的生活态度？但景物依旧，人事已非。

第九场戏

罗柏的母亲由于受不了大儿子对德军的中肯评论，到隔壁房间逗三个孙子玩，与孩子们度过一段美好时光。即使苏珊弹琴分不清楚音节，在祖母眼中还是很可爱。这本来也是罗柏身为父亲理应享受的亲情，但苏珊演奏的贝多芬在他听来却是噪声；母亲把小孙子路易昵称"鲁鲁"也使罗柏动怒，要她改正，使她很不痛快，抗议罗柏是"专制霸王"，会吓坏小孩子。罗柏只感到母亲的做法很无聊、可笑。母亲不死心，仍为私心喜欢的"鲁鲁"一词辩护："有些印象留在人们的心田会比我们所以为的深刻得多。"这是指小孙子被唤作"鲁鲁"比"路易"更能表达亲密感。她没想到随口说的这个"留在心田的深刻印象"不经意地指出了罗柏心中的战争印象和爱蒂特心中的毛利斯印象；前者的痛苦使罗柏战后性格大变，后者则奇妙地让爱蒂特从此成为另一个人。

罗母对儿子与媳妇二人的心结浑然不觉，只想到鲁鲁后天要过五岁生日，她要以毛利斯之名给小孙子做蛋糕。婆媳回忆起毛利斯多么疼爱大哥的三个孩子，以至于侄儿们常常讲起叔叔。母亲对罗柏说："你无法想象他对孩子们的重要性。每次休假回来，他都全心全意与他们玩在一起，就像他们的父亲。"这又一次伤害罗柏的心：自己的小孩爱叔叔比爱爸爸还多！爸爸还活着耶！就在你们眼前！罗母继续夸赞小儿子有多好：带孩子去看医生、去散步……毛利斯认为自己对侄儿有一份责任，并且回家时始终喜气洋洋。"快乐"是罗柏无法想象的事，之前他已对莉丝、方欣说过：短短休假八天再回战场，只是暂时脱离死亡的恐怖而已，根本不可能快乐。他无法了解忧郁的毛利斯竟能快乐得起来？罗柏母亲解释：毛利斯为家人付出很多，却并非总是快乐，他在婴儿去世时，比妻子更伤心难过。乔有病在身，筋疲力尽，对孩子夭折已然麻木。而毛利斯关爱大哥的所有作为里最让罗柏母亲念念不忘的，就是在婴儿的名字"安德-方济"前头加上"罗柏"，为此还特地从前线发电报叮咛乔。大哥被关进了俘虏营，这么做是向罗柏的苦难致敬。毛利斯很期待孩子诞生，还非常希望乔亲自喂母乳。这些心意罗柏都不知道。此时，门外出现一位爱蒂特始料未及的访客，就是毛利斯的挚友、部队随营司铎塞卫雅克神父。神父来信告知，要来探望罗柏母亲和罗柏，实则他担心乔承受不住毛利斯死亡的打击——丧子之后又失去丈夫，换作是谁都无法振作起来。然而，神父却未想到爱蒂特对乔隐瞒了死讯。罗柏夫妻为毛利斯信件而争论，显示爱蒂特即使心中有话想讲，也不敢说，因为罗柏挑剔别人的本领高强（比如罗母称赞塞神父为"圣人"，罗柏会当成可笑的事）。化身于字里行间的亡者毛利斯，比近在眼前的罗柏更贴近爱蒂特的灵魂深处。有谁知道毛利斯失踪近一年后，他的大嫂究竟捧读过几次他的信？又有多少次爱蒂特从这些信里得到丈夫所不能给的慰藉？这条叔嫂之间不能逾越的伦理界线，在爱蒂特心中并非最优先考虑的项目，以至于她在第十一场戏中胆敢当面追问塞神父：毛利斯死前是否表态爱过她？寻遭神父训斥是她自作多情的危险思想。

第十场戏

神父向罗柏表明自己是毛利斯的挚友，在战场的三年多两人天天相处，故毛利斯的失踪带给他极深的悲伤。想当然毛利斯家人的痛苦一定更甚于神父，此所以他要亲自造访——他想来安慰他们。

爱蒂特从隔壁房间带三个孩子来问候神父，上次神父到访已是一年前了，那是毛利斯的最后一次休假。当时路易四岁，塞神父以为孩子太小，应该不记得自己是谁，小路易却指着神父的十字架，一眼就认出"它就像我叔叔毛利斯的一样"，使神父非常惊喜。塞神父友善地称赞耶谷长得像爸爸，苏珊像妈妈，不想触怒了罗柏，他与神父不过初次见面，此人却与他的妻子、三个孩子非常亲近。被俘期间他到底错过多少好戏？妻子甚至表明与神父有秘密要讲，不愿意丈夫听到。一次又一次，罗柏感到自己被排挤。

关于毛利斯，爱蒂特心中隐藏着不可告人的心事，神父突然大驾光临，她难免感到混乱。此前她写信问神父：毛利斯是否吐露过对自己的爱意？但神父刻意不答。这次神父再出现，她最想知道的是毛利斯死前的心意，但婆婆与丈夫都在场，她不便再追问此事。她不禁说，希望能和神父独处交谈。她的态度被罗柏母亲和丈夫察觉，罗柏母亲感到不愉快而离开，罗柏也生气地以带孩子散步为由走掉，不想苏珊却说"比较喜欢留下来和神父在一起"；爸爸嫌弃女儿的钢琴演奏，不让她弹琴，孩子怎么会想跟他去散步呢？罗柏在家人心中的好感不如毛利斯也就算了，连神父的人缘都赢过自己？

爱蒂特满心都是毛利斯，还随口对丈夫说，"你健步如飞，不要把他们（孩子）弄得太累"，其实罗柏的健康大不如前，稍微过劳就会脸色苍白。这再次凸显爱蒂特并未细心留意罗柏的变化，念念不忘的反而是：神父是否听过小叔表态爱自己？如果小叔爱上大嫂是一种罪，虔诚的毛利斯必定会办告解。塞神父对于爱蒂特这样的胡思乱想非常反感，因此在第十一场戏中，不得不一再加以训斥。

第十一场戏

爱蒂特对小叔的特殊感情在本场戏中表露无遗。马赛尔认为她与塞神父的对话是自己所写过最有意义的篇幅。

塞神父来访首先是要关心乔的身心情况，因为爱蒂特写信告诉神父：毛利斯的队友在返乡后告知，他见到了小叔生命的最后阶段。神父以为乔也知道毛利斯阵亡的事实，担心她难以忍受这个重大打击。但爱蒂特说自己对乔隐瞒此事，是避免毛利斯的死亡使一切变得更复杂。神父以为爱蒂特隐瞒弟媳是担心她受更多苦，但爱蒂特却认为，揭露毛利斯的死讯反而能使乔少受点苦，因为爱蒂特特别体验到毛利斯死后犹在。但这种"小叔与大嫂的关系比夫妻之间更亲密"的主观感受，可能使乔觉得更难堪，更痛苦。

神父于是根据十诫纠正这位信徒的思言行，他被爱蒂特违背伦理的举止激怒，训话时牙齿格格作响。神父所理解的爱蒂特，是一个过于悠闲的家庭主妇，在刺绣与缝纫之外也依靠幻想度日；特别在战争期间，总要找点事打发苦闷，而乱世中最奢侈的就是爱情了。身为大嫂，一直追问小叔是否爱过自己，对神父而言毋宁是亵渎挚友、糟蹋英雄毛利斯在自己心中神圣回忆的错误思想。神父告诫爱蒂特最好学会不要胡思乱想那些可怕的不伦之恋，因为太自由、太蹦跳的思想总有危险。他规劝她要勤行神业，对宗教事务要更热心一些。

爱蒂特却低声抱怨自己正在为毛利斯受苦，而神父说的祈祷、守斋、刻苦等反而会阻碍自己思考，这使塞神父以为爱蒂特批评宗教修行是机械化的顺从和遵守纪律而已，神父仍坚持即使是机械式的祷告（如不断重复的玫瑰经）也有其价值，他强调自己花很多时间去理解爱蒂特所说，关于她和毛利斯亲密结合的情况。神父认为祈祷是使人记得自己有灵魂的唯一方法，顺从私欲偏情（concupiscence）而活则与禽兽无异。毛利斯的虔诚在于努力战胜自己的私欲偏情，这可能是比德军更可怕的敌人。他面对随时可能死亡的威胁，必然会在下一次进攻前向神父妥善办好告解，加上战场三年多的朝夕共处，塞神父必定相当清楚，毛利斯是最能体会爱蒂特僵化疲惫主妇日常的人：孩子不乖、大声啼哭不止……可怜的是毛利斯连自己婴儿的哭声都没能听见，孩子就夭折了。大嫂对于日复一日带小孩所感到的枯燥乏力，却是毛利斯这种冲锋陷阵的小卒所渴望的最大幸福。

对于神父的指责，爱蒂特只能以悲哀的微笑响应那"恨铁不成钢"的怒气。但她不死心，一定要神父回答自己在两个月前写信提出的问题。神父表态拒绝回答，因为爱蒂特假定毛利斯把心事都告诉神父，并且神父将一五一十地转告她。爱蒂特却说神父剥夺她"了解毛利斯在生命最后几个星期中可能在想些什么"的权利。这话若由乔来说，一点都不奇怪，因为她是毛利斯的太太，并且从未放弃寻找他，等待他回家。而爱蒂特却把毛利斯队友传达的实情按下，对乔秘而不宣，如今还说自己对小叔的特殊感情"是在受苦"，甚至到了"没有受苦时，情况更糟"的程度。

塞神父对于这位信徒无可奈何，只能指出爱蒂特内心的这种感情是错的；她必须控制自己的念头，不应误解小叔爱屋及乌的手足之情——爱大嫂，更爱大哥。爱蒂特仍为自己辩护，说神父不懂她想问什么：爱蒂特只想知道毛利斯是否曾爱过她，但这种爱不等于毛利斯心中曾有神父所判定的"有过失的感情"。爱蒂特理直气壮道：毛利斯已是一个亡者，他不可能在大嫂身上再激起什么不洁的东西。

塞神父感到难过，因为与爱蒂特无法沟通，他表示：要爱蒂特为亡者毛利斯祈祷，与回答爱蒂特追问的毛利斯生前内心隐私，是完全不同的事情。毛利斯已不在此世，而爱蒂特还有丈夫和三个孩子的生活要打理，乔更缺乏亲友支持和安慰。为何爱蒂特那么自私？

爱蒂特有所抗辩不能忍，在她心中为死去的小叔祈祷，跟面对一个活生生的毛利斯，并非是两回事；若照神父所言，用祈祷把神放进亡者与未亡人之间，亡者早已被流放到无限遥远之处，成为"真正缺席的人"。爱蒂特质疑：身为神父，根据信仰，绝不可能认为"死亡是一种缺席"。因此她更大胆宣称：小叔"比他活着的时候还更直接地临在于我。在他与我之间，不再有对彼此怀有不洁思念的可恨惧怕；不再有第三方令人不安的形象……也不再有第三方"。如果爱蒂特所言不假，这种"彼此怀有不洁思念"的深情，正是神父要她严加防范的，而他们各自的配偶罗柏、乔，反而成了叔嫂之间的第三者，这是什么逻辑？根据十诫来指导信徒的神父，当然要严厉地注视爱蒂特，并捍卫挚友毛利斯美好的人格。神父劝告爱蒂特既有权利也有责任为小叔保留深刻的感激之情，因为他在大哥被俘期间仁至义尽地照顾嫂嫂和侄儿。爱蒂特不应误解一个非常正直善良的人对落难者所表达的温情。

爱蒂特一再试图澄清自己的想法，她认为神父听不懂自己所说的话。确实，小叔生前是丈夫罗柏的替代者，为她照顾孩子，陪孩子就医、散步等，爱蒂特不否认毛利斯生前对自己表达的是得体的情感、感谢及正常的友爱，因为大嫂也曾替他照顾过怀孕的乔。爱蒂特认为这不是神父所说的"有过失的激情"。

毛利斯与爱蒂特的互动使她认为自己"还活着"，这是丈夫罗柏从未带给她的体验。丈夫给她的感觉是强烈到令她不寒而栗的"不再临在",但小叔却是一个关系亲密的去世之人,其临在较诸生前反而更加强烈,死亡的无形距离并不能拆散二人亲密相爱的灵魂。爱蒂特明白,同住一个屋檐下的夫妻却如参商之遥隔,那是心灵上的隔阂,她向神父喊冤:罗柏"和我不在一起,我们不在一条船上。唉!就像两个东西放在那里,彼此靠近,却永远是在彼此的外面。我多么渴望我们的关系不是这样"!而最不可思议的是毛利斯死了,却仍使大嫂感受到他"还活着";听到神父把亡者说得像是死去的事物一样,这是爱蒂特最不能接受的。

塞神父误以为大战前罗柏夫妻感情融洽,但爱蒂特承认那只是表面上看起来的"小两口"而已。这对夫妻从未有过争吵,相敬如宾／冰。罗柏埋首工作,全力以赴投入,爱蒂特则苦于孩子们难以调教,并且生下第二胎后就变得体虚力弱。"我回想那些年,我的思想陷入灰暗。我的生命就只有这些。"战前那些单调重复、寻常无奇亦无激动的日子,教爱蒂特难以忍受,而毛利斯在战争期间源源不绝的善意,成为带给大嫂欢喜的偶发事件,暂时填补她"贫乏的人生"。

爱蒂特越来越坦诚地开放自己,反而使塞神父感到害怕。但身为神职,还是只能根据十诫劝导信徒,他不希望爱蒂特坚持错误的判断而迷失方向,而更应该关注罗柏的身心健康,毕竟她是罗柏的妻子,而不是毛利斯的太太。爱蒂特反而抗议说自己"太体谅"丈夫了。神父表明不愿再听下去,毕竟他不是专程到这里为爱蒂特做心理咨询的,爱蒂特的畅所欲言在神父看来只会摧毁两对夫妻对神圣婚姻的信任感。

爱蒂特请求神父让她办告解，神父拒绝，理由是爱蒂特相信自己所言一切正确无误，这不是基督徒办告解的态度。他认为只有一件最重要的事，就是尽好她身为妻子、母亲与大嫂的责任，并且用力驱除所有不良思想，以免犯罪使灵魂丑化，终至丧亡。塞神父虽拒绝为爱蒂特举行和好圣事，却试探这对夫妻和好的可能性；他问她，是否把对毛利斯的特殊感情向罗柏诚实坦白过，如果这感觉并非有罪？爱蒂特很直截了当地说自己曾仔细思考过，或许最后会告诉罗柏。而神父只能警觉到这真诚告白会是一个不可弥补的错误，"毛利斯死后更存在"将成为罗柏的苦恼，使他痛苦不堪——小弟阴魂不散横亘在自己与妻子之间？这原本是爱蒂特所喜欢的、打破平庸日常的特殊感受，是她沾沾自喜保存起来的一个秘密（在第八场戏中，爱蒂特拒绝让丈夫看毛利斯写给自己的信，已使罗柏受伤），在神父眼中这就是私欲偏情而已。爱蒂特饱受神父指责，边讲边哭，她只想传达"亡者仍在"，但神父对亡者的理解是"已经不在的人""不再是活人的人"，这与无信仰者想法一样。但爱蒂特从毛利斯身上体验到"真正的亡者，只是那些我们不再爱的亡者"，被活人遗忘才是小叔真正的死亡与毁灭。在第三场戏中乔已指出"亡者不再能发声"的事实，所以幸存者应透过语言文字传述战场记忆。

神父最惦记的还是乔，因为这是挚友毛利斯的夫人，他问爱蒂特是否同样会向弟媳妇坦白她对毛利斯的特殊感情。爱蒂特认为乔不了解自己，并且霸占着毛利斯不放，因为毛利斯是"她的"丈夫，自己与小叔在世上并无婚姻关系，互不相属，却反而亲密无间。神父只看到爱蒂特得意洋洋地自豪此种"密契"，无视十诫对于圣洁的要求，对她升起一股鄙视感。爱蒂特则觉得被神父冤枉，因为塞神父只能在自己的经验中寻找爱蒂特经验的定位：在十诫的要求和规范下，大嫂对小叔有如此热烈的感情当然是件很危险的事，遑论双方的配偶都不知道这个秘密。神父认为爱蒂特的真心话没有一个字与基督信仰相关，关于"亡者仍在身边"的想法应被看成迷信，是正在损蚀爱蒂特灵魂的恶，神父要爱蒂特在信仰加持下以意志力对抗犯罪的诱惑。

爱蒂特却认为神父所建议的宗教对策都是没有生命的幽灵，她完全不能接受只有道德的宗教："对我唯一有价值的宗教，是引领我进入另一个世界的宗教。在那个世界，一切将血肉之人分隔开的悲惨障碍，都在爱和慈悲中云消雾散。他和我常紧密地结合在一起。我感觉到他和我在一起，离我越来越近。而若要把这种感受看成是罪恶，我要坚决反抗。因为这是生命。"

爱蒂特强调小叔和自己之间是一种"紧密结合在一起的友爱"，是生命而非罪恶。但神父却误解为爱蒂特不但有严重的道德沦丧问题，还能通灵，这更是圣经所禁止的迷信行为。

爱蒂特认为神父对自己的误会越来越深，宗教信仰对她而言，绝非只是依靠功德、勉力通过窄门以求进入天国，功德跟信德相比没那么重要，如果基督信仰只承认功德的价值，那么她不必相信天主。

爱蒂特质疑：战场上，那么多人在塞神父的怀里咽下最后一口气，为何神父不曾想过追随亡者，到那个超越我们见闻的彼界？这是半途而废。神父的回复仿佛标准公式："我对无限仁慈的天主有信心，祂会接待一切的灵魂，给他们救恩。"爱蒂特只想到神父陪伴不少人度过临终时刻，却未想到他在战场上已经应接不暇，仅仅毛利斯参与的一场凡尔登战役，在十个月内就超过二十五万人死亡，即使神父有眼泪，也可能早就干涸了。失去挚友毛利斯更是令神父悲痛至极。爱蒂特却只想知道毛利斯爱不爱自己，更不顾虑丈夫和弟媳妇对此事的感受，神父实在难以容忍她的自私。

爱蒂特反击得铿锵有力：把一切推给天主，对神职人员来说就够了，任务已经完成，可以洗手不干了。当垂死者吐出最后一口气，神父该有一种满足感，好像一天结束时，认真完成工作的公务员在一堆文件前面心满意足地搓手。这是爱蒂特猜想的司铎日常。她认为自己不一样，她与亡者活在一起，从亡者身上汲取可以安慰和支持自己的鼓舞，然而这些却被批评是迷信，教她不禁痛哭失声。爱蒂特未说出口的是：毛利斯不间断的友情，安慰、支持、鼓舞她继续捱过与丈夫罗柏和三个孩子的平庸日常。

塞神父态度变得温和，并请求爱蒂特的原谅。爱蒂特的委屈使他意识到自己因恐惧而粗暴发言。他担心爱蒂特是用某种通灵方法联系毛利斯，才有如此特殊的幽冥相通感受。通灵之举既危险又荒谬。

爱蒂特不得不情绪激动地再次宣告：

> 我以一种确定的方式想他——非常温和、集中、凝敛——它在我身上引发一种更丰富、更深邃的生命，我知道他也在其中。这个生命不是我，也不是他：是我们两个。我要向您坦承吗？我希望您也能有参与这种无言交往的经验，其中的美妙……

爱蒂特所谓与亡者毛利斯"无言的交往的美妙经验"，已经触及内寓于人际关系中的隐密临在——"神／绝对你"——了。
爱蒂特严肃表示后悔向神父和盘托出这个神圣的临在：

> 为什么我觉得我在向您讲这些的同时，我在违反一个神
> 圣的约定呢？我们不该向局外人说这些。说到底，是我辜负
> 了（这种经验）。

马赛尔在形上日记《临在与不死》中解释这种"不应当向局
外人讲的事"说：

> 然而把对他寄予希望的人的仰慕关切之情集中到他身
> 上，此人的本质就由他唤起的先知性希望所组成。
> 我们能否想象曾为大家把"整个的未来"（tout avenir）寄
> 望于他者会否有一天成为"一切都过去了"（tout passé）呢？
> 这种思维有何形上含义呢？这意味着为我或为我们这个存在
> 的形上性格叫我们相信他还存在着，而此刻他那单纯质朴的
> 存在（l'existence pure et simple）已终止了。……因为这个
> 存在的本质不是显明的，它是一个秘密，而我们厌恶把这个
> 秘密向一个陌生人公开，换言之，糟蹋它。身为此秘密持有
> 者的我们或许用这个比喻来讲可以把我们的经验传译得清楚
> 一些，譬如说，我清醒地守候在一个熟睡者身边。这等于
> 说，我们希望这个熟睡者会醒过来。守候在一个沉睡者的身
> 边：这意味着沉睡的某人不要受入侵者（intrus）的干扰，使
> 他的睡眠不被中断。但在这里我们应当保全我们爱的人不
> 受什么入侵呢？此处所谓的入侵从各个角度看指"不信实"

（infidélité），而"忘了"或"疏忽"，甚至"冒昧"是用得最多的借口。我不相信我曾写过能更直接地传达一个如此亲密而经常发生的经验，但这只是一个滥筋而已。

……发生的一切就像透过一扇窗帘去看那个入睡者。我们无法确定这个入睡者是否还在呼吸。他已逸出我们的控制范围，他已不可能以任何方式提供给我们讯息使我们可以侦察他而能宣告他的实况，或更确当地说，这类掌控（manipulation）只能在逐渐消失的虚拟之物（simulacre）上有其作用（发掘一个尸体）。这个虚拟之物对我们有强制性，除非我们能克服从它流出的纠缠，我们才能持守我们间的秘密，并尊重那个不让自己可以与之分离的誓约。

但是那位满足于尊重一个记忆的人，分析到最后，会向从虚拟之物逸出的恫吓之力（puissance d'intimidaton）让步，因为久而久之，他会把那个虚拟之物视为一个正在日益褪色之物，就像我们给放在壁炉上的照片拭去灰尘一样。

马赛尔要说的是他对"持续地临在"经验的思考，而对一个图像执着则有被它套牢的危险。我与"他者"的关系应当超克这个执着，因为涉及我与亡者之间各种活生生的沟通与交流。马赛尔完全排斥有关记忆的唯物倾向的表象，就是把对"他者"的记忆同化成一些相簿内的照片，我可经常地翻阅一番。这位我爱的人不应被说成只是一个图像，我们对亡者的记忆虽以图像的形式切分开来，但它自己并不因此而成为图像。马赛尔认为人对永生的渴望不是濒于死亡边缘时的虚幻妄想，而是人类神秘存在中神性的范畴。

毛利斯在生命的最后几年成为虔诚教徒，他与大嫂两人因着信仰，越来越靠近"基督之光"。马赛尔创作此剧时尚未领洗皈依，以后他才能明白指出：存有即"同是（co-esse）"，是人与人间的内在联结以及在真爱中可全部给出自己的能力。"绝对你"这种主体际关系的最深邃的底层的联结，连马赛尔自己在1919年创作剧本时都还未有足够的理解，何况是塞神父呢？爱蒂特和毛利斯一起发现了新大陆，并且她希望透过开诚布公、直抒胸臆，能使神父、罗柏、乔也看到这样的风景。可惜神父只看得到十诫的规范，更不能指望罗柏和乔会有此等美妙体验了。

深爱的亡者之临在是奥秘，要点在于不用生理意义看"生"与"死"。马赛尔的一位挚友在二战中阵亡，这是在母亲去世以后，另一次深刻的互为主体性经验：

> 此刻我记起了爱弥儿M，他在1940年5月一场战役中丧亡。有人会向我说："他绝不可能临在于你，你保存的只是一小卷有关他的胶卷；一个录像或者录音，你可以使它转动，没有别的了；然而把这卷录像或录音看成是亡者本人，这是毫无意义的事。"对于这种还原，从我内心深处会涌出一股抗议之气。抗议来自我对他的爱，抗议本身即爱。……我会回答说：真正活过的生命的一部分，决不会跌入纯粹幻觉的境况中去的。……我宣称："这不单是我携带的爱弥儿的一张像而已，这是他自己"，我究竟要说什么？这幅像只是一个工具（moyen），借着它，一个实体继续与我共融，这是一个在恳祷（invocation）和祭仪（culte）根源处之超越行为。

这种彼此继续共融的超越行为是满怀虔诚之心的祷告或追思亡者的敬礼，使我们记得他们，并在另一光明中看到他们；这一位存有不再在这里，但他同我的关系（曾与我的生命亲密相处过）还是鲜活的。因为亡者是参与我的生命、使我成为今日之我，并继续在如此做的人。深爱的亡者是临在于我的存有，一个我们所爱的对象（我为他去世而哭泣的存有）的存在，并不以某种机能形成的效果向我们呈现他自己。但在"临在"（互为主体性）的启迪下，一切都有了新的面貌：亡者的临在不是一个瞬间的临在，不是一个陈列在我眼前的临在，而是一个存有的临在，意味着从我一方面的"投入参与"，我为了欢迎此存有而愿意开放我自己。那张毛利斯最后的照片令罗柏感到陌生，罗柏只有被俘虏前脑海中选择过而保留下来的那些印象而已，他感受到的只是战前有关小弟的情绪，照片上的毛利斯已是一个无法交流、与他绝缘而难以认知的东西，毛利斯不再存在。

战前的毛利斯在罗柏看来是软弱的，但小弟得知大哥成为俘虏后，在无助的大嫂与三个侄儿身上看到可以关爱的"你"，他找到可以绽放临在和爱之光芒的对象，原先平凡且忧郁的小子有了充满光泽的纯洁微笑，毛利斯与塞神父成为至交，也因此怀着信心把自己交托给超越的存在，并甘愿忍受大战期间的痛苦与死亡，他逐渐属于基督的王国。而罗柏返家后失去了爱心与信心，独自沉落在孤独寂寞的精神壕沟中苟延残喘，他的婚姻生活比战前更像是坟墓，但妻子已在毛利斯的友爱之情中复活。战争与家庭的悲剧生活驱策叔嫂二人回到天主面前重新超越。如果罗柏像小弟和妻子那样有恩宠经验，就能越过有形无形的坟墓，与所爱者共融。战后的毛利斯除了照片中那张陌生的笑脸以外，什么也没有留给罗柏，而爱蒂特拒绝他阅读小弟的信，更教他封闭在精神的僵化中。在怀疑和失望情绪的交织下，一种灵魂内在的枯萎使整个家庭陷于苦恼，罗柏成了与自己和他人都疏远的陌生人。

第十二场戏

由于这场残酷的战争，毛利斯成为一位虔诚的教徒，随时准备好去见天主。在这位圣人神父眼中，毛利斯即使代替受俘的大哥照顾妻儿，也从未逾矩。但大嫂爱蒂特所体验的小叔心意，毋宁更近似爱情的亲密而非手足的友谊；无奈这是只可意会、不可言传的神秘境界。罗柏结束散步返家，看到神父跟妻子的对话犹未结束，毫不掩饰自己的惊讶：这不是我的家吗？为何我被迫成了要回避的外人？

塞神父告诉罗柏：毛利斯过去全无自信，面对大哥始终有着胆怯的心情，他自认不像罗柏那么坚强。塞神父在军中听闻过罗柏的事，即使和罗柏是第一次碰面，也并不陌生。他察觉数年的俘虏生活，让罗柏的身体与精神都饱受摧残。但罗柏不同意神父从毛利斯那里听到的话："我的弟弟可能对我的情况不尽了解，就像我对他的看法一样。"这使神父不免一惊，身为一家人，怎么彼此的认知竟会有如许落差？罗柏说了真心话："别人和我说的有关他的事，与我记忆中的他差别很大。"因此罗柏请神父不要再透露小弟的任何消息，这些"迟来的发现"让他很不舒服，他越来越像是个不相干的局外人。罗柏认为爱蒂特已然非常了解毛利斯，与神父畅谈想必心满意足，自己则仿佛是个缺少四年家族记忆的人，家人和自己都不知道对方是谁……神父不愿插手罗柏夫妻的嫌隙，此时最好离开。当爱蒂特要送客时，罗柏拦阻了她，亲自送走神父。

第十三场戏

战争对罗柏而言是危及生命安全而心有余悸的梦魇，身为俘虏受到的审讯必然也伤及自尊，但他无法说出这些痛苦，只想遗忘。罗柏需要安宁疗伤的时间和空间，但在家里他得不到喘息。爱蒂特和丈夫罗柏的关系并未如她和小叔那样亲密。实情是，从战争爆发之前小两口就过着貌合神离的平庸日常；罗柏只顾着上班，爱蒂特拖着病体看顾三个难以调教的孩子。这种连架都吵不起来的夫妻关系，使她窒息。毛利斯在壕沟与战场多次与死亡擦身而过，这是早早被关进俘虏营的大哥所无法想象的恐怖。因此罗柏认为，跟壕沟里的其他人相比，自己并未受更多苦。但他在监狱中对毛利斯的内心经历一无所知，家人四年中发生的许多变化，都是停战以后，他从德国获释回法国，才由妻子爱蒂特那里得知。罗柏患有创伤后压力症候群，众人却未察觉；而关于毛利斯在战场或家庭的各种前所未闻的创举，罗柏在惊异之余，只觉得难以忍受：这个小弟令大哥感到陌生，整个家庭的人，包括母亲、二弟、妻子，对罗柏而言都是陌生的。

小弟毛利斯战前郁郁寡欢、胆怯、无自信，却在战争洗礼下改头换面——变身为眼神坚定的战士、虔诚的天主教徒，予人开阔爽朗、喜气洋洋的印象；更因为阵亡，成为众人致敬的英雄。对罗柏而言，最难忍受的是小弟成为一个他不认识的陌生人，但妻子却与小弟亲密无间、相知相惜。罗柏活着回家了，但真正活在大家心中的是毛利斯；大家不是在想念他，就是在寻找他。而罗柏就像勒席瓦利哀家的陌生人，母亲、妻子、二弟、弟媳妇乔都不理解他，甚至母亲和乔都怀疑罗柏隐瞒了有关毛利斯的坏消息不讲。

爱蒂特把持一个不能说的秘密：小叔死了，但跟自己更亲密的结合在一起。此种毫无隔阂的感觉，与毛利斯生前活跃在自己眼前和心中的感受相比，更加强烈也更难以形容。

罗柏记得战前妻子能与塞神父长谈一个半小时，因此刻意在外面待了很久；没想到五年后，自己转了一圈进门，发现妻子与神父竟有那么多的话可说，为何自己在家时都没有人当他是倾诉对象？

爱蒂特不甘示弱，对丈夫道："你真的以为五年前你对我的思想了如指掌？"毕竟她才刚被神父严厉责备，如果连神父都不懂她的感受，更不可能指望罗柏能懂。

罗柏仍认为自己在战前很理解妻子，"你当时的样子我现在还一清二楚"，现在是妻子自己挂上了神秘的面具。爱蒂特批评丈夫只记得自己的外表，对枕边人的内心世界却不曾留下什么印象。罗柏沮丧地说出最真实的感受："你们所有的人都试图在我周围制造一个真空……我不知道这是不是为了让我感觉自己更像是一个鬼魂。"毛利斯才是真正的鬼魂，但每一个人都怀念他，好像他就活在眼前；而同住一个屋檐下的罗柏，尽管所说的话都是出自真心，仍被迫变成幽灵——无法被众人察觉的存在。爱蒂特对此表示同情，却使罗柏自尊受伤，更加难堪。同情不代表她能感同身受，理解丈夫真正的痛苦。罗柏更喜欢听到妻子毫不留情的谈吐，还有沉默，他要重新认识这个女人。就在爱蒂特难过得离开，手握门把之时，罗柏突然叫住她："你认为这种情况会一直持续下去吗？告诉我……因为如果那样的话，会让我逃开。"爱蒂特曾向神父抱怨自己和丈夫连架都吵不起来，当罗柏想认真与她吵架时，她又为避免冲突选择走开，看似委曲求全，保持受害者的姿态，其实是不愿和丈夫沟通。罗柏向她表达回家后他所予人的异样感："当大家对某个人固执己见太久，有一天又见到他时，应该重新解读所有他说的话和全部的举止。因为大家已经习惯把他说的话、做出来的举止当成另一个意思……我知道你不懂。"这是说战争改变了罗柏整个人，那是很想遗忘却无法遗忘的地狱，使他不稳定、不透明，他无法向家人倾诉自己。战争让他与妻子分离，但妻子与小弟却越走越近……种种感受实难以言诠……罗柏提到"当没有什么可以等待的时候……"，透露出即使脱离战争也无法恢复平静生活的失望。爱蒂特听不懂丈夫的话，只是觉得反感、痛苦，她的口头禅永远是"可怜的罗柏！"无论是母亲、妻子、二弟、弟媳妇，对罗柏发言的反应都是不信任、不接受。罗柏需要大家，但大家需要的是死去的毛利斯。那么罗柏即使活着回来，意义何在？

马赛尔认为一种疏远会产生另一种补偿性的亲近，当罗柏与爱蒂特的夫妻关系疏远时，毛利斯则与大嫂建立了亲密关系。由于毛利斯对自己在战场的命运——包括负伤、俘虏、生还、死亡等不抱任何幻想，因此在结束休假返回战场前，都会帮助大嫂和侄儿，尽力使爱蒂特坚强起来。毛利斯已是虔诚教徒，这使他相信拯救来自天主。爱蒂特则因毛利斯的帮助而能面对现实，她在与所爱之人的共融中，寻找继续奋斗的勇气。

第十四场戏

马赛尔的笔停在一封祝贺罗柏平安抵家的电报上，这原来该是一个同乐同欢的家族聚会，但谁也高兴不起来。本剧当时尚未写完，但通过对话，观众当能够更深入理解剧中各角色的冲突与矛盾。马赛尔认为，人为了躲开日常生活中足以造成伤害的接触，就在观念界建立一个避难所；而"爱的缺乏"就是人没有能力以人的方式去对待活生生的其他人，反而代之以一些概念和抽象名称。

延伸阅读

马赛尔著作

哲　学

Gabriel Marcel-Gaston Fessard: Correspondance (1934—1971), Paris: Beauchesne, 1985.

Vocabulaire philosophique de Gabriel Marcel, Paris: Cerf, 1985.

L'existence et la liberté humaine chez Jean-Paul Sartre, Paris: J. Vrin, 1981.

Percées vers un ailleurs, Paris: Fayard, 1973.

En chemin, vers quel éveil, Paris: Gallimard, 1971.

Coleridge et Schelling, Paris: Aubier, 1971.

Être et avoir, Paris: Aubier, 1968(La première édition: Aubier, 1935).

Pour une sagesse tragique et son au-delà, Paris: Plon, 1968.

Entretiens Paul Ricœur-Gabriel Marcel, Paris: Aubier, 1968.

Paix sur la terre-Deux discours. Une tragédie, Paris: Aubier, 1965. *La dignité humaine et ses assises existentielles*, Paris: Aubier, 1964. *Regards sur le théâtre de Claudel*, Paris: Beauchesne, 1964.

Le mystère de l'être, vol. I, Réflexion et mystère, Paris: Aubier, 1963. vol. II, *Foi et réalité*, 1964.

Fragments philosophiques, 1909—1914, Paris et Louvain: Nauwelaerts, 1961.

Présence et immortalité, Paris: Flammarion, 1959.

L'Heure théâtrale de Giraudoux à Jean-Paul Sartre, Paris: Plon, 1959.

The Philosophy of Existentialism, N. Y. : The Citadel Press, 1956.

L'homme problématique, Paris: Aubier, 1955.

Le déclin de la sagesse, Paris: Plon, 1954.

Les hommes contre l'humain, Paris: La Colombe, 1951.

Position et approches concrètes du mystère ontologique, Paris: Vrin, 1949.

La métaphysique de Royce, Paris: Aubier, 1945.

Homo viator: Prolégomènes â une métaphysique de l'espérance, Paris: Aubier, 1945.

Du refus à l'invocation, Paris: Gallimard, 1940.

Journal métaphysique, Paris: Gallimard, 1927.

剧 本

Cinq pièces majeures, Paris: Plon, 1974.

Le fin des temps, Réalités, 1950. Dans *Le secret est dans les îles*, Paris: Plon, 1967.

Un juste dans Paix sur la terre, Paris: Aubier, 1965.

L'insondable, dans Présence et immortalité, Paris: Flammarion, 1959.

La dimension Florestan: comedie en trois actes suivie d'un essai le crépuscule du sens commun, Paris: Plon, 1958.

Mon temps n'est pas le vôtre: pièce en cinq actes avec une postface de l'auteur, Paris: Plon, 1955.

Croissez et multipliez: pièce en quatre actes, Paris: Plon, 1955.

Rome n'est plus dans Rome, Paris: La Table Ronde, 1951.

Vers un autre Royaume, deux drames des années noires: L'émissaire, Le signe de la croix, Paris: Plon, 1949.

Théâtre comique: Colombyre ou le brasier de la paix-La double expertise-Les points sur les I-Le divertissement posthume, Paris: Albin Michel, 1947.

L'Horizon: pièce en 4 actes suivie d'une postface, Paris: Aux Etudiants de France, 1945.

La Soif: pièce en trois actes, Paris: Desclée de Brouwer, 1938.

Le Fanal: pièce en un acte, Paris: Stock, 1936.

Le Dard: pièce en trois actes, Paris: Plon, 1936.

Le Chemin de crête: pièce en quatre actes, Paris: Grasset, 1936.

Le Monde cassé, Paris: Descleé de Brouwer, 1933.

Trois pieces: Le regard neuf, Le mort de demain, La chapelle ardente, Paris: Plon, 1931.

Le quatuor en fa dièse: Pièce en cinq actes, Paris: Plon, 1925.

L'Iconoclaste: pièce en quatre actes, Paris: Stock, 1923.

Le cœur des autre: trois actes, Paris: Grasset, 1921.

Le seuil invisible: La Grâce et Le Palais de sable, Paris: Grasset, 1914.

马赛尔相关著作

Plourde, S., *Gabriel Marcel, Philosophe et témoin de l'espérance*, Montréal: Université du Quebec, 1987.

Plourde, S., etc., (ed.), *Vocabulaire philosophique de Gabriel Marcel*, Montréal: Edition Bellarmine, 1985.

Schilpp, Paul Arthur, (ed.), *The Philosophy of Gabriel Marcel*, La Salle Illinois, 1984.

Spiegelberg, Herbert, *The Phenomenological Movement: A Historical Introduction*, The Hague: Martinus Nijhoff, Third revised and enlarged edition, 1980.

Colloque Centre culturel international, *Entretiens autour de Gabriel Marcel*, Neuchâtel: La Baconnière, 1976.

Devaux, A. A., Charles du Bos, "J. Maritain et G. Marcel, ou peut-on aller de Bergson à saint Thomas d'Aquin?", *Cahiers Charles du Bos*, n° 19, 1974.

Davy, M. M., *Un philosophe itinérant: G. Marcel*, Paris: Flammarion, 1959.

Gilson, Etienne, (ed.), *Existentialisme chrétien: Gabriel Marcel*, Paris: Plon, 1947.

马赛尔著作中译

马赛尔：《人性尊严的存在背景》，项退结编订，东大图书股份有限公司 1988 年版。

吕格尔（Paul Ricœur）、马赛尔：《吕格尔六访马赛尔》，陆达诚译，台湾基督教文艺 2015 年版。

马赛尔：《是与有》，陆达诚译，心灵工坊 2021 年版，上海人民出版社 2025 年版。

马赛尔：《临在与不死》，陆达诚译，心灵工坊 2021 年版，上海人民出版社 2025 年版。

中文马赛尔相关著作

陆达诚：《马赛尔》，东大图书股份有限公司 1992 年版。

关永中：《爱、恨与死亡》，台湾商务印书馆 1997 年版。

陆达诚：《存有的光环：马赛尔思想研究》，心灵工坊 2020 年版。

图书在版编目(CIP)数据

临在与不死：形上日记. 第 3 卷 ／ (法) 加布里埃尔·
马赛尔 (Gabriel Marcel) 著；陆达诚译. -- 上海：
上海人民出版社，2025. -- (法国哲学研究丛书).
ISBN 978 - 7 - 208 - 19311 - 6

Ⅰ. B565.59

中国国家版本馆 CIP 数据核字第 2025UC0721 号

责任编辑　毛衍沁
封面设计　人马艺术设计·储平

法国哲学研究丛书·学术译丛

临在与不死
　　——形上日记(第三卷)

[法]加布里埃尔·马赛尔 著

陆达诚 译

出　　版　上海人民出版社
　　　　　(201101　上海市闵行区号景路 159 弄 C 座)
发　　行　上海人民出版社发行中心
印　　刷　上海商务联西印刷有限公司
开　　本　635×965　1/16
印　　张　27
插　　页　2
字　　数　293,000
版　　次　2025 年 2 月第 1 版
印　　次　2025 年 2 月第 1 次印刷
ISBN 978 - 7 - 208 - 19311 - 6/B·1799
定　　价　128.00 元

本书译自 Gabriel Marcel 1st edition Flammarion 1959

法国哲学研究丛书

学术文库

《笛卡尔的心物学说研究》 施璇 著

《从结构到历史——阿兰·巴迪欧主体思想研究》 张莉莉 著

《诚言与关心自己——福柯对古代哲学的解释》 赵灿 著

《追问幸福:卢梭人性思想研究》 吴珊珊 著

《从"解剖政治"到"生命政治"——福柯政治哲学研究》 莫伟民 著

《从涂尔干到莫斯——法国社会学派的总体主义哲学》 谢晶 著

《走出"自我之狱"——布朗肖思想研究》 朱玲玲 著

《永恒与断裂——阿尔都塞意识形态理论研究》 王春明 著

《后人类影像——探索一种后德勒兹的电影哲学》 姜宇辉 著

学术译丛

《物体系》(修订译本) [法]让·鲍德里亚 著 林志明 译

《福柯》(修订译本) [法]吉尔·德勒兹 著 于奇智 译

《褶子:莱布尼茨与巴洛克风格》(修订译本) [法]吉尔·德勒兹 著 杨洁 译

《雅斯贝尔斯与生存哲学》 [法]米凯尔·杜夫海纳 [法]保罗·利科 著
邓冰艳 译

《情节与历史叙事:时间与叙事(卷一)》 [法]保罗·利科 著 崔伟锋 译

《资本主义与精神分裂(卷2):千高原》(修订译本) [法]吉尔·德勒兹 [法]费利克斯·加塔利 著 姜宇辉 译

《后现代道德》 [法]让-弗朗索瓦·利奥塔 著 莫伟民 贾其臻 译

《空气与梦想:论运动想象力》 [法]加斯东·巴什拉著 胡可欣译

《有限与有罪:意志哲学(卷二)》 [法]保罗·利科 著 赖晓彪 翁绍军 译

《是与有——形上日记(第二卷)》 [法]加布里埃尔·马赛尔 著 陆达诚 译

《临在与不死——形上日记(第三卷)》 [法]加布里埃尔·马赛尔 著
陆达诚 译